No tempo das especiarias
O império da pimenta e do açúcar

No tempo das especiarias
O império da pimenta e do açúcar

Fábio Pestana Ramos

Copyright © 2004 Fábio Pestana Ramos

Todos os direitos desta edição reservados à
Editora Contexto (Editora Pinsky Ltda.)

Projeto gráfico e diagramação
Gustavo S. Vilas Boas

Capa
Antonio Kehl

Preparação de originais
Luciana Salgado

Dados Internacionais de Catalogação na Publicação (CIP)
(Câmara Brasileira do Livro, SP, Brasil)

Pestana Ramos, Fábio
No tempo das especiarias / Fábio Pestana Ramos. –
4. ed., 1ª reimpressão. – São Paulo : Contexto, 2025.

Bibliografia.
ISBN 978-85-7244-334-0

1. Especiarias – Comércio – Portugal – História 2. Portugal –
História – Período dos descobrimentos, 1385-1580
3. Portugal – História naval I. Título

04-3780   CDD-946.902

Índices para catálogo sistemático:
1. Navegações : Portugal : História   946.902
2. Portugal : Navegações : História   946.902

2025

Editora Contexto
Diretor editorial: *Jaime Pinsky*

Rua Dr. José Elias, 520 – Alto da Lapa
05083-030 – São Paulo – SP
PABX: (11) 3832 5838
contato@editoracontexto.com.br
www.editoracontexto.com.br

Proibida a reprodução total ou parcial.
Os infratores serão processados na forma da lei.

Sumário

Introdução 7

Em busca de cristãos e especiarias 13

    O que lançou Portugal ao mar 15

    Portugal na era das explorações 28

    Navegando no mar tenebroso 45

    Incursões no continente negro 74

A Carreira da Índia e a primazia da pimenta 99

    Os portugueses na Índia 101

    Portugueses penetram na China e no Japão 129

    O cotidiano a bordo das naus 149

    O colapso do império da pimenta 177

A Carreira do Brasil e a primazia do açúcar 195

    O novo mundo: o paraíso ou o inferno na terra? 197

    Açúcar a preço de ouro 216

    Ao sabor dos ventos 236

    A decadência do império do açúcar 265

Fontes de Pesquisa 270

Bibliografia 275

Introdução

As especiarias compreendiam um conjunto de produtos, na maioria vegetais, mas também um pequeno número de origem animal, ou mistos, que serviam como condimento, mezinhas, excitantes, relaxantes, perfumes e unguentos coloridos, utilizados para três funções básicas: tintura, tempero e medicamento. Dentre todas, a mais importante das especiarias era a pimenta, devido ao sabor pronunciado e o odor característico, importante para disfarçar o gosto dos alimentos, particularmente da carne.

Chegado o outono na Europa, era praxe sacrificar grande parte dos rebanhos de gado, pois sabia-se que, até a próxima primavera, não haveria alimento disponível para os animais. Mesmo quando salgadas ou defumadas, as carnes de peixe e bovina apodreciam com facilidade, o que não impedia que fossem exportadas para o interior do continente e consumidas, especialmente durante o rigoroso inverno da maioria dos países. Assim, aqueles que não moravam na costa e, por isso, não dispunham de peixe fresco durante todo o ano, eram obrigados a temperar a carne com condimentos fortes, picantes e odoríferos, disfarçando o mau cheiro e o sabor desagradável. Afinal, a carência de víveres não permitia recusar nenhum alimento disponível.

Outras especiarias eram também utilizadas, mas com finalidades diversas. O cravo, também muito apreciado, tinha uso exclusivo na feitura de doces; o gengibre, mais versátil, era empregado nos pastéis de peixe fresco, na salada e em meio a legumes regados com azeite, vinagre e sal, aromatizando, também, as conservas; enquanto o açafrão também servia para melhorar o sabor da carne. Contudo, desde a Antiguidade a especiaria mais indicada para tornar comestível a carne salgada, e, com frequência, pútrida, era mesmo a pimenta forte.

Durante os tempos áureos do império romano, as especiarias circulavam livremente pela Europa. Não obstante, com o continente posteriormente segmentado em feudos, elas tornaram-se artigo de luxo, acessíveis apenas a algumas localidades. Com as cruzadas, as cidades de Gênova, Florença e Veneza beneficiaram-se das respectivas posições estratégicas, obtendo as especiarias através da rota que partia do Oriente, revendendo os produtos em pequenas quantidades e a preços altíssimos, o que restringia seu consumo a senhores feudais e à alta burguesia. Servindo de mero entreposto comercial, logo os portugueses tiveram a ideia de obter lucros exorbitantes com esse comércio, indo buscar a mercadoria direto na fonte. Assim surgiu a Carreira da Índia e o que chamamos de império da pimenta.

Na primeira parte deste livro, convidamos o leitor a conhecer os bastidores dos "descobrimentos" portugueses quatrocentistas, por meio da descrição e da análise dos antecedentes históricos que permitiriam aos lusos iniciar o ciclo das especiarias. Por que Portugal – e não outro país europeu da época – foi o pioneiro e a grande potência na era das explorações? Para responder a tal pergunta, conheceremos os fatores que impulsionaram Portugal rumo a oceanos nunca dantes navegados, bem como veremos os muitos obstáculos – superstições, medos, naufrágios – que precisaram ser contornados para que essa precoce vocação marítima se fizesse cumprir.

Na segunda parte, iremos visualizar, com detalhes, como e por que a Carreira da Índia nasceu, dando início ao ciclo das especiarias e criando condições para a ascensão da primazia da pimenta. Mas veremos também como uma série de fatores agrupados, envolvendo a esfera econômica, social e cultural, conduziu a milionária Carreira da Índia ao seu declínio. É justamente o momento em que surge a Carreira do Brasil – assunto da terceira parte do livro –, que levou a um reajuste gradual do eixo econômico e social do império lusitano em favor da primazia do açúcar.

Como todo estudante brasileiro aprende, após ser "descoberto" em 1500, o Brasil permaneceu abandonado até 1530, exatamente por conta do interesse maior despertado pelas riquezas do Oriente. O que poucos sabem é que a historiografia brasileira que moldou os mestres e livros didáticos esteve sempre restrita a um recorte espaço/temporal estreito. Nunca permitiu enxergar a real função desempenhada pelo Brasil em um contexto mais amplo: a inserção da Terra de Santa Cruz no período da história de Portugal em que o comércio de especiarias foi o sustentáculo econômico e social do império ultramarino.

Simultaneamente, a historiografia portuguesa, inspirada na louvação dos próprios méritos nacionais, também deixou de lado a problematização integrada de cada elemento do sistema, focando sua atenção neste ou naquele aspecto ou, quando muito, estudando apenas o peso da Índia no período áureo da economia lusitana. Tanto a historiografia portuguesa como a brasileira concordam ao datar o reconhecimento da importância econômica do Brasil no final da primeira metade de quinhentos, fornecendo hipóteses fracamente comprovadas e deixando em aberto as razões que pouco teriam levado Portugal a trocar o Índico pelo Atlântico.

Diante desse panorama, tentaremos aqui realizar uma narrativa e uma análise mais amplas, englobando o contexto econômico, social, cultural e técnico, uma vez que entendemos serem apenas faces de uma mesma realidade e, portanto, indissociáveis para a compreensão do passado. Sustentado sobre estes pilares, o objetivo é investigar as razões da mudança do eixo econômico e social da Índia para o Brasil, determinando com rigor e precisão o momento dessa transição.

Mas este livro tem a sua própria história, que merece ser brevemente relatada. No início de 1996, ainda na graduação, tivemos a atenção despertada pela ausência de uma obra abrangendo a quantificação do movimento de embarcações na chamada Carreira da Índia, a rota anual entre Lisboa e Goa. Notamos que a vasta produção existente não abordava a questão e, tampouco, o respectivo número de naufrágios na rota. Buscando preencher essa brecha, iniciamos um estudo, intitulado *Naufrágios e obstáculos enfrentados pelas armadas da Índia portuguesa*, orientado pela Profa. Dra. Mary Del Priore, compreendendo o recorte temporal entre 1497 e 1653.

A investigação deu-se no decorrer de cerca de dois anos, período no qual contamos com o financiamento da Fundação de Amparo à Pesquisa do Estado de São Paulo (Fapesp), através de uma bolsa de Iniciação Científica. Na ocasião, buscando apenas quantificar os naufrágios na Carreira da Índia, terminamos indo um pouco além. Em 1997, esgotadas as fontes impressas e disponíveis no Brasil, embarcamos com destino a Lisboa, onde permanecemos um mês investigando os documentos disponíveis na Biblioteca Nacional de Lisboa, Arquivo Nacional da Torre do Tombo e Biblioteca Central da Marinha Portuguesa.

Ao retornarmos ao Brasil, prosseguimos a pesquisa, concluindo os estudos no final de 1997, quando os esforços despendidos permitiram a elaboração de um estudo de 400 páginas, premiado com *Menção Honrosa* pela pró-reitoria de pesquisa da USP, depois de selecionado entre quase dois mil trabalhos desenvolvidos em toda a universidade, e, no ano seguinte, apresentado, a convite dos organizadores, na 50ª Reunião Anual da Sociedade Brasileira para o Progresso da Ciência (SBPC).

Apesar de mera monografia de Iniciação Científica, a investigação foi considerada à época, pela Profa. Dra. Laura de Mello e Souza, como possuindo uma qualidade que "muitas dissertações de mestrado não apresentam", e, por isso mesmo, sendo um "ponto de referência obrigatório para os que estudam o cotidiano da aventura marítima portuguesa". Foi através desse estudo que vislumbramos indicações seguras de que fatores sociais e econômicos, como o cotidiano e o número de navios naufragados, teriam sido responsáveis pela queda do império português no Oriente. Todavia, a conclusão suscitava o exame de outras questões.

Restava investigar em que medida a ascensão da rota do Brasil teria contribuído para a viragem do eixo econômico e social lusitano do Índico para o Atlântico, a partir do declínio da Carreira da Índia, pela altura da metade do século XVII. Adentrar a problemática implicava estudar a influência do declínio da rota da pimenta na criação da Carreira do Brasil, até então apenas uma rota irregular. Procurando responder algumas indagações centrais e outras de menor envergadura, estruturamos então uma tese de doutorado defendida em 2002, no departamento de história da Universidade de São Paulo, sob a orientação da Profa. Dra. Mary Del

Priore, depois de cinco anos de pesquisa em arquivos portugueses e brasileiros, financiada pela Fapesp. Vale dizer que a linguagem acadêmica, com suas características e especificidades, foi devidamente adequada e adaptada para tornar este livro mais palatável ao grande público.

Manuseando documentos manuscritos da época, coletados durante seis meses em Portugal, chegamos à conclusão que o eixo central deveria abranger a hipótese de que o grande índice de naufrágios observados na Carreira da Índia, em oposição a um número menor de perdas na rota do Brasil, assim como o próprio cotidiano e as facilidades ou dificuldades de penetração territorial teriam sido responsáveis, para além de outros fatores já abordados pela historiografia, pelo declínio da Carreira da Índia em benefício do incremento da rota do Brasil.

Assim, pretendendo dar conta do que caracterizou o apogeu e declínio da época das especiarias, percebemos que a viragem do centro econômico e social lusitano do Índico para o Atlântico constituiu um reajuste forçado nos esforços centrais do Estado, em torno da substituição de um produto principal por outro.

A grande novidade deste trabalho reside na datação mais tardia do despertar do interesse pelo Brasil, em vez do início do século XVI, para meados do XVII. Sustentamos a opinião de que os prejuízos causados pelos naufrágios fizeram sentir-se entre os investidores estrangeiros que, pressionados, transferiram seu capital, gradualmente, para a rota do Brasil, onde os riscos eram menores e o retorno do investimento, mais rápido. O potencial humano, da mesma forma, teria sido afugentado pelo elevado número de desastres na Carreira da Índia, ao mesmo tempo em que os voluntários migraram para a rota do Brasil, atraídos por um índice de perdas menor e melhores condições de vida a bordo. A isso somam-se as facilidades de fixação na Terra de Santa Cruz e a possibilidade de ascensão social no novo mundo, algo que estava fora de questão na Índia.

O procedimento metodológico que permitiu atingir esse resultado, como fizemos anteriormente no estudo que deu origem ao *Naufrágios e Obstáculos*, constitui uma união interdisciplinar de pressupostos históricos, filosóficos e lógico-dedutivos. Pretendemos reconstruir o passado a partir de retratos chapados, semelhantes aos fornecidos por uma câmera fotográfica, aqui devidamente unidos para possibilitar um panorama tridimensional da realidade.

Dentro desse contexto, como lembrou Duhem, sabendo que as novas teorias são sempre incorporações das antigas que, agindo dentro de um realismo convergente, terminam rompendo com o antigo a partir dele próprio, valorizamos as fontes primárias manuscritas, sem desprezar o conhecimento acumulado pela ultrapassada historiografia luso-brasileira. A exemplo de Fernand Braudel, enxergamos no contexto geográfico implicações que influenciaram o desenvolvimento da sociedade portuguesa e brasileira. Indo além, temos por pressuposto que as sociedades buscam solucionar os problemas que vão se impondo, enquanto o caminho encontrado para superar os obstáculos determina o rumo do desenvolvimento social, econômico e cultural.

Essa concepção nos levou a adotar como estratégia de trabalho a identificação dos prós e contras das características da economia e sociedade portuguesas, buscando identificar os obstáculos impostos ao crescimento civilizacional. Entendemos que as soluções encontradas trazem em si novos problemas a serem contornados, caracterizando um efeito em cascata e movimentos circulares.

Assim, temos por base que a história é composta pela solução de problemas gerados pelos meios e recursos disponíveis em determinado espaço físico, em confluência com fatores externos circunscritos ao tempo. A relação tempo *versus* espaço levanta obstáculos à sobrevivência humana, que forçam a sociedade ameaçada a superá-los ou perecer.

Para encerrar, resta agradecermos o generoso financiamento da Fapesp e da Fundação Uniban e o apoio de amigos e parentes ao longo de todos esses anos. Agradecemos também a confiança dos editores e a atenção do leitor, desejando que todos obtenham com a leitura da obra o mesmo prazer com que tivemos ao estruturá-la nestes sete anos de trabalho.

Fábio Pestana

Cavaleiros portugueses na batalha de Aljubarrota, detalhe de iluminura das Chroniques d´Agleterre de Jean de Marvrin (séc. XV).

Em busca de cristãos e especiarias

O que lançou Portugal ao mar?

O território que mais tarde viria a se tornar Portugal – potência que expandiu as fronteiras do mundo ao inaugurar uma era de grandes descobrimentos – era considerado na Antiguidade uma região periférica, situada nos confins da Terra. Um dos relatos da *Odisseia*, de Homero, situava o futuro país para além das Colunas de Hércules, na verdade o estreito de Gibraltar, então considerado o "limite do mundo". Nem por isso a região era desprovida de valor. Muito pelo contrário, em suas terras encontravam-se ricas jazidas de ouro e prata e, também, os melhores ourives de todo o mundo greco-romano.

Heródoto, na *História*, denominava a região de Tartessos e, nesse cenário, narrou a mítica aventura de um mercador grego que teria feito comércio com o rei Argantônio, cujo nome, significativamente, pode ser traduzido como "o homem da montanha de prata", referência explícita à riqueza mineral da área. Assim, apesar da distância em relação ao centro do grande império, fica fácil entender a criação de importantes núcleos populacionais romanos no atual Portugal. É o caso de Conimbriga – situada 17 km ao sul da atual Coimbra –, cidade cujas ruínas, em bom estado de conservação, foram em grande parte escavadas, dando provas da importância da colônia da Lusitânia dentro da amplidão do poderoso império romano.

A vocação marítima portuguesa revela-se na figura mitológica do centauro marinho, encontrada em mosaico da época romana nas ruínas de Conimbriga.

Embora algumas regiões do futuro Estado português não se mostrassem muito atrativas devido à baixa fertilidade do solo, o potencial mineral constituiu desde cedo um chamariz, enquanto o mar sempre representou uma excelente reserva alimentícia e, também, um convite à navegação. Como cantou Camões no poema épico "Os Lusíadas", foi graças a Portugal estar situado quase no "cume da cabeça de Europa", "onde a terra se acaba e o mar começa", que "o Reino Lusitano" pôde lançar-se à aventura ultramarina.

Dono de um estreito território, localizado no extremo ocidental da Europa, contido em suas fronteiras orientais pela Espanha, Portugal encontrou realmente no mar a saída mais viável para a busca de alimentos. Uma busca estimulada também pela presença de ancoradouros naturais ao longo da costa e uma tradição de deslocamento por via fluvial. Mas, embora a posição geográfica explique a intimidade dos habitantes com o mar, ela por si só não justifica o pioneirismo, uma vez que os ingleses, por exemplo, tendo o país situado em uma ilha, poderiam muito bem, antes dos lusos, ter se lançado ao oceano. O pioneirismo português só foi possível devido a uma somatória de fatores, que veremos detalhadamente a seguir. Entre eles, seria determinante a guerra contra os muçulmanos – ou "mouros", nome latino derivado de Mauritânia, província islâmica do noroeste da África.

Guerrear contra os mouros, mas aprender com eles

No ano de 711, os árabes atravessaram o estreito de Gibraltar, dominando a península Ibérica, invasão prevista no processo de expansão da fé islâmica, pregada desde 612 pelo profeta Maomé. O relativo sucesso e a rápida penetração dos árabes deveu-se, sobretudo, ao antagonismo entre judeus e cristãos, que abriu espaço para que em muitos locais a população judaica oprimida recebesse os mouros como libertadores. Apesar de, em termos gerais, os muçulmanos terem permanecido cerca de oito séculos na península, o domínio efetivo teve duração muito variável de região para região e nunca foi exercido plenamente nas terras mais setentrionais, onde várias cidades estiveram em poder dos muçulmanos e dos cristãos, alternadamente, por breves períodos.

Isso fez com que houvesse um intenso intercâmbio cultural e comercial entre cristãos e mouros, a despeito de serem inimigos civilizacionais por excelência, enquanto os judeus, particularmente no decorrer do processo de reconquista, adquiriram a posição de intermediadores culturais. Foi graças ao contato com o mundo islâmico que os lusos se depararam com outras realidades, evidenciadas pela migração de palavras de origem árabe para o português – açúcar, por exemplo – expressando a aquisição de produtos e tecnologias até então desconhecidos.

Estátua de cavaleiro medieval, datada do século XIV: as sangrentas cruzadas contra os mouros foram determinantes para a expansão portuguesa.

    Entre as tantas inovações trazidas pelos muçulmanos para a península Ibérica, a mais importante de todas estava ligada à arte náutica, tão fundamental a ponto de uma das explicações etimológicas mais correntes para a palavra caravela é a de que seria derivada de *cáravo*, embarcação característica do norte da África. Embora não seja possível saber, com certeza, até que ponto o desenvolvimento da caravela é herança do saber adquirido dos mouros, é certo que, ao menos em parte, o contato com os muçulmanos influenciou, de fato, o aprimoramento da indústria naval e de diversos instrumentos náuticos, que se fariam essenciais à empreitada marítima lusitana.

    Por volta do século XII, devido às estreitas relações que mantinham com os portos marroquinos, os muçulmanos intensificaram o comércio marítimo nas cidades litorâneas ocidentais. Mais tarde, durante o processo de reconquista da península Ibérica, tais rotas comerciais passaram a ser cobiçadas pelos cristãos. Foi esse um dos motivos do aprimoramento da indústria naval lusitana, que precisou fazer frente ao poderio militar e comercial dos navios árabes – que, inclusive, já haviam iniciado um movimento rumo à exploração da navegação atlântica.

    Na verdade, os mouros controlavam há alguns séculos o comércio de especiarias orientais por via terrestre, servindo de atravessadores entre as regiões produtoras e as cidades italianas que redistribuíam as mercadorias pela Europa. E também já buscavam, tal como os portugueses fariam centenas de anos depois, um caminho marítimo para o Oriente que pudesse reduzir os custos e o tempo de transporte, eliminando os atravessadores italianos para ampliar ainda mais a margem de lucro.

Segundo consta, uma dessas explorações rumo ao Atlântico, levada a cabo por marinheiros árabes, teria sido realizada pelos chamados Aventureiros de Lisboa, ainda na primeira metade do século XII:

> Eram oito marinheiros, aparentados entre si, que embarcaram em Lisboa rumo ao oceano, abastecidos com água e víveres para muitos meses. Ao fim de 22 dias, atingiram uma ilha deserta. Regressaram ao mar e, mais tarde, encontraram outra ilha, desta feita habitada e agricultada, onde foram feitos prisioneiros. Interrogados, através de um intérprete árabe, pelo rei local acerca do significado da sua viagem, informaram-no que apenas pretendiam saber quais os extremos limites do mar e o que nele poderia existir de singular e maravilhoso, ao que o rei confessou ser também esse um dos seus desejos. São depois libertados e transportados a um barco, no qual prosseguem a sua navegação. Ao fim de três dias e três noites, aportam a Safim e aí contam sua história. (Francisco Faria Paulino, em *Portugal a formação de um país*, s/d)

Apesar da veracidade desse relato ter sido muito contestada, não é improvável que os árabes tenham atingido em suas explorações a ilha da Madeira e os arquipélagos dos Açores e das Canárias, embora com toda certeza não tenham se interessado em ocupá-los, como fariam dois séculos depois os portugueses. Da mesma maneira, não é improvável que os lusos tenham sabido da existência dessa série de ilhas a oeste exatamente por meio do contato com os árabes.

Vale observar que as inovações técnicas no campo da náutica, é claro, nem sempre foram obtidas por meios pacíficos. Muitos segredos registrados em livros escritos em árabe foram roubados durante pilhagens às povoações ocupadas pelos mouros, sendo, depois, guardados nos mosteiros cristãos. Entre os chamados moçárabes – cristãos que tinham permanecido em suas terras sob o domínio islâmico, em troca de um tributo anual pago aos invasores – ou mesmo entre os judeus, foram encontrados intérpretes devidamente qualificados para a tradução do árabe escrito e falado, decodificando o saber mouro que impulsionaria os portugueses em direção ao mar.

Sabe-se que o combate aos infiéis começou quase imediatamente após a invasão muçulmana, mais especificamente no ano de 718. E, antes de 914, quase um terço da península Ibérica já havia sido reconquistada pelos cristãos. A guerra avançou rápido graças a levas de peregrinos, vindos em particular do sul da França, justamente onde o avanço muçulmano havia sido barrado pelos francos em 736. A pilhagem das povoações antes ocupadas pelos mouros e a doação das terras reconquistadas aos nobres participantes das batalhas autofinanciou e estimulou a continuidade da guerra de reconquista, criando um poder fortemente centralizado em torno do rei e dando condições históricas para que os portugueses ambicionassem retirar das mãos de seus inimigos a preciosa rota das especiarias.

Como Portugal tornou-se um país

Segundo as normas medievais, apenas o primogênito habilitava-se a herdar o título e as terras do pai, restando aos outros filhos varões a alternativa de entrar para o clero como meio de vida. Assim, o início de uma cruzada contra os infiéis instalados na península Ibérica foi visto, pelos membros da nobreza, como uma oportunidade ideal para se alcançar títulos e terras, pela força das armas e mediante atos de heroísmo. Cristãos refugiados no norte da península obtiveram importante reforço à reconquista exatamente quando muitos nobres, na imensa maioria oriundos do sul da França, rumaram como peregrinos aos territórios que viriam a constituir mais tarde Espanha e Portugal.

Depois que Fernando Magno, rei de Castela e Leão, conquistou definitivamente Coimbra em 1058 (ou 1064 para alguns historiadores), fixando a fronteira cristã da zona ocidental da Península no rio Mondego, poucos progressos foram realizados no avanço da reconquista, que praticamente estagnou. Entretanto, com a subida de D. Afonso VI ao trono de Leão, a guerra contra os infiéis ganhou novo fôlego: Coria foi conquistada em 1079 e Toledo, em 1085. Porém, em 1086, as tropas cristãs foram completamente destroçadas pelos guerreiros almorávidas, comandados por Yusuf bin Tusufin, na batalha de Zalaca.

A reconquista poderia ter sofrido um significativo retrocesso não fosse a chegada, no mesmo ano, das levas de peregrinos francos à península Ibérica para lutar contra os mouros. Um desses cruzados foi D. Raimundo de Borgonha, senhor de Amous. Dono de um pequeno condado, D. Raimundo buscava obter melhor fortuna por meio da guerra, uma vez que a condição de filho segundo não lhe permitia aspirar a um grande futuro na terra natal. Outro importante cruzado foi seu primo, D. Henrique, filho de Henrique de Borgonha. Apesar de não existirem relatos da atuação efetiva de D. Raimundo e de D. Henrique como cruzados, sabe-se que seus feitos foram premiados com a mão das filhas do rei de Leão, D. Afonso VI. Em 1091, o primeiro casou-se com a filha legítima de D. Afonso, Dona Urraca, e o segundo uniu-se, em 1094, à Dona Teresa, filha bastarda do rei.

Imediatamente após o casamento, foram confiados a D. Raimundo os territórios de Galiza e de Portugal, aos quais seriam acrescentados os domínios sobre Santarém, Sintra e Lisboa. No entanto, Lisboa seria retomada pelos árabes em 1095, fato que

Iluminuras do século XII retratam Henrique de Borgonha, Dona Urraca e D. Raimundo: a guerra contra os mouros também serviu como fator de coesão contra as rivalidades da nobreza.

levou, em 1096, D. Afonso VI a destituir D. Raimundo e entregar a D. Henrique a posse de Galiza e do condado portucalense. Nascia ali a rivalidade entre primos que deu origem ao ódio mortal entre portugueses e espanhóis.

Depois da morte de Nuno Mendes, último conde portucalense, uma série de retrocessos em batalhas contra os mouros e toda uma conjuntura política fez com que a Galiza voltasse às mãos de D. Raimundo, sendo D. Henrique nomeado o novo conde de Portugal. Embora, a partir de então, a fronteira entre as duas regiões tenha se convertido em foco de tensão permanente, devido à rivalidade entre os dois nobres, a guerra contra os mouros transformou-se num poderoso fator de coesão dentro do condado, agregando à figura do conde D. Henrique um poder fortemente centralizado, que seria determinante para a criação do reino de Portugal, uma geração depois.

A premente necessidade de união perante um inimigo comum impediu o confronto militar direto entre os primos, que se viram obrigados a firmar entre si um pacto sucessório, segundo o qual Henrique reconhecia Raimundo como legítimo herdeiro da coroa castelhano-leonesa, assumindo a condição de vassalo. Em contrapartida, Raimundo deveria conceder ao primo a região da Galiza, ou, como alternativa, a de Toledo, juntamente com a terça parte das riquezas que possuía.

Filho de D. Raimundo e Dona Urraca, nasce, em 1105, o infante Afonso Raimundes, a quem o pai, morto em 1107, não veria crescer. Viúva, Dona Urraca foi reconhecida por D. Afonso VI, em 1108, como legítima herdeira do trono de Leão e Castela, garantindo o direito de sucessão ao filho, o infante D. Afonso Raimundes. Tal medida feriu significativamente os termos do pacto sucessório, uma vez que, agora, cessava a obrigação de entregar a D. Henrique as terras de Galiza, o que acirrou ainda mais a rivalidade luso-espanhola.

Nesse mesmo ano, nascia o Infante Afonso Henriques, filho de D. Henrique e Dona Teresa, cujo aparecimento no cenário político foi tido como potencial ameaça à sucessão do trono. Após a morte do marido, Dona Teresa, mediante aliança firmada com barões portucalenses, garantiu que o filho, armado cavaleiro em 1125, aos dezessete anos, centralizasse ainda mais o poder, contando com apoio irrestrito da nobreza do condado para a formação de um novo reino, sob sua égide.

Em 1127, D. Afonso Henriques assumiu efetivamente o governo do condado portucalense, autointitulando-se rei de Portugal em 1139, e elegendo Guimarães como capital do reino. Iniciou-se, simultaneamente à manutenção da reconquista, uma guerra em benefício da independência de Portugal em relação ao reino de Leão

Estátua de Afonso Henriques, esculpida no século XII: em 1139 ele se autointitulou rei de Portugal e elegeu a cidade de Guimarães como capital do reino.

e Castela, o que exigiu o aperfeiçoamento da indústria naval, para fazer frente tanto aos mouros quanto aos espanhóis. Durou vários anos a luta contra Castela, tendo os lusos saído vitoriosos, o que, além de alimentar o antagonismo entre os dois povos, criou o desejo entre os espanhóis de um dia retomarem Portugal. Desejo esse que seria concretizado, no final do século XVI, com a união das Coroas espanhola e portuguesa. Mas, muito antes disso, uma bula do papa Alexandre III reconhecia, em 1179, a independência de Portugal.

Desde que D. Afonso Henriques, "o melhor cavaleiro do mundo" segundo cronistas portugueses da época, proclamara-se rei, as fronteiras do novo Estado haviam se expandido muito, e, com a subida ao trono de D. Sancho I, o Lavrador, em 1185, continuaram a estender-se. D. Afonso II (1211-1223), o Gordo, e D. Sancho II (1223-1248), o Capelo, deram continuidade à guerra de reconquista e à expansão, que obteve tamanho sucesso a ponto de D. Sancho II, pouco depois de assumir o trono em 1248, autointitular-se rei de Portugal e do Algarve.

No ano seguinte os portugueses reconquistaram o último território em poder dos árabes, e, posteriormente, em 1297, firmaram tratados estendendo parte da fronteira oeste sobre as terras de Castela. Portugal, após conquistar a autonomia em relação à futura Espanha, além de expulsar os invasores mouros da península, considerou-se forte o bastante para dar continuidade à guerra contra os árabes, o que seria mais um passo fundamental em direção à expansão naval ultramarina.

Se a terra nada dá, que se busque comida no mar

Terminadas as guerras, Portugal foi palco de uma surpreendente explosão demográfica, muito maior ao que a jovem nação conseguiria suprir, o que trouxe enormes problemas relacionados à falta crônica de alimentos. A região, muito antes de tornar-se um país, já vivia um equilíbrio precário no tocante à oferta de gêneros alimentícios, pois, apesar da vocação agrária da população, as terras estiveram sempre divididas entre o norte fértil e superpovoado e o sul de clima quase oceânico.

Enquanto no norte o solo possibilitava o cultivo de cereais – cuja produção estava baseada no minifúndio, caricaturado pelo dito anedótico de que, quando um homem punha a vaca a pastar no seu prado, o excremento do animal caía no campo do vizinho –; no sul o solo era, como ainda é hoje, extremamente granítico, viabilizando quase unicamente a produção de azeite de oliva e de cortiça. Além disso, de norte a sul, era prioritário o cultivo de vinhedos, fundamentais para a produção do vinho, o maior artigo de exportação portuguesa desde a ocupação romana, preferência que desabastecia o mercado interno, obrigando o condado a importar grandes quantidades de alimentos diversos.

O problema da escassez não era recente, tendo ocorrido também durante a guerra da reconquista, quando começaram a faltar alimentos no norte cristão. Na época, a solução adotada foi o saque sistemático a povoados e cidades controladas pelos mouros; porém, com o avanço das fronteiras da cristandade e a crescente necessidade de víveres para alimentar as tropas, a pilhagem tornou-se insuficiente para abastecer as hordas de peregrinos que se juntavam aos cruzados dia a dia. Descartada a agricultura, restou à pesca ocupar o papel de principal fornecedora de alimentos.

Esse foi outro fator a impulsionar a indústria náutica lusitana, empurrando os pescadores para mar aberto, privilegiando a caça à baleia. Mediante pagamento anual, em 1340 o rei concedeu a um mercador de Lisboa o direito de pescar baleias na região que se estendia da foz do Minho até Guadiana, na costa portuguesa. Graças ao aperfeiçoamento constante da tecnologia náutica, os navios aumentaram paulatinamente o curso, atingindo a Galiza e o norte da África. Preparava-se o cenário para a grande aventura portuguesa além-mar.

Pescadores portugueses em iluminura de um missal do século XIV: diante da carência do solo, a pesca afirmou-se como atividade econômica fundamental.

Portugal entra na cobiçada rota das especiarias

Mercadores do recém criado reino de Portugal, ainda com a capital fixada em Guimarães, serviam inicialmente de intermediários entre as grandes feiras orientais, como a de São Demétrio, em Tessalônica, e as célebres feiras do condado de Champanhe, no nordeste da França. Entretanto, ao mesmo tempo em que o comércio com o norte da Europa através de Champanhe prosperou, no século XIII as dificuldades de transporte por terra conduziram à necessidade de abertura de novas rotas marítimas. Primeiro, via cidade do Porto e, depois, por Lisboa. Os lusos passaram da posição de intermediários para distribuidores, o que não significa que não tenham continuado a existir, embora de forma secundária, atravessadores portugueses lidando diretamente com produtos importados do Oriente.

Italianos e catalães, pouco antes de estabelecerem-se como principais intermediários entre Oriente e Ocidente, fixaram colônias em vários pontos de Portugal, fundando entrepostos onde a mercadoria oriental era negociada com comerciantes lusos que, por sua vez, encarregavam-se de distribuí-la na Grã-Bretanha e no norte da Europa, fazendo uso da sua moderna frota de navios. Nos porões das embarcações iam não apenas especiarias, como também vinho e azeite, para ser vendido aos italianos e ao norte europeu. De lá, traziam o trigo e outros alimentos, que, junto com os peixes, eram responsáveis por abastecer a população, uma vez que a produção agrícola, cada vez mais relegada a segundo plano, continuava totalmente incapaz de fazê-lo.

Depender da importação de gêneros básicos, mas contar com a exportação de outros, industrializados, parecia ser um bom negócio, tanto que, sentindo-se confortável com o sucesso da balança comercial, D. Afonso I incentivou ações continuadas de apoio às comunidades costeiras, concedendo inúmeros privilégios às chamadas póvoas marítimas, que constituíam a coluna dorsal de atividades como a pesca, a extração de sal, a construção naval e o comércio. Dessas iniciativas resultou o desenvolvimento e o fortalecimento ainda maior de uma frota de pesca e comércio, que também possuía aplicação militar. Surge então uma marinhagem, um corpo de mestres de nau e de oficiais de comando que aperfeiçoaram a engenharia, os procedimentos e as técnicas de navegação.

A contribuição italiana para a cartografia e a marinhagem, por meio do financiamento de grupos de comerciantes ligados às cidades de Gênova e Florença, também foi essencial para o início da exploração da costa africana e das ilhas atlânticas. Frotas percorriam periodicamente a rota marítima entre Lisboa, em Portugal, e Goa, na Índia, fazendo escalas em inúmeras cidades durante o trajeto, denominado Carreira da Índia, assunto da segunda parte deste volume. Entretanto, empenhados em aumentar os próprios lucros, mercadores portugueses, que ainda se valiam das rotas terrestres para comercializar com cidades do Oriente, pressionavam o país a se aventurar em busca do caminho para as Índias, eliminando, assim, os atravessadores italianos.

Uma revolução ajudou o reino a navegar

Após um conturbado período, que envolveu três guerras com Castela, entre 1369 e 1382, o rei português D. Fernando, filho de D. Pedro I, faleceu, em 1383. Pela tradição, deveria sucedê-lo sua filha, a infanta Dona Beatriz. Porém, poucos meses antes, por conta de um acordo que pôs fim à terceira guerra luso-castelhana, a mesma Dona Beatriz, de apenas onze anos de idade, havia se casado com ninguém menos do que o rei de Castela, D. João I.

As cláusulas do acordo matrimonial previam que, ao completar catorze anos, o filho varão de Dona Beatriz deveria suceder ao pai, D. João I, rei de Castela, e não a ela, rainha de Portugal. Ao mesmo tempo, o acordo previa que Dona Beatriz poderia herdar o trono de Portugal, mas nunca o de Castela, já que o monarca castelhano tinha filhos de um casamento anterior, sobre os quais recaía a primazia do trono. Por conta dessa insólita situação – e, sobretudo, devido à conhecida cobiça castelhana sobre Portugal – parte da nobreza e o restante da população não aceitaram a aclamação de Dona Beatriz.

A grande maioria da população considerava que o trono português deveria ser ocupado pelo infante D. João, irmão do falecido D. Fernando. D. João, porém, era filho bastardo de Pedro I, fruto de um caso de amor deste com a célebre Inês de Castro, dama de companhia de sua esposa legítima, Dona Constança. Inês de Castro, por sua vez, fora assassinada por ordem do próprio pai de D. Pedro I, Afonso IV, pelo fato de pertencer a uma família galega e, assim, significar uma possível interferência da Galícia sobre o Estado português quando Pedro assumisse a Coroa.

Diante do impasse, Dona Leonor Teles, viúva de D. Fernando, tornou-se a regente em nome de Dona Beatriz. Sua chegada ao trono, porém, desagradou a todos. A nascente burguesia lusitana, em geral envolvida com os intermediários italianos no comércio de especiarias, via na regência de Dona Leonor a incômoda continuidade da orientação política do reinado anterior, em que certa taxação de cunho ainda medieval sobrevivia. Ao mesmo tempo, parte da nobreza presumia que a independência de Portugal estaria ameaçada caso Leonor não viesse a ter filhos. Os camponeses, por sua vez, preferiam que D. João, filho do popular D. Pedro, sobre quem se cultivava uma certa aura mítica, subisse ao trono.

Os conflitos de interesses desencadearam a Revolução de Avis que, mais do que um simples levante político, serviu também para viabilizar a ruptura das relações comerciais com os resquícios medievais que atravancavam o comércio e a expansão ultramarina. Essas mudanças possibilitaram a Portugal ser um dos primeiros países europeus a entrar na Idade Moderna, pioneirismo que garantiu a primazia sobre a exploração marítima, conduzindo à abertura da Carreira da Índia e, pouco depois, da rota do Brasil.

A revolução explodiu em Lisboa com o assassinato do conde de Andeiro – favorito de Dona Leonor – por representantes da burguesia. O golpe foi apoiado pelo povo miúdo e D. João, mestre da ordem militar de Avis, foi aclamado rei. Não obstante, nem todos aceitaram pacificamente a nova situação. A população ficou dividida e os castelhanos chegaram a cercar Lisboa, forçando D. João a fugir. O rei foi buscar apoio na Inglaterra e selou um tratado de amizade com os britânicos por meio de seu casamento com Dona Filipa de Lencastre, filha de um duque que se tornaria rei britânico.

Após várias batalhas travadas entre 1383 e 1385, o exército do rei de Castela, apoiado pela cavalaria francesa, foi finalmente derrotado por tropas portuguesas na batalha de Aljubarrota, em 14 de agosto de 1385. A partir de então, combates continuaram a ocorrer até 1411, mas, sob o comando de Nuno Álvares Pereira, as tropas lusas mantiveram-se sempre em vantagem, garantindo a independência de Portugal.

Casamento de D. João I com Filipa de Lencastre, segundo iluminura das Chroniques d´Agleterre: união de conveniência para atrair o apoio dos britânicos ao monarca português.

D. João foi o monarca que mais contribuiu para a centralização do poder político em Portugal, embora este já se encontrasse concentrado nas mãos do rei desde D. Afonso Henriques. Um controle mais rígido sobre a nobreza foi implementado, sobretudo porque parte desta havia tomado o partido castelhano em benefício da manutenção da velha dinastia de Borgonha. E, apesar de medidas em favor dos camponeses terem sido praticadas no início, estes passaram igualmente a ser vigiados mais de perto. Assim, a burguesia foi quem mais se beneficiou da situação. O incentivo ao comércio passou, desde então, a tornar-se a política oficial do Estado. Muitos mercadores foram agraciados com o título de cavaleiro, passando a compor uma nova nobreza, vivamente interessada em atividades comerciais.

Resolvida definitivamente a questão da independência portuguesa frente a Castela, renovada a nobreza, diante da tradição marítima acumulada, da geografia favorável e da necessidade de buscar no mar o que o solo não podia suprir, sob o governo de D. João I a cruzada contra os infiéis foi retomada como forma de direcionar a belicosidade da velha nobreza, afastando-a da tentação de remover do poder a dinastia de Avis. Ao mesmo tempo, foi aberto caminho aos mercadores que compunham a nova nobreza em formação.

Os lusos voltaram então seus olhos para o norte da África, dando início à expansão ultramarina. O próprio filho do rei, o infante D. Henrique, foi encarregado de organizar a empreitada em nome do Estado. E foi assim que abriu-se a passagem para as especiarias chegarem diretamente à Europa.

Portugal na era das explorações

Economicamente, o reino de Portugal padecia de problemas financeiros crônicos, como o déficit gerado pelas guerras de fronteira, travadas contra Castela em favor da independência. Para agravar a situação, a área rural, responsável em tese por gerar riquezas e alimentos, sofria com o êxodo causado pelo alto índice de mortalidade, decorrente dos maus tratos impingidos aos camponeses pelos senhores de terras.

Entretanto, as cidades, ainda incipientes, não dispunham de estrutura suficiente para acomodar esse novo contingente populacional em busca de trabalho e melhores condições de vida. Tampouco a indústria pesqueira era capaz de dar conta de semelhante oferta de mão de obra. O resultado foi um estamento marginal de pessoas a mendigar pelas ruas, vivendo do roubo e de outros delitos menores. Essa população marginalizada, pouco depois, seria deportada para as novas terras, inóspitas e distantes, recebendo oficialmente o estatuto de "degredados".

"Obras de Misericórdia", quadro atribuído a um colaborador de Pieter Brueghel, o Jovem: a crise financeira do reino produziu uma legião de miseráveis a mendigar e roubar pelas ruas.

Dada a crescente depauperação do erário público, as autoridades resolveram adotar medidas desesperadas, como o aumento dos impostos sobre a produção agrícola. Mas logo descobriram não haver muito a ser taxado, pois, devido à escassez de trabalhadores, as colheitas eram poucas e incertas. Disposições foram então criadas com o intuito de prender os camponeses à terra e coagi-los a produzir, mas o pelourinho, emblema da autoridade local e do tratamento dispensado aos descontentes, surtiu efeito exatamente contrário, inviabilizando a aplicação das novas leis.

Aparentemente fora de controle, essa situação teve grande impacto na população economicamente ativa da época, sobretudo os camponeses, que viam nas aventuras marítimas a possibilidade de livrarem-se do precário trabalho rural e da miséria, lançando-se em grandes epopeias marítimas. Justamente por esse motivo, prevendo uma falta ainda mais grave de mão de obra e, consequentemente, de alimentos, devido à fuga dos servos para os navios, os barões opunham-se à expansão ultramarina e, particularmente, à conquista e fixação em cidades no norte da África. Por outro lado, a Coroa via nessa empreitada a única maneira de sanar as altas dívidas do reino, com a obtenção de bases avançadas facilitando a penetração comercial na rota muçulmana de especiarias.

Essa resistência dos nobres causava um sério impasse pois, apesar de enfraquecida depois da revolução de Avis, essa classe ainda mantinha forte influência e prestígio político, sendo necessária nos postos de comando dos navios, e, posteriormente, nas administrações das colônias. Além do mais, os monarcas portugueses temiam a proximidade da alta nobreza, extremamente belicosa e plena de ideais golpistas, além de cada vez mais empobrecida e dependente dos favores do Estado. Mas, apesar dos objetivos e pontos de vista contrários, pelo menos algo era consenso entre a Coroa e a nobreza antiga: era preciso dar continuidade à cruzada contra os infiéis muçulmanos, além de travar uma guerra marítima de corsários a fim de superar a crise financeira.

A Coroa visualizou nessa disposição a oportunidade ideal para resolver mais de um problema ao mesmo tempo, ou seja, canalizar a frustração e os ideais guerreiros dos nobres contra um inimigo comum, longe do reino, além de reverter a situação de empobrecimento contínuo dos senhores de terras, afastando o risco de deposição da dinastia de Avis. Assim, por meio de uma manobra hábil e bem articulada, o Estado transformou o que era oposição intransigente em apoio incondicional, ao encobrir o caráter puramente comercial da empreitada e vendê-la como uma epopeia dignificante em favor da propagação da fé cristã.

No imaginário popular lusitano, foi impregnado, e perpetuado, o ideal de combate aos mouros como um dos principais pilares do descobrimento, enquanto os portugueses se impuseram a missão de salvar o mundo, assumindo uma atitude explicitamente etnocentrista. Segundo eles, apenas a Europa, e os legítimos europeus, eram dotados de graça e formosura, em detrimento da África e da Ásia, desprovidas de qualquer atributo. O objetivo autoimposto era não apenas cristianizar os "pagãos", como também civilizar os povos "selvagens".

Histórias maravilhosas foram criadas e propagadas a mando da Coroa, descrevendo a Índia, a terra desconhecida que se almejava alcançar, como uma espécie de paraíso terreno, onde fileiras de colmeias repletas de mel esperavam pelos bons cristãos, onde as casas eram tão grandes e tão altas que alcançavam o céu, permitindo aos aventureiros chegar mais perto de Deus. Os lusitanos viam a si mesmos como predestinados divinos para desbravar e humanizar o mundo, e os nobres, por outro lado, começaram a perceber uma grande oportunidade de lucrar com seus ideais cavalheirescos.

Nesse contexto, D. João I, tão logo subiu ao poder, organizou uma grande expedição para a conquista do norte da África, que serviu também para armar novos cavaleiros e honrar os antigos. Contudo, havia ainda mais um obstáculo interpondo-se no caminho à expansão: o grande número de lendas a respeito dos perigos escondidos no mar Tenebroso, o Oceano Atlântico, que assombravam o imaginário popular, paralisando de medo os potenciais navegadores.

Iluminura do século XII: lendas e histórias fantásticas sobre os perigos do oceano eram um obstáculo ao início da expansão marítima.

Hoje sabemos, devido às pesquisas desenvolvidas na área, que os romanos possuíam um conhecimento geográfico relativamente bom da Ásia e da África, tendo, inclusive, certo conhecimento sobre a existência do continente americano. A recente descoberta, na Venezuela, de moedas do período romano seria uma prova a confirmar a teoria – embora alguns historiadores prefiram defender a tese de que antigas embarcações teriam sido arrastadas para a América pelas tempestades em alto-mar, mas que, ao tentar o retorno, não obtiveram sucesso, naufragando sem transmitir ao velho continente a notícia sobre a existência de outras terras.

Os chineses também eram grandes navegadores e, por volta de 1400, possuíam uma tecnologia marítima superior em muitos aspectos à europeia, mantendo relações comerciais regulares com o sudeste asiático. Sob o comando do almirante Cheng Ho, alcançaram o Sri Lanka, na África oriental, e acredita-se que tenham, inclusive, chegado ao norte da Austrália e ao litoral da América do Norte, cruzando o Oceano Pacífico, muito antes dos portugueses e espanhóis. Tradicionalmente, a China julgava-se superior aos demais povos, a quem considerava bárbaros, além de desprezar a atividade comercial, tida como desonrosa. Assim, quando os portugueses começaram a abrir caminho para a Índia, cessaram as expedições iniciadas por Cheng Ho, e os chineses entraram num isolamento voluntário.

Vale salientar que, naquela época, a palavra "descobrir" não era empregada entre os portugueses com o sentido de "achar" algo desconhecido, mas sim de "encontrar" o que os antigos já conheciam e que havia sido extraviado. Portanto, significava "redescobrir, reencontrar" terras de que já se sabia da existência, mas cujo caminho marítimo se perdera no tempo. O verbo, tomando por base a acepção moderna da palavra, era muito mais "achar" do que propriamente "descobrir".

Embora a existência de um continente ainda inexplorado fosse conhecida, as informações e histórias a esse respeito estavam guardadas em segredo, confinadas nos mosteiros desde a queda do império romano. Alguns homens mais cultos tinham uma vaga impressão sobre as potencialidades da Ásia e da África, além de alguma informação sobre a existência de um novo continente. Mas relatos mais precisos de viajantes que estiveram na China também ficavam em poder do clero, dificuldade que, somada à baixa ou nenhuma instrução da grande maioria, além do fechamento da sociedade em feudos, restringiu esse conhecimento ao alcance de poucos privilegiados.

Em Portugal, a guerra de reconquista e a pilhagem aos mouros propiciaram o contato com livros escritos em árabe que continham informações valiosas a respeito da Ásia, da África e sobre um novo continente, a América. Esses documentos eram, em sua maioria, traduções de obras gregas e latinas, hoje perdidas. Porém, apenas a alta nobreza e alguns poucos letrados possuíam conhecimento mais abrangente e

Do púlpito, o papa incentiva o clero a apoiar as cruzadas contra os mouros: ao pregar o combate aos infiéis, a Igreja serviu como instrumento da expansão territorial europeia.

condizente com a realidade, enquanto entre as pessoas comuns imperava uma quase total ignorância sobretudo aquém e além da Europa. Essa situação se estendia a todo o continente e a Igreja Católica, em plena fase de expansão e consolidação do rebanho, aproveitava para reforçar crenças que servissem ao propósito da conversão e à confirmação dos dogmas por ela criados.

Assim, o conhecimento acumulado pela humanidade até aquela época era muito superior ao divulgado, ficando restrito e à mercê da elite dominante, particularmente pelo clero, que disponibilizava apenas aquilo que convinha aos seus interesses. Por exemplo, sabia-se que, já na Antiguidade, Eudoxo (400-347 aC.), discípulo de Platão, postulava que a Terra era redonda e não plana, como acreditava-se então, teoria que viria a ser confirmada por Aristóteles, filósofo posteriormente reabilitado pelo cristianismo e amplamente utilizado na confirmação de dogmas cristãos.

Baseado nesse pressuposto, Arquimedes (287- 212 aC.) criou o π(pi) para determinar a razão entre o perímetro de uma circunferência e seu diâmetro, calculando assim o diâmetro real da esfera terrestre, valor que seria confirmado em 1231 pelo filósofo muçulmano Ibn Rushd, conhecido no Ocidente como Averróis. Apesar de dispor desse conhecimento, a Igreja Católica, tendo por base a interpretação que fazia das Escrituras, optou por postular que o planeta constituía-se de um plano, proibindo a menção dos textos antigos que expunham outras teorias e acusando de heresia qualquer disposição diversa.

Parte do problema consistia em que, sendo a Terra uma esfera, a afirmação de que o homem é o centro do universo, como queria a Igreja, não se sustentava, o que comprometia todo um complexo de dogmas impostos e que, no limite, poria à prova a própria autoridade das Escrituras em relação ao conhecimento das coisas. O debate quanto à forma do planeta ficou confinado a um círculo restrito. E mesmo aqueles que tinham acesso aos meios de informação da época foram influenciados pelos mitos que o clero passou a difundir a respeito do mar Tenebroso, o oceano repleto de monstros e maus presságios, que levaria a um abismo sem fim.

Obedientes ao clero, os guardiões de valiosos documentos gregos apagaram inúmeras informações científicas a esse respeito, reutilizando os pergaminhos, valiosos e escassos, para transcrever trechos bíblicos e tratados teológicos. Recentemente foram analisados fólios medievais e, por meio de uma sofisticada tecnologia, foi possível ler eletronicamente o texto apagado sem danificar o posterior, hoje também valioso para o resgate histórico do período.

Naquele tempo, desprovido de meios de comunicação amplamente acessíveis que não fossem os relatos orais, o dito era considerado verdade, sem reservas, sobretudo quando a fonte era de autoridade reconhecida, como o clero, e não havia muitos critérios para discernir a realidade possível da mera fantasia. Assim, na Península Ibérica, marcada por forte religiosidade, os habitantes ficaram profundamente impressionados com as propagadas maldições a respeito do mar, resistindo por décadas em arriscar-se nas grandes navegações.

Entre os mareantes, passar além do cabo do Bojador, extremo ocidental da África e limite imposto pelos padres, significava perder corpo e alma para sempre. Acreditavam que daquele extremo em diante não havia mais nenhuma pessoa ou qualquer tipo de vida, que não seria possível encontrar-se vegetação ou água doce e que o mar seria tão raso que toda embarcação que por ali passasse ficaria encalhada. Os mais instruídos e realistas também tinham seus temores, mas estes eram de outra ordem: consideravam que, além daquele ponto, as correntes marítimas seriam tão violentas que as naus seriam impedidas de retornar.

O marco inicial da transição desse imaginário negativo para outro extremamente positivo deu-se em 1434, quando Gil Eanes, escudeiro do infante D. Henrique, atravessou o cabo do Bojador, depois de várias tentativas. Ainda assim, entre a população, os paradigmas negativos estavam tão enraizados que era negada a veracidade dos relatos que davam conta do feito. A Coroa percebeu que não poderia reverter o quadro à força e que, para combater mitos, seria preciso criar outros ainda mais poderosos. Começou-se, então, a divulgar a lenda de Prestes João e a de São Tomé, junto com um apanhado de outras que já circulavam pela região.

Um reino mítico, sem mentira e sem malícia

A lenda do reino do Prestes João – mitológico e poderoso reino cristão, situado entre a Etiópia, a África oriental e a Índia, tido como um aliado em potencial dos portugueses – exerceu grande fascínio sobre o imaginário popular e também estimulou os lusos a rumarem cada vez mais longe em suas explorações marítimas, desempenhando em Portugal um papel semelhante ao impacto que o relato de Marco Polo provocara entre os espanhóis.

Histórias sobre o reino do Prestes João chegaram a Portugal através de monges e peregrinos por volta de 1402. Versões mais extravagantes da lenda afirmavam que o soberano possuía uma mesa de esmeraldas em que comiam trinta mil pessoas, sentando-se ao seu lado direito trinta arcebispos e, ao seu lado esquerdo, vinte bispos. O nome Prestes João deriva do latim, *Presbyter Iohannis*, cuja tradução literal é *Sacerdote João*, e aparece pela primeira vez em uma carta supostamente escrita por ele a Frederico Barba Roxa.

Frontispício de Verdadeira informação das terras de Prestes João, do padre Francisco Álvares (1540): as notícias de um reino próspero e perdido incentivava os portugueses a buscar o desconhecido.

Em busca de cristãos e especiarias

Na tal carta – ao que tudo indica forjada por Cristiano, arcebispo de Mogúncia (1165-1183), e de ampla circulação em Portugal –, Prestes João era apresentado como um soberano poderosíssimo, servido por um patriarca, vinte bispos, sete reis, sessenta duques e 365 condes, com um exército de dez mil cavaleiros e cem mil infantes. Em seu reino não existiria mentira nem qualquer forma de malícia, e, no leito dos rios do país, haveria pedras preciosas, tendo as águas o poder de curar todas as enfermidades.

Ao mito de Prestes João somou-se outro, muito anterior, que há séculos circulava por toda a Península Ibérica. Era a lenda dos cristãos de São Tomé, uma comunidade que teria sido fundada pelo próprio apóstolo no Oriente e que remontava ao início do cristianismo. Segundo consta, toda velha tradição sobre S. Tomé teria sido divulgada por meio das apócrifas *Atas de Tomé*, um tratado gnóstico escrito em siríaco (dialeto aramaico), no início do século III, em Edessa (atual Urfa, no sul da Turquia).

Embora os fragmentos das *Atas* que sobreviveram até nossos dias não passem de revisões católicas do texto gnóstico, é certo que teria circulado em Portugal a versão de que, após a crucificação, os apóstolos de Cristo haviam distribuído entre si as diferentes partes do mundo para fazer pregações. Segundo o documento, Tomé foi destinado à Índia, mas, relutante, argumentou não dispor de boa saúde, além de desconhecer o idioma daquele país. O impasse foi resolvido com a aparição do próprio Cristo, que vendeu o apóstolo rebelde como escravo ao mercador indiano Habban. Este havia sido enviado à Palestina pelo rei Gondofares, com a incumbência de encontrar um carpinteiro hábil para a construção do novo palácio.

Chegando ao novo país, Tomé recebeu grande soma em dinheiro, destinada à construção da obra, mas optou por distribuir a enorme quantia entre os necessitados. Quando descobriu, o rei ficou furioso e mandou que os soldados prendessem e açoitassem o infrator. O incidente causou ainda maior impacto sobre Gad, irmão do rei, que, diante da notícia de tamanho desperdício de dinheiro dos cofres reais, não suportou e veio a morrer de tanto desgosto.

No caminho de sua alma em direção aos céus, Gad teria avistado um magnífico palácio celestial e, ao perguntar a quem pertencia e quem teria sido o exímio construtor, foi informado de que aquela seria a morada do rei Gondofares, erguida pelo carpinteiro Tomé. Admirado, Gad teria pedido permissão a Deus para retornar à Terra e dar ao rei notícias sobre o esplêndido palácio que o aguardava no Céu. Ouvindo o relato do próprio irmão, Gondofares ficou tão impressionado com o milagre que decidiu libertar o apóstolo e, junto com muitos súditos, converteu-se ao cristianismo.

Após esse episódio, Tomé teria sido convidado para o reino de outro governante indiano chamado Mazdai, onde converteu sua esposa Tertia e o filho Vizan, mas pregou o celibato com tanta eloquência que Tertia negou seu leito a Mazdai. Assim, o apóstolo atraiu sobre si a ira do rei, que mandou quatro soldados armados de lanças o assassinarem, numa montanha nos arredores da cidade. Morto, foi sepultado no túmulo dos antepassados do rei Mazdai, por Vizan, a quem ordenara diácono, e por um indiano de nome Sifur, a quem fizera padre. Mais tarde, a sepultura teria sido aberta, quando descobriu-se que os ossos haviam sido removidos por seguidores e levados secretamente de volta a Edessa. Conta-se ainda que Mazdai se arrependeu e, tal como Gondofares, adotou o cristianismo, no que foi seguido por muitos dos seus súditos.

Segundo relato anônimo de 1122, um certo patriarca João das Índias, ou seja, do Oriente, viajou para Constantinopla para receber o pálio de um patriarca ortodoxo grego. Acompanhado por embaixadores papais, passou pela corte do papa Calisto II, em Roma, levando consigo notícias de uma cidade de nome Hulna, capital do reino indiano situado no rio Phison, que era habitado exclusivamente por cristãos. Pelo que consta, nos arredores da cidade havia uma montanha no meio de um lago, em que estava edificada a igreja de S. Tomé, o Apóstolo, local que conservava as relíquias do corpo do santo. Conta a lenda que, próximo ao dia da festa de S. Tomé, as águas do lago recuavam e os crentes reuniam-se na igreja para receber, milagrosamente, a Sagrada Eucaristia das mãos do Apóstolo, que se recusava a administrá-la aos infiéis, aos hereges e aos pecadores. Depois da festa, as águas regressavam e enchiam de novo o lago.

Independentemente da veracidade do conteúdo das lendas e relatos que circulavam e se fundiam na Idade Média, os lusos enviaram diversas expedições em busca do Prestes, que visitaram a Pérsia, a Tartária e a China, sobretudo a partir do século XIV, valendo-se, em especial, de mercadores judeus conhecedores do árabe. Os resultados econômicos foram tão satisfatórios que, mesmo quando já se buscava um caminho marítimo para a Índia, em 1486, quando Barolomeu Dias foi enviado para explorar a África, embaixadas terrestres ainda saíam à procura do tal reino, algumas tendo alcançado o Cairo, no Egito, Jerusalém e a Índia.

O mito do Prestes João, somado ao dos cristãos de São Tomé, serviram para vencer a resistência da alta nobreza lusitana em relação às grandes navegações rumo ao alémmar, e a imagem negativa presente no imaginário popular em relação ao mar Tenebroso. Simultaneamente, as viagens terrestres possibilitaram o conhecimento das rotas comerciais e das relações de poder entre os soberanos da Índia, facilitando a entrada, via mar, dos lusitanos no comércio das especiarias, milenarmente controlado pelos muçulmanos.

Embarcados à força

Mas havia ainda outro obstáculo, representado pela escassez de homens adultos disponíveis para embarcar, e pela resistência que estes apresentavam em relação ao trabalho no mar. Eram de amplo conhecimento os maus tratos, as brutalidades e as privações impostas a bordo dos navios. No século XV, apesar da fome e da violência serem constantes no cotidiano dos desocupados da metrópole, a vida a bordo das caravelas, além de extremamente perigosa, não constituía atrativo nem oferecia qualquer tipo de compensação. Apesar de muitos exercerem atividades em navios pesqueiros, o recrutamento para as armadas destinadas às conquistas do norte da África era bastante complicado, e a dificuldade vinha em dobro quando o destino era os mares do sul.

A Coroa procurava suprir essa carência com o recrutamento de condenados pela justiça, oferecendo perdão pelos crimes cometidos e comutando a pena de morte para o serviço compulsório a bordo das caravelas ou pelo degredo nas possessões em que ninguém queria ir. Contudo, havia como evitar tais punições severas, mediante o pagamento de suborno a funcionários dos presídios. Além do mais, o contingente requerido era imenso para a população da época, e logo vagabundos e desabrigados que perambulavam por Lisboa passaram a ser raptados, inclusive crianças, prática que se tornaria comum também na Inglaterra e em outras nações de tradição marítima nos séculos XVII e XVIII, mas que em Portugal tornou-se corriqueira já no século XV.

Vista de Lisboa, em que se veem os navios descarregando especiarias no porto: crianças, vagabundos e desabrigados eram raptados para servir de tripulantes nas embarcações.

O sistema de raptos mostrou-se eficiente até o estabelecimento de carreiras regulares entre Lisboa e algumas possessões africanas, quando o cargo de marinheiro passou a ser disputado. Aos poucos, com a costa ocidental da África sendo mapeada e conhecida, fazer parte de armadas destinadas a esses pontos constituiu-se em grande atrativo, pois sempre havia a possibilidade de pilhar as aldeias nativas, ainda que o espólio fosse constituído apenas de vacas. Além disso, a fome que vitimava os marinheiros em alto-mar também estava cada vez mais presente nas cidades, restando poucas alternativas.

No final do século XV, o povo português vivia na pobreza, se alimentando quase que exclusivamente de peixes, muitas vezes pescado pelo próprio consumidor, num regime de subsistência. Sardinhas cozidas e salpicadas eram vendidas abundantemente pelas cidades a preços muito baixos. Mas o famoso bacalhau era tão caro que fazia espanto aos estrangeiros, custando ainda mais aos naturais, sendo a carne bovina raramente consumida, ficando restrita a ocasiões festivas.

Para acompanhar as sardinhas, os menos favorecidos valiam-se de uma espécie de pão, barato e de baixa qualidade, feito de trigo português ainda cheio de terra, que mandavam moer nos moinhos de vento do jeito que era colhido, sem antes peneirá-lo. O pão bom e alvo era feito com trigo importado da França e da Alemanha, trazido pelos navios que vinham buscar sal e especiarias, mas, na verdade, também não era previamente selecionado e limpo. As mulheres pobres, assim que recebiam os fardos, postavam-se à porta da casa e separavam os grãos, um por um, para então moer e fabricar o pão branco, mediante uma licença especial concedida pela Coroa.

Além dos gêneros que serviam de base para a alimentação terem baixíssimo valor nutricional, um dos fatores responsáveis pelo quadro de inanição da maioria das pessoas era o precário saneamento básico, que facilitava a entrada das pestes vindas de outras partes da Europa, vitimando facilmente a população. Assim fragilizados, a morte prematura entre os portugueses era comum, tornando-se até mesmo banal, sendo que a expectativa de vida entre os séculos XIV e XVIII ficava em torno dos trinta anos de idade, enquanto cerca da metade dos nascidos vivos morria antes de completar sete anos.

Devido a esses fatores, após a viagem inaugural de Vasco da Gama, a Carreira da Índia, rota vista como oportunidade de enriquecimento rápido e fácil, passou a ser disputada pelo povo miúdo, enquanto a rota do Brasil e algumas carreiras da África eram evitadas, fazendo-se necessário o amplo uso de raptados e degredados. Mas, com o tempo, as altas taxas de mortalidade verificadas nas possessões orientais, decorrentes dos perigos inerentes à travessia e também à vida insalubre nas feitorias e fortalezas, começaram a afugentar, a partir da segunda metade do século XVI, voluntários para as embarcações.

Ao mesmo tempo, a Carreira do Brasil passou a atrair cada vez mais interessados, e, quando o trajeto foi regularizado, as passagens tornaram-se baratas, incentivando a migração voluntária. Houve, a esse tempo, uma somatória de fatores que determinaram o afluxo de pessoas à Terra de Santa Cruz: a necessidade de ocupar rapidamente a nova colônia, a falta de degredados para enviar ao novo território e a disponibilidade de espaço ocioso nos navios que, após trazerem açúcar para Lisboa, voltavam quase vazios para Salvador.

No início do século XVII, a Coroa não teve outra saída senão obrigar o recrutamento para a Carreira da Índia, cobiçada e disputada também por ingleses e holandeses. Entretanto, o gigantismo das naus destinadas à Índia dificultava o preenchimento de todas as funções a bordo, pois, dependendo do número de navios da armada, anualmente eram necessários novecentos tripulantes, um número enorme se comparado ao exíguo contingente populacional da época. A solução foi o recrutamento de franceses, alemães, italianos, holandeses e ingleses, que teve como consequência a exposição de segredos, antes guardados a sete chaves, à cobiça de espiões a serviço de países concorrentes. Mas, ainda assim, não era o bastante.

Havia outra alternativa, que não foi então sequer considerada: o embarque de negros, tanto escravos como libertos, prática comum entre os ingleses mas abominada pelos portugueses. Era comum o emprego dessa mão de obra na lavoura, mas, excetuando os casos em que eram tratados como carga nos navios negreiros, os marinheiros tinham aversão pela presença de negros a bordo, considerada sinal de mau agouro. Na primeira metade do século XVII era tamanho o repúdio que as autoridades chegaram a legislar proibindo o recrutamento desses trabalhadores, com a justificativa de que, além de atrair o infortúnio, também não tinham outra serventia a não ser comer, beber e gritar em situações de perigo, em vez de ajudar. Essas atitudes absurdas, aliadas à extrema falta de tripulantes, acabaria por beneficiar a Inglaterra na corrida em direção à hegemonia econômica.

Portugal optou então pelo recrutamento de crianças, que serviam como grumetes nas embarcações, e sobre quem recaíam as tarefas mais pesadas e perigosas, atitude que hoje consideramos criminosa mas que, àquela época, era vista com naturalidade. Muitas famílias pobres entregavam de bom grado seus filhos pois, além de receberem em troca um soldo mensal, se livravam da obrigação de alimentá-los. No caso das crianças judias, o recrutamento era forçado, representando uma ameaça constante para os pais e servindo ao controle estatal sobre o crescimento das judiarias.

Quem financiou as grandes expedições?

Resolvido, ao menos em parte, o problema da falta de contingente humano para as embarcações, havia outro desafio, não menos relevante, a ser superado: lançar-se ao mar era empreitada dispendiosa e arriscada, que demandava recursos, muitos recursos, os quais o país não possuía. A solução encontrada foi contrair empréstimos de banqueiros italianos e de mercadores estrangeiros instalados nas cidades do Porto e de Lisboa, mas também de judeus portugueses pertencentes à burguesia comercial. No caso dos judeus, a situação era mais delicada, uma vez que nenhuma lei os obrigava a investir. Mas, na prática, eles não tiveram outra alternativa.

Expulsos da Espanha em 1492, os judeus que puderam contribuir individualmente com uma certa quantia foram recebidos, sob as graças do rei D. João II, em Portugal, onde a comunidade cresceu e prosperou, embora fosse sempre mantida segregada do resto da população. Desde então, sempre que faltavam recursos, era prática usual da Coroa acirrar as perseguições, obrigando os judeus detentores de capital a investir nas novas rotas comerciais, sob pena de expropriação dos bens.

Contratos eram assinados com a Coroa, prevendo juros mais baixos na concessão de empréstimos em troca da doação de terras das novas colônias, o que muitos judeus viram como uma boa oportunidade para fugir das perseguições em Portugal. Nas novas terras, o controle sobre as judiarias, ao menos no início, não era tão rígido quanto no reino, e, além disso, acreditavam que, por estarem próximos das fontes de riqueza, poderiam rapidamente recuperar o investimento, talvez em dobro.

O usurário e sua esposa: os empréstimos concedidos por negociantes à Coroa foram fundamentais para financiar as grandes expedições marítimas.

Para Portugal, essa alternativa era duplamente interessante pois, se por um lado era preciso sempre mais dinheiro para financiar as expedições, o que era sanado com os empréstimos, por outro, a partida de alguns dos indesejados para longe não deixava de ser uma boa notícia. Gradualmente, as concessões de terras mostraram-se ser um investimento vantajoso, na medida em que garantiam o direito à participação nos lucros de determinada rota, trazendo mercadores para junto dos interesses de Estado.

As aplicações dos judeus foram fundamentais para a constituição da armada dos navios responsáveis pelo descobrimento do caminho para a Índia, e, mais tarde, para o fortalecimento da rota do Brasil, sobretudo quando as frotas foram ameaçadas pelo bloqueio naval holandês. Entretanto, não foram o bastante para saciar a cobiça dos portugueses. Depois de aberta a rota para o Oriente, após o período em que os aportes financeiros da comunidade judaica haviam bancado satisfatoriamente a exploração da costa africana, Vasco da Gama retornou a Portugal, em 1499, trazendo consigo a pimenta e outras especiarias, proporcionando lucro excepcional aos investidores, fato que atrairia ainda mais a atenção de mercadores e banqueiros italianos.

Com a queda de Constantinopla, comerciantes de algumas cidades italianas, notadamente de Florença e Gênova, optaram por investir na rota de comércio recém-inaugurada, apesar do caminho pelo mar Vermelho e mar Mediterrâneo ter permanecido aberto, mas com circulação restrita. O envolvimento dos italianos com os portugueses não era recente; desde o século XV, no princípio da expansão ultramarina, alguns mercadores italianos já contribuíam para a armada dos navios lusitanos em troca de participação nos lucros obtidos. E, inclusive, entre a tripulação, encontravam-se cosmógrafos e tripulantes italianos ocupando cargos de comando.

Séculos antes, os italianos já haviam tentado chegar à Índia pelo Atlântico, mas não obtiveram sucesso, ficando célebre a história da galera genovesa que, em 1291, partiu em busca de uma rota marítima para o Oriente, e, após adentrar o mar Tenebroso, nunca mais foi vista. Como Portugal dispunha de embarcações e conhecimentos técnicos mais apropriados para a empreitada, os italianos optaram por restringir suas operações ao apoio financeiro, sem o qual os portugueses não teriam alcançado o intento. Portanto, é equivocado o mito de que as cidades de Gênova e Florença faliram com a abertura da rota marítima portuguesa, pois foram justamente os italianos os maiores beneficiados com o comércio de especiarias via Atlântico.

Havia outras rotas lucrativas, como a Carreira da Guiné, cuja especialidade era o tráfico de escravos africanos. Entretanto, pelo menos durante o século XVI, os investidores italianos preferiram a rota da Índia. A esse tempo, a rota do Brasil ainda estava relegada a um plano inferior, uma vez que a Terra de Santa Cruz era tida apenas como um potencial ponto de apoio para as armadas da Carreira da Índia. Ainda assim, alguns mercadores e banqueiros decidiram apostar naquele caminho, mesmo quando sequer constituía uma rota, talvez antevendo um investimento promissor.

O grosso do capital investido por banqueiros italianos na rota da Índia provinha de empréstimos diretos ao Estado e a particulares interessados em armar novos navios nos estaleiros. A Coroa utilizava-se dos lucros gerados pelo comércio das especiarias e da prata para quitar as dívidas, sendo feito o pagamento muitas vezes em natura e, apesar dos custos fixos elevados e a perda de grande número de embarcações, o lucro obtido ainda assim era altíssimo. Em decorrência desse círculo vicioso, as divisas geradas pela expansão ultramarina se esvaíram com o pagamento de dívidas contraídas para a manutenção da empreitada, aliada aos custos elevados do sustento de uma corte luxuosa e da nobreza parasitária, ao mesmo tempo em que os estamentos mais baixos continuavam na miséria.

Do ponto de vista dos investidores, depois de um período de prosperidade, a Carreira da Índia também passou a gerar mais prejuízos que lucros, causando a ruína daqueles que optaram por contratos de risco – nos quais o tomador de empréstimo fica isento do pagamento em caso de naufrágio – devido às perdas cada vez mais frequentes a partir da primeira metade do século XVII. Então, quando o comércio de especiarias, graças à crescente concorrência e banalização, deixou de ser tão lucrativo, investidores italianos que conseguiram salvar ao menos parte do capital começaram a migrar para a nascente Carreira do Brasil.

Devido à perda da importância do capital italiano, no século XVII este seria substituído por aplicações de alemães, holandeses e ingleses e, no Brasil, o capital de mercadores e banqueiros holandeses impulsionou o aumento da produção de açúcar em Pernambuco. Alemães, que anteriormente haviam investido na Carreira da Índia, mas restringindo a atuação ao âmbito meramente comercial, voltaram a atenção para a nova terra, obtendo lucros modestos, mas seguros, o que despertou o interesse dos holandeses.

Estimulados, os holandeses foram além, financiando a construção de engenhos de açúcar, concedendo empréstimos a empreendedores portugueses e atuando diretamente no tráfico de escravos negros, trazidos de Angola. Ambiciosos pelo aumento dos rendimentos, mercadores batavos começaram a adquirir o produto em Lisboa, e a participar do refino e da distribuição para toda a Europa, obtendo um lucro de 15% sobre a venda em relação ao valor bruto. Quando a Espanha, antiga inimiga da Holanda, dominou Portugal, os batavos interromperam os investimentos, optando por invadir as colônias do Brasil e de Angola, elevando os ganhos para 75%.

Enquanto Portugal esteve sob o domínio espanhol, a coalizão forçada entre os dois Estados recebeu o nome de União Ibérica, que durou de 1580 até 1640, e os principais aplicadores a substituírem os holandeses, além dos italianos e dos alemães

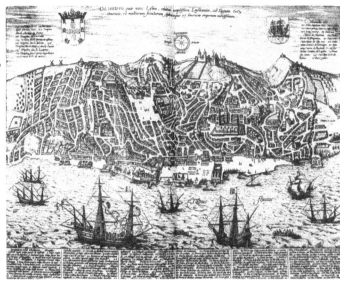

Vista panorâmica de Lisboa: os ingleses investiriam maciçamente para a formação e manutenção da poderosa frota naval portuguesa.

que já investiam, foram os mercadores suecos e dinamarqueses. Na costa brasileira, mercadores ingleses contrabandeavam açúcar para a Europa, não raro com a conivência de autoridades locais, reforçando cada vez mais o elo de Portugal com a Inglaterra e fomentando a produção açucareira no Brasil.

Quando a dinastia de Bragança restaurou a Coroa portuguesa, em 1640, o capital holandês voltou a fluir, mas em menor quantidade, visto que a grande maioria desses investidores já tinha migrado para as Antilhas. Foram substituídos pelos ingleses, que investiram maciçamente, promovendo a manutenção de uma imensa frota naval e contribuindo decisivamente para que a rota alçasse o apogeu. Os laços entre Portugal e Inglaterra, e, consequentemente, entre os ingleses e a colônia brasileira, se estreitaram ainda mais com o casamento de D. João I e Dona Felipa de Lencastre, realizado visando interesses comerciais e financeiros.

A Inglaterra foi o único país no século XVII a formalizar um acordo comercial com a Coroa portuguesa, e, além de recuperar privilégios anteriores ao domínio dos espanhóis, os mercadores ingleses usufruíam favores que não eram concedidos a nenhuma outra nação. Os que estavam na colônia adquiriram o direito ao porte de armas e à posse de cavalos; foram isentos de determinados impostos e do alistamento no serviço militar português; ao serem acusados de cometer delitos, só podiam ser julgados por um juiz particular, inicialmente encarregado apenas dos conflitos comerciais, mas a quem os ingleses, gradualmente, passaram a recorrer em todas as ocasiões, não podendo ser presos sem o aval desse juiz.

Segundo o acordo, os ingleses podiam comprar e vender livremente qualquer produto no Brasil, desde que a mercadoria não fosse estanco, ou seja, de exclusividade da Coroa. As taxas de importação também foram privilegiadas, sendo que as mercadorias trazidas da Inglaterra para Portugal pagavam 23% de imposto, e apenas 3% pelo direito de reexportar para o Brasil; e, no caminho inverso, o açúcar era taxado em 10% na saída do Brasil, em 23% ao chegar em Lisboa e em 3% ao ser reexportado para a Inglaterra. Nas colônias portuguesas na África, a Inglaterra estava autorizada a comercializar livremente e sem taxas de importação/exportação.

Incentivados pelos termos do tratado, mercadores ingleses terminaram por substituir os holandeses em relação aos empréstimos concedidos a senhores de engenho e aos proprietários dos navios que integravam as frotas. Apesar da hegemonia inglesa no cenário da época, pouco depois os franceses conseguiram obter alguns privilégios, e também investiram em engenhos de açúcar, embora não tenham obtido a mesma lucratividade. Para a França, era mais vantajoso aproveitar o mercado interno brasileiro, ávido por novidades europeias, e vender para os portugueses de além-mar tudo o que estava fora de moda em Paris. Visando a obtenção de instrumentos náuticos produzidos na Suécia, a Coroa ofereceu facilidades para a exportação de sal, vinho, prata e especiarias para os suecos em troca de tarifas mínimas para a importação de aparelhagem técnica.

Em síntese, sem o aporte financeiro que recebeu das várias procedências, não seria possível a Portugal obter a dianteira na corrida pelos descobrimentos e desenvolver uma notável superioridade tecnológica no campo da navegação. Como veremos no próximo capítulo, a avançada engenharia naval, a variedade de embarcações com diferentes finalidades, a adaptação de instrumentos terrestres às necessidades marítimas – tudo isso aliado à aprendizagem empírica no convívio diário em alto-mar – foram fatores que permitiram o pioneirismo português no desbravamento do caminho rumo à terra das especiarias.

Navegando no mar Tenebroso

Na Antiguidade, os povos mediterrâneos desenvolveram uma íntima ligação com o mar, principal via de acesso para as relações comerciais e políticas do mundo civilizado, tradição aperfeiçoada por egípcios, fenícios e gregos e herdada posteriormente pelos romanos, que logo dominaram o mar interior. O Mediterrâneo era cruzado sempre com costa à vista, e durante o dia, para que, caso fosse necessário, os navios pudessem buscar refúgio nas inúmeras enseadas.

A força motriz das embarcações vinha inicialmente de escravos acorrentados nos porões dos navios, encarregados de remar e empreender velocidade, sobretudo nas batalhas, sendo o vento utilizado como mero fator auxiliar. A galera romana percorreu um longo caminho até evoluir para a galé, impulsionada por velas em percursos mais longos, e por remos, nas manobras costeiras e durante os combates.

Como características, a galé apresentava-se fina e estreita, com quarenta metros de comprimento e cinco de largura; possuindo de quinze a trinta grandes remos com mais de quinze metros cada, manejados individualmente por cinco remadores. Para as batalhas, havia um esporão na proa, servindo para abalroar navios inimigos, além de seis canhões de baixo calibre manejados por artilheiros e soldados.

Moedas romanas com a imagem de uma galé: desde a Antiguidade, os povos mediterrâneos já mantinham uma estreita ligação com o mar.

Não se sabe ao certo quando surgiram, porém é possível afirmar com certeza que já no século XIII seu uso era bastante difundido, estando presente e atuante na rota das especiarias pelo mar Mediterrâneo, compondo comboios de galés portuguesas e italianas que comercializavam com Flandres e com as Ilhas Britânicas. Foi amplamente utilizada na guerra e no comércio, até o século XVIII, pelos mais diversos países da Europa, contudo, apesar de possuir grande agilidade e facilidade nas manobras, não permitia o transporte de grandes quantidades de carga, além de ser uma embarcação bastante dispendiosa.

Após a independência do reino de Castela, Portugal contratou o almirante genovês Manuel Pessanha para organizar a marinha de guerra e combater os espanhóis, ávidos por reaver o território perdido. A armada possuía então uma frota com vinte galés, que, tragicamente, foi inteiramente destroçada por uma tempestade após ter travado furiosa batalha no cabo de São Vicente. Apesar das perdas e dos naufrágios, o uso das galés foi vital no combate tanto aos espanhóis quanto aos mouros, garantindo a conquista de Ceuta, no norte da África. Sua importância estratégica foi tão grande que, mesmo após o surgimento de navios mais modernos, ainda manteve-se amplo o uso daquele tipo de embarcação, não só na defesa dos portos do reino como também na guarda de cidades litorâneas do Brasil e da Índia.

Habilidosos com o desenvolvimento de tecnologia naval, os portugueses criaram uma variante da galé, a galeaça, de construção mais complexa, com três mastros e vinte canhões de diversos calibres. Longa e alta, com acastelamento na proa e na popa, esse tipo de embarcação era um meio termo entre o modelo anterior e a futura caravela. Remadores ficavam no pavimento inferior, e, no convés, amplo e aberto, postavam-se a artilharia e os homens de armas, possibilitando grande poder de fogo, aproveitado mais tarde para combater os potentados nativos indianos.

Ao mesmo tempo em que portugueses desenvolviam a galeaça, os holandeses também fizeram modificações que conduziram à criação da galeota, embarcação que seria largamente utilizada na invasão do Brasil e na proteção de comboios de navios de longo curso. Muito semelhante à prima lusitana, a galeota possuía um talho mais elegante tendo à ré uma largura que se mantinha constante e, à proa, a grande vela prolongando-se com o costado, o que possibilitava navegar à bolina, isto é, em ângulo agudo contra a direção natural dos ventos. Sustentando as velas, havia um ou dois mastros, dispondo ainda de doze a vinte remos por borda, e artilhada apenas com alguns pequenos canhões.

Prático e funcional, o novo modelo chamou a atenção dos portugueses, que enviaram espiões para roubar os segredos da construção, copiando assim o invento holandês para utilizá-lo na defesa de Lisboa e em pequenas expedições no norte da África, servindo como elo entre navios de armada no final do século XV. Além disso, buscaram

Bergantim Real do século XVI, pertencente ao acervo do Museu da Marinha de Lisboa. Esse tipo de embarcação, movida a remos, era utilizada na sondagem dos litorais e na exploração fluvial.

aperfeiçoar ao máximo o traçado da galeota, cuja evolução resultou no bergantim, mais tarde utilizado em algumas armadas do Brasil em conjunto com navios de maior calado. Exemplo disso foi a expedição de Tomé de Souza, despachado para a colônia em 1548, em que um bergantim partiu de Lisboa entre duas naus e duas caravelas.

Muito semelhante à galé, o bergantim possuía de oito a dezesseis bancos, ocupados individualmente por um remador; dois mastros latinos em forma triangular, o que possibilitava a viagem à bolina, impulsionado exclusivamente pelos ventos; e não dispunha de espaço para artilhagem. Seu uso mais apropriado era a sondagem dos litorais e a exploração fluvial, pois, embora a capacidade de transporte de víveres fosse limitada, suas características permitiam navegar em águas rasas sem perigo de encalhe. Era empregado também no apoio logístico a embarcações maiores, particularmente nas viagens ao Brasil, e na navegação de cabotagem.

Apesar da eficiência das galés, galeaças e galeotas, cedo os lusos perceberam os limites dessas embarcações para viagens de longo curso, tornando-se premente o desenvolvimento de navios que permitissem o armazenamento de grande quantidade de víveres e que demandassem um número reduzido de tripulantes. Da tentativa de eliminar remos e remadores, surgiram as primeiras embarcações portuguesas nos moldes das caravelas, ainda no período da reconquista da península Ibérica. As guerras pela independência proporcionaram o rápido desenvolvimento de novas embarcações, mais eficazes militarmente no combate aos mouros e, depois, aos espanhóis.

Os primeiros protótipos foram baseados nas barcas de alto bordo utilizadas na Europa setentrional, que serviam simultaneamente para o transporte de passageiros e de cargas. Com o aprimoramento do traçado, surge o barinel, bem maior que as barcas, movido exclusivamente pela força dos ventos, com dois mastros de velas redondas, em que a influência mourisca era patente. Não é possível precisar exatamente a data de sua criação, mas sabe-se que foi posterior a 1434, pois Gil Eanes utilizou uma barca para cruzar o cabo do Bojador.

Tanto as barcas como os barinéis, assim como a maioria dos navios de pequeno porte, utilizavam os remos apenas em ocasiões excepcionais, como manobras e navegações fluviais, e o casco dessas embarcações não apresentava as aberturas características para dar lugar aos remos. O porte de trinta tonéis nunca era ultrapassado, o que não deixava espaço suficiente para a condução de remeiros, cabendo assim aos próprios marujos a tarefa de manobrar os remos para evitar obstáculos na costa. Até o século XVIII, tonel ou tonelada era unidade de medida e não de peso. Um tonel media cerca de um rumo de comprimento, ou um metro e meio, por quatro palmos de Goa de diâmetro, aproximadamente um metro, e a medida total equivalia a setecentos e noventa quilos, em vez dos mil quilos de agora.

Barinel do século XV, embarcação sem remos, movida exclusivamente pela força dos ventos, na concepção do artista Telmo Gomes.

Caravela do século XV: há controvérsias em torno da origem do nome deste tipo de embarcação, que representou um avanço decisivo para as navegações da época.

Continuamente aperfeiçoadas para satisfazer as necessidades empíricas das navegações, as embarcações evoluíram para as famosas caravelas, criadas na primeira metade do século XV, e largamente utilizadas na exploração do Atlântico. Há mais de uma hipótese para o surgimento do nome, que, segundo uma das versões, derivaria do vocábulo grego *karabos,* ou escaravelho, nome que os marinheiros davam às pequenas embarcações feitas de vime e forradas de couro, muito utilizadas pelos ibéricos na antiguidade. Outra versão, como já dissemos, conta que seria uma derivação da palavra *cáravo,* que designa uma embarcação moura, acrescida do sufixo *ela,* indicando diminutivo. Ou seja, a caravela seria um *cáravo* menor.

Independentemente da origem do nome, a caravela representou a confluência de diversas técnicas, uma síntese de práticas navais acumuladas em séculos de convivência com os diversos e distintos povos que passaram pela Península Ibérica. Em linhas gerais, as primeiras caravelas eram mais estreitas e compridas que as barcas e os barinéis. A seu favor contava a habilidade para navegar em zigue-zagues sucessivos, com manobras rápidas que dispensava o uso de remos, estando apta tanto para o percurso em alto-mar quanto em águas rasas, além de requerer um número de tripulantes inferior ao de qualquer outro tipo de embarcação. Em contrapartida, era imprópria para viagens de longo curso, como a Carreira da Índia, além de apresentar pouca capacidade para o transporte de cargas e fraca artilharia, em um período em que esses fatores eram decisivos. Não obstante, a eficiência e agilidade das caravelas, sobretudo em viagens curtas e médias, tornaram-nas ideais para a utilização na rota do Brasil.

Tomando por base a caravela pescareza, de vinte tonéis e oito metros de comprimento, com um mastro latino em formato retangular, proa e popa arredondadas, sem castelos e tripulação de dez homens, novos protótipos foram desenvolvidos, chegando ao extremo de embarcações tripuladas por cento e vinte pessoas. Uma das variantes foi a caravela latina, importante ferramenta no desbravamento da costa africana no século XV, com capacidade para sessenta tonéis, dois mastros latinos e apenas a popa arredondada, não havendo registros exatos sobre o comprimento e número de tripulantes.

Muito utilizada nas viagens de exploração da costa brasileira, a caravela redonda surgiu no final dos quatrocentos, caracterizada pelos três mastros latinos, capacidade entre sessenta e oitenta tonéis e dezessete metros de comprimento. Entretanto, após estabelecida a regularidade das viagens para o Brasil, o lugar de destaque nas expedições, ao longo do século XVI, foi ocupado pela caravela de armada.

Apresentando entre dois e três mastros latinos, além de outro, de aparelho redondo, a armada portava cerca de cento e oitenta tonéis e a quilha tinha dezenove metros de comprimento. Tripulada por cem homens, foi desenvolvida tendo em vista o comércio com a América e a Guiné, na África, mas, devido ao sucesso de seu emprego na guerra, foi amplamente utilizada com essa finalidade, especialmente como escolta das frotas para o Brasil, quando caravelas mercantes foram substituídas por naus.

Caravela latina do século XV, com seus dois mastros e a popa arredondada, característica do desbravamento da costa africana.

Caravela de pano redondo e mastro latino, do século XV, que viria a ser superada pela caravela de armada.

Caravela redonda ou de armada de 1515, o tipo de embarcação que, desenvolvida originalmente para a guerra, seria a mais utilizada na rota do Brasil.

Graças ao permanente aperfeiçoamento de sua arte naval, a indústria portuguesa desenvolveu a nau, embarcação com maior capacidade de transporte de carga e artilharia, o que a tornava mais pesada e, portanto, mais lenta. Utilizada pela primeira vez na viagem de Vasco da Gama até a Índia, em 1497, foi considerada ideal para o transportes de tropas, tornando-se exclusiva desse trajeto. Com o tempo, sua eficiência fez com que ocupasse o lugar das caravelas também em outras rotas.

No início, as naus com destino à Índia comportavam de trezentos a quinhentos tonéis, capacidade que foi sendo ininterruptamente ampliada até atingir, na segunda metade do século XVI, o porte de setecentos tonéis. Seu amplo uso deu margem para que fosse adaptada e ampliada ainda mais e, nos anos setecentos, chegava a mil e duzentos tonéis e quatro pavimentos, o equivalente a catorze metros de altura acima da linha d'água.

A extrema ganância foi o motor que transformou navegadores e soldados portugueses em mercadores e traficantes, impondo o aumento sucessivo da tonelagem e pavimentos das naus, fazendo do excesso de peso uma conhecida causa de naufrágios. Dado seu tamanho avantajado, as naus da Carreira da Índia mais pareciam cidades

Nau portuguesa do final do século XV, utilizada pela primeira vez na viagem de Vasco da Gama para as Índias.

flutuantes, desproporcionais e mal construídas, bastante expostas ao ataque de piratas. O risco tornava-se maior quando levado em consideração o fato de que, salvo exceções, esses navios não eram escoltados, sendo responsáveis pela própria defesa.

Com o intuito de minimizar os riscos, o convés e as cobertas inferiores foram artilhados com peças de grosso calibre, sendo necessárias aberturas nos cascos para efetuar os disparos. Inicialmente esses orifícios eram redondos, chamados buzinas, e, mais tarde, tomaram a forma de um quadrado maior, com portas que barravam a passagem da água.

Estruturalmente esse tipo de embarcação foi mesmo o mais adequado para a navegação em mares onde o regime dos ventos e das marés era conhecido, uma vez que, desprovida de recursos para viajar à bolina, aproveitava melhor as correntes de ar que incidiam pela popa, facilitando o uso das grandes velas redondas. Navegando por zonas mapeadas, a baixa necessidade de manobras, para as quais, diga-se, ela era pouco capacitada, possuía a vantagem de requerer um número menor de mareantes. Em termos de tripulação, as naus requeriam de cem a duzentos tripulantes, o que, levando-se em conta a capacidade para transportar de quinhentos a mil passageiros, era uma vantagem.

A evolução da indústria naval portuguesa não parou e, com o objetivo de desenvolver uma embarcação para servir de escolta, foi criado o patacho. Possuindo dois mastros, semelhante a uma caravela, apesar das dimensões bem menores e da baixa velocidade, era empregado para a guarda do acesso aos portos e rios, servindo também para o reconhecimento da costa. Com base no patacho, foi desenvolvida a pinaça, embarcação pequena e estreita movida a remos e velas, utilizada em viagens de reconhecimento e para o desembarque de passageiros.

Em seguida veio a fragata, também conhecida como fragatim, que, embora dotada de velas, era muito semelhante ao bergantim, e, com apenas um pavimento e bastante artilhada, tinha amplo uso na patrulha da costa brasileira, além das navegações de cabotagem. No processo, foi desenvolvida também a urca, ou carraca, que, devido à baixa velocidade, foi mais útil aos holandeses que aos portugueses. Semelhante à nau, a urca era larga nos flancos e arredondada na retaguarda, com apenas dois grandes mastros e maior capacidade para carga, em geral entre trezentos e novecentos tonéis.

Surge, ainda nesse período, outro tipo de embarcação, de uso exclusivamente militar, denominada galeão. Esse navio comportava em média de duzentos a seiscentos tonéis, apresentando maior facilidade em manobrar do que as naus, além de grande quantidade de canhões e lugar para tropas muito numerosas, embora a construção fosse dificultada devido ao alto custo. Vale ressaltar que o galeão português, mais estreito e comprido, diferia também em vários outros aspectos dos similares espanhóis e italianos.

Na defesa do império marítimo, nem sempre os conquistadores faziam uso dos dispendiosos galeões, sendo preciso frequentemente optar por alternativas mais viáveis. Pequenas embarcações indianas, caracteristicamente longas e chatas, à base de velas e remos, denominadas fustas, foram apreendidas junto aos nativos do Oriente para uso dos portugueses, enquanto no Brasil canoas indígenas foram artilhadas e empregadas na defesa de portos e nas patrulhas fluvial e costeira.

Fragata portuguesa, também conhecida por fragatim, que apesar das velas era muito semelhante ao bergatim.

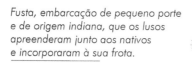

Fusta, embarcação de pequeno porte e de origem indiana, que os lusos apreenderam junto aos nativos e incorporaram à sua frota.

Como se construía um navio

Apesar de Portugal ser um país rico em madeiras e metais necessários à armação de embarcações, uma das causas do seu pioneirismo, construir um navio não era tarefa fácil, pois envolvia inúmeras etapas e diversos complicadores. Um deles foi a consequente falta de madeira, matéria-prima que, com a crescente demanda, começou a escassear no final do século XV. Devido à visão de longo alcance de D. Sancho II, o problema pôde ser momentaneamente contornado, pois este havia ordenado, ainda no século XII, a plantação do grande pinhal de Leiria, próximo à Lisboa, cuja maturação ideal coincidiu com a falta de madeira no Alentejo.

Ampliado mais tarde pelo rei D. Diniz, o pinhal de Leiria tornou-se a principal fonte de matéria-prima para a construção de embarcações no século XVI, que teve lugar, não por acaso, na ribeira velha da cidade de Lisboa, então chamada de Taracenas. Com a posterior descoberta da ilha da Madeira, esta se tornaria a maior fornecedora do gênero, complementando os estoques dos estaleiros do reino, havendo ainda a possibilidade do uso do material proveniente do Brasil, considerado, no início, como reserva.

Não tardou até que os mestres carpinteiros do reino percebessem que os diferentes tipos de madeira encontrados na colônia apresentavam maior resistência e durabilidade no contato contínuo com a água salgada, mais que outras encontradas na Europa, o que aumentava a vida útil dos navios, além de diminuir a probabilidade de naufrágio. Ao se tornar um dos gêneros preferidos dos construtores, a madeira brasileira passou a ser exportada para Portugal continuamente e em larga escala, alimentando o comércio e a indústria, tanto estatais quanto particulares.

Com isso, madeiras utilizadas na armação de embarcações, junto com o já famoso pau-brasil, se tornaram as primeiras fontes de renda dos pioneiros, que utilizavam índios para o desmatamento, mais tarde parcialmente substituídos por negros escravos. Por apresentar particularidades, o método de extração era coordenado por mestres da ribeira, europeus ou mestiços, que restringiam o corte ao período entre dezembro e janeiro, na lua minguante, obedecendo sempre a determinada largura e comprimento.

Sob pena de desandar a construção do navio, o transporte da madeira até o estaleiro deveria ser feito no máximo até fevereiro, atividade que demandava grande número de profissionais, pois o trajeto feito em carro de boi implicava em permanente conservação das trilhas, que deviam ser largas e batidas o suficiente para suportar essa espécie de trânsito. Contava a favor do uso da madeira brasileira o fato da extração ser feita por ameríndios, mão de obra farta e de custo irrisório, especializada no conhecimento da floresta e das espécies nativas. Além disso, a quantidade era abundante e aparentemente inesgotável.

Representação da construção de uma fragata, desenho aquarelado de 1756: a armação de um navio de grande porte envolvia grande quantidade de mão de obra qualificada e de matéria-prima, a madeira.

Por outro lado, havia obstáculos como as grandes distâncias entre uma área de desmatamento esgotada e a próxima a ser explorada, além da dificuldade de transporte do material até o reino, uma vez que o espaço disponível para carga nos navios era preferencialmente ocupado por açúcar e pau-brasil. Além do mais, o estaleiro de Salvador requeria toda a madeira disponível para construção de novas embarcações e reparo das armadas da Índia que faziam escala na colônia.

Problema similar ocorreu no Oriente, quando os portugueses julgaram poder utilizar a madeira indiana para abastecer a indústria náutica, mas perceberam a inviabilidade de transportá-la até o reino, devido sobretudo à distância. Montaram, então, estaleiros na Índia, onde a madeira não era abundante, sendo obtida com bastante dificuldade. A isso somou-se o superfaturamento levado a cabo por funcionários da própria Coroa, aumentando ainda mais o custo da construção dos navios.

Apesar das dificuldades, a premente demanda proporcionou a construção de elevado número de navios no estaleiro de Goa, que, além de servirem na Carreira da Índia, foram utilizados na navegação de cabotagem e nas armadas de patrulhamento. Enquanto em Portugal e no Brasil eram utilizados preferencialmente o pinheiro e o carvalho, no estaleiro do Oriente empregava-se a teca indiana, madeira mais resistente, mas que tornava as embarcações mais pesadas e lentas, além de acarretar baixo desempenho na navegação a bolina e dificuldade no manuseio. Por esses motivos, as naus eram consideradas de qualidade inferior, sendo muitos dos naufrágios atribuídos à baixa qualidade da madeira, embora saiba-se que os navios perdidos na Índia raramente afundavam devido a um fator isolado.

No reino havia, desde o século XVII, um controle rígido sobre o uso do pinho, tendo sido estabelecida por decreto toda uma gama de procedimentos com relação a isso. A despeito da madeira de pinho português ser a mais utilizada, partes específicas dos navios requeriam distintas qualidades de madeira, que precisavam ser importadas, como, por exemplo, o pinho-sapo e o pinho-de-flandres, que, por serem mais resistentes, serviam para confeccionar mastros e antenas, entres outros.

Além da madeira, era necessário obter ferro para as âncoras; pano para as velas; cordas para as amarras; estopa, sebo e breu para calafetar; chumbo para a pregadura e para forro de contrapeso etc, etc. Para obtenção de todos os itens, várias etapas eram, como diríamos hoje em dia, terceirizadas com o uso de trabalhadores autônomos, tal como a fabricação dos utensílios de ferro, dos equipamentos técnicos e dos instrumentos de navegação. Assim, em torno dos estaleiros gravitavam inúmeras oficinas especializadas de pequenos artesãos, responsáveis pela produção de estopa a partir da lã; pela obtenção de sebo; forjas para derreter e moldar o ferro, entre outros.

Internamente, em cada estaleiro a divisão de trabalho era feita em escala decrescente, havendo um mestre de obras e um patrão; um mestre para cada setor específico da embarcação; a cada mestre correspondia um contramestre, responsável pelas atividades na ausência daquele; e, subalternos aos anteriores, vinham carpinteiros e calafates, com seus respectivos aprendizes, geralmente pré-adolescentes. Subordinados ao vedor e ao provedor, havia feitores encarregados da obtenção das diversas matérias-primas, e um almoxarife de materiais. Estavam presentes também os guardas responsáveis por levar pregos e outros suprimentos requeridos pelos carpinteiros; e, por último, um apontador, a quem cabia o registro de tudo o que se passava na ribeira.

Em concordância com a tradição medieval das corporações de ofício, a capacitação dos profissionais para a função se dava empiricamente, no trabalho diário nos estaleiros, passada quase que de pai para filho. Assim, tanto os cargos mais modestos como até os de mais prestígio eram preenchidos apenas por aqueles aprovados satisfatoriamente nos sucessivos estágios de treinamento. Dentre os jovens aprendizes, os carpinteiros escolhiam aqueles que se destacavam para ir até a mata cortar a madeira, ensinando o ofício a dois ou três que soubessem ler. A exigência era necessária devido à obrigatoriedade do estudo de tratados ensinando as técnicas de construção naval, ainda que servissem apenas como complemento da aprendizagem prática.

Todos os profissionais da ribeira recebiam por jornada diária e muitos artesãos optavam por trabalhar nos estaleiros da Índia e do Brasil, onde, dada a escassez de profissionais europeus, estes, além de serem melhor remunerados, tinham mais facilidade em ascender a outros cargos, mesmo quando analfabetos. Na tentativa de evitar que segredos dos projetos fossem passados a outros países, a Coroa procurava manter os profissionais especializados fixos em Portugal. Entretanto, não foi possível evitar que muitos desses homens, em busca de melhores remunerações, migrassem para a França, Inglaterra, Holanda e Espanha.

Estaleiros navais eram a indústria pesada da época, um centro produtor que exigia florestas abundantes em madeira adequada para a construção, movido pelas pequenas oficinas complementares. Representava o principal polo de atração da força de trabalho, embora nem sempre satisfizesse as expectativas dos funcionários. Em meados do século XVI, por exemplo, cerca de quinhentas mil pessoas eram empregadas no porto de Lisboa enquanto outros trezentos trabalhadores ocupavam-se do movimento de carga e descarga de produtos e duas dezenas de funcionários zelavam pela alfândega. Esse enorme contingente de pessoas exigia organização e manutenção de um sistema hierárquico rígido, que era feito de acordo com as tradições da cada engenho, garantindo a qualidade do produto final.

Métodos de construção de embarcações envolviam complicados cálculos matemáticos a fim de que certas proporções fossem sempre obedecidas, fazendo da armação de cada navio um processo artesanal e simultaneamente técnico, constituindo uma arte propriamente dita. No processo, o primeiro passo era montar o esqueleto, fixando em seguida mastros, pranchões e tabuados, compondo assim a quilha, sobre a qual eram fixados mais pranchões, e preenchido com estopa o espaço vazio entre um lado e outro do esqueleto. Era feita então a calafetagem, ou seja, a impermeabilização com breu e alcatrão, e depois erguida a parte restante da estrutura. Após a colocação de amarras e velames, eram presas as ferragens e equipado o navio com instrumentos náuticos.

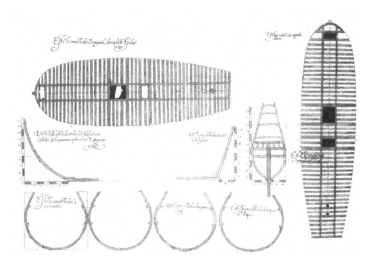

Traçado de um galeão de duzentas toneladas, em desenho datado de 1600: a construção de embarcações também envolvia cálculos complexos e proporções rigorosamente obedecidas.

Para se ter uma ideia do quão dispendioso era o todo o processo, basta comparar o preço da armação de uma embarcação, segundo a cotação da época, com outros gêneros. Por exemplo, uma caravela de cento e cinquenta tonéis, aparelhada, artilhada e aprovisionada para cento e vinte tripulantes custava em torno de seis milhões de réis, ou setenta e cinco quilos de ouro, o equivalente ao valor de setecentos mil escravos africanos. Fatores como a complexidade envolvida na construção das embarcações; a dificuldade em se obter matéria-prima; o elevado custo em manter a dianteira da tecnologia naval em relação aos concorrentes e a política de sigilo adotada por Portugal obrigaram a Coroa a impor leis garantindo a segurança da indústria naval. Era terminantemente proibida a venda de navios portugueses a países estranhos, sendo os infratores obrigados a pagar uma multa de valor variável, metade para o Estado, metade para o denunciante. Conforme a gravidade do caso, a pena incluía a prisão ou o degredo por um ano para as colônias.

Revelar segredos de navegação, informações estratégicas e mapas cartográficos também eram considerados crimes graves, passíveis de severas punições. Principais detentores desses conhecimentos, os cartógrafos eram responsáveis por registrar, encerrados em seus gabinetes, todos os dados trazidos pelos navegadores e aventureiros, classificando e encaixando tudo num contexto mais abrangente, para que os mapas pudessem orientar os viajantes.

Mapas e novos aparelhos serviram de guia

Os babilônicos foram os primeiros a tentar constituir uma carta de navegação, compondo uma tábua que representava todo o cosmo, mas a técnica tomada por base pelos portugueses é de origem mais recente, não levando em consideração, também, os fundamentos da cartografia científica, revelados por Ptolomeu. Em meio à confusão pictográfica da Idade Média, que baseava-se no simbolismo em lugar de dados concretos, os mapas não tinham como objetivo essencial nortear e informar, constituindo apenas elementos decorativos muito apreciados pelas classes mais abastadas.

Por volta da segunda metade do século XIII, origina-se na Itália uma nova corrente, derivada das necessidades impostas pelo comércio de especiarias no mar Mediterrâneo. Surge então o portulano, nome de origem latina que se refere à representação descritiva das costas, suas características e localidades, especialmente dos portos. Tratavam-se de textos descritivos, com teor muito claro e direto, destinados a marinheiros de pouca cultura, cujo principal objetivo era oferecer parâmetros para identificação do litoral, mas que, tributários da fantasiosa cartografia medieval, não obedeciam a nenhum tipo de escala.

Em busca de cristãos e especiarias

Mapa portulano do Mediterrâneo, desenhado por Sebastião Lopes em 1555: tradição árabe foi incorporada pelos portugueses na elaboração das cartas de navegação.

Desenhados como uma espécie de mapa primitivo, os portulanos costumavam ser gravados em grandes peles bovinas, tradição adquirida no contato com os árabes. Descreviam os contornos da costa, atentando particularmente para as características peculiares que servissem como identificação da paragem, como por exemplo montes agrupados, construções e outros marcos que pudessem ser avistados do navio.

Com base nos portulanos, os portugueses desenvolveram, no século XIV, a carta de navegação, termo cunhado da palavra *xaptno*, de origem grega, derivada de *papiro*, suporte muito usado na antiguidade para o registro de informações. Devido a necessidades impostas pela representação gráfica, as cartas náuticas apresentavam menos detalhes costeiros que os portulanos, mas, em compensação, traziam maior riqueza de dados, além de oferecerem uma visão de conjunto. Do ponto de vista técnico, a composição das cartas náuticas baseava-se na determinação direta, sem qualquer preocupação com a projeção, apoiando-se no eixo norte-sul e nas linhas de direção dos ventos e correntes marítimas, que se ramificavam, traçadas em várias cores de maneira a diferenciar umas das outras, sob diferentes aspectos, indicando a direção correta a ser seguida.

Confeccionadas em pergaminhos devidamente tratados, apresentavam desenhos na parte interna; as dimensões obedeciam à proporção de um para um milhão; e o traçado e a toponímia limitavam-se aos contornos costeiros, com abundância de pormenores e indefectíveis esquematizações. Ao contrário dos portulanos, as cartas

Mapa-múndi elaborado por Abraham Ortelllius, em 1570: nele já constam os territórios encontrados pelos portugueses e espanhóis durante o período das grandes navegações.

de navegação necessitavam de profissionais capacitados na arte de interpretá-las, e sua complexidade originou vários manuais destinados à formação de pilotos. No entanto nem mesmo os melhores navegantes estavam livres de uma falha decorrente do processo de confecção dessas obras.

Feita a matriz, cópias das cartas de navegação eram reproduzidas à mão por copistas, o que acarretava ligeiras alterações derivadas dos sucessivos decalques, fazendo alguns detalhes importantes desaparecerem e aumentando ainda mais o risco de naufrágio. Esse tipo de dificuldade só foi superada com a invenção da imprensa por Gutemberg, em 1448, o que possibilitou a padronização, além da redução dos custos, viabilizando uma difusão mais ampla das cartas.

Associado ao conhecimento acumulado ao longo do século XV, a técnica que possibilitou o desenvolvimento da carta de navegação foi um dos grandes responsáveis pela chegada dos portugueses à terra das especiarias. No entanto, para tal empreitada, foi necessário o desenvolvimento simultâneo de instrumentos de navegação que possibilitassem a marcação do posicionamento do navio na carta, pois em alto-mar, ao contrário da navegação no Mediterrâneo e no mar do Norte, não era possível localizar-se tomando a costa como referência.

Desde a Antiguidade, o principal meio de orientação era a observação dos astros a olho nu, uma vez que os navegadores, durante o dia, seguiam a costa, e, à noite, guiavam-se pelas constelações. Posteriormente, em conjunto com os portulanos, foi utilizada também uma sonda, servindo para medir a profundidade e evitar o encalhe, e que, apesar de não ir além de uma pedra amarrada a uma corda, representou o início do aperfeiçoamento dos instrumentos náuticos pelos portugueses.

Aprimorado pelos lusos, o prumo de mão teve a pedra substituída por chumbo, mais pesado e menos volumoso, adotando a braça como unidade de medida, representada pelo comprimento da linha contado em braçadas ao ser recolhida, o que correspondia a 2,2 metros, diferente da convenção atual, de 1,8 metros, correspondente à antiga braça inglesa. O segundo passo foi transformar o prumo de chumbo em um instrumento denominado barquilha, utilizado para calcular a distância percorrida a partir de um ponto de origem. Porém, essas técnicas e instrumentos eram muito limitados para percursos maiores, pois a observação dos astros não servia para a orientação em alto-mar, e a barquilha estimava apenas a distância do trajeto, não dizendo nada sobre a direção.

Para resolver o problema, os portugueses adotaram um novo instrumento criado na China e trazido pelos árabes, denominado bússola, ou agulha de marear. Introduzida na Península Ibérica no século XII, foi adotada como ferramenta de trabalho pelos marujos que atravessavam o mar Mediterrâneo. Esse instrumento revolucionário possibilitava nortear o navio na direção desejada, ainda que o céu estivesse encoberto e não fosse possível referenciar o sul, pela posição do sol, ou o norte, pela identificação da estrela polar.

A bússola, instrumento criado na China e trazido ao Ocidente pelos árabes, revolucionaria as técnicas de navegação.

Contudo, desmentindo o conceito que o senso comum faz ainda hoje da bússola, os navegadores notaram que ela nunca fornecia dados precisos, fato evidente já no século XV, quando portugueses iniciaram a expansão ultramarina rumo ao norte da África. Teoricamente, a bússola deveria apontar sempre para o eixo norte-sul, mas, devido à derivação magnética, a agulha sofria variações do meridiano geográfico. Essas alterações podiam variar absurdamente no intervalo de uma hora, dependendo da estação do ano, da presença de manchas solares ou tempestades magnéticas coincidentes com a aurora boreal, da ocorrência de erupções vulcânicas, tremores de terra etc.

Atualmente o problema foi contornado, em parte, com uma adaptação que sobrecarrega a parte sul da agulha, neutralizando assim influências externas, além do que, para fins de localização precisa e orientação especial, são utilizados instrumentos eletrônicos que recebem sinal dos satélites, como por exemplo o GPS. Mas, voltando àquela época, tais características fizeram com que a bússola fosse mais conhecida entre os portugueses com "agulhazinha teimosa e baloiçante".

Na busca por amenizar os desvios, o instrumento foi montado em uma caixa, carregada no fundo com um peso de chumbo, e um círculo de latão foi posicionado em cima da vidraça da agulha, ambas modificações feitas com o intuito de impedir interferências, mas que não obtiveram sucesso. Mesmo em conjunto, o prumo de mão, a barquilha e a bússola, aliados às cartas de navegação e à observação a olho nu, não ajudavam muito, e orientar uma embarcação através do mar Tenebroso não era tarefa simples.

Ao se afastarem cada vez mais da costa, e por períodos sucessivamente mais longos, os riscos aumentavam consideravelmente, tornando inadiável a necessidade de desenvolver métodos de localização mais precisos. Retrocedendo no tempo, os portugueses buscaram entre conhecimentos ancestrais respostas para preencher as lacunas, aperfeiçoando empiricamente a navegação astronômica no Ocidente. Do contato com árabes, os lusos aprenderam a técnica de leitura com base na estrela polar, cujo referencial era dado por um instrumento rudimentar denominado *kamal*, roubado dos mouros por espiões.

O *kamal* era composto essencialmente de uma tábua quadrada, com um fio suspenso no centro, onde havia vários nós; era manuseado prendendo-se o nó aos dentes, ou segurando-o por uma das mãos à altura da vista. Assim posicionado, o observador deveria esticar o fio com a peça de madeira em frente aos olhos, mirando a estrela por um lado da tábua e o horizonte pelo outro. Aliado ao uso de tabelas, o instrumento fornecia graus que indicavam o posicionamento no globo. Extremamente útil durante a maior parte do século XV, tornou-se obsoleto após a travessia da linha do Equador, quando se verificou que o referencial não era aplicável às regiões equatoriais.

Diante da necessidade de novas técnicas, astrólogos portugueses, na maioria judeus, iniciaram um período de desenvolvimento de instrumentos astronômicos de inspiração árabe, numa época em que astrologia e astronomia se confundiam. Para os árabes, a observação dos astros fazia-se por necessidades religiosas, uma vez que era preciso determinar com precisão o horário de cada uma das seis orações diárias, o período em que se deve iniciar e terminar o jejum etc.

Além disso, os árabes que atravessavam o deserto, tanto nômades como mercadores, precisavam se orientar em meio às dunas, sempre idênticas; os primeiros para se prostrarem em direção à Meca, nas orações; os outros, para não se perderem. Encontradas as respostas, os árabes estagnaram em suas pesquisas, enquanto os portugueses, após absorver a tradição oriental, aperfeiçoaram cada vez mais a observação dos astros.

Graças à contribuição da Universidade de Lisboa, em 1290 a astronomia ganha força como ciência e, na época do infante D. Henrique, os privilégios estendidos a alunos e professores estimularam o acúmulo de novos conhecimentos cosmográficos no meio acadêmico. Os esforços empreendidos possibilitaram o desenvolvimento de três instrumentos náuticos, que proporcionaram um extraordinário salto qualitativo nos processos utilizados pelos homens do mar, nascendo assim a balestilha portuguesa, o quadrante e o astrolábio náutico.

Conhecida pelo menos desde 1340, a balestilha árabe tinha o nome derivado de *balesta*, ou *besta*, arma medieval que disparava setas, com a qual se assemelhava na forma. Usando o original árabe como modelo, a balestilha portuguesa quatrocentista era formada por duas peças, feitas de madeira ou marfim, denominadas virote e soalha ou martelo. A primeira era uma vara de seção quadrada, medindo de três a quatro palmos; a outra, uma vara menor, perpendicular ao virote, utilizada para o calcular a altura de um astro, mirado junto a uma das extremidades, denominada cós.

A balestilha do início do século XVII foi outra contribuição árabe que os portugueses aperfeiçoaram para, a partir do ângulo do navio em relação aos astros, determinar a posição em alto-mar.

O ângulo formado entre uma e outra vara fornecia os números requeridos para alimentar um complexo sistema de cálculos, envolvendo trigonometria e tabelas, com as quais era possível obter os graus do ângulo observado e determinar a posição do navio. Ainda assim, o resultado era pouco preciso, além do excessivo número de cálculos requeridos e do inconveniente de só poder ser utilizada à noite. Na busca constante por maior precisão, os portugueses chegaram ao quadrante, na segunda metade do século XV.

Esse novo instrumento era representado por duas réguas de madeira, dispostas em ângulo reto, fechadas por um arco graduado em um quarto de círculo, com o fio de prumo pendurado no vértice. Nas margens externas da régua vinham presas duas pínulas com orifícios, através dos quais se observava o astro; e a altura era indicada no ponto em que o fio de prumo cortava o arco graduado, revelando assim, diretamente, o ângulo procurado.

O quadrante, mais preciso que a balestilha, porém utilizado apenas por profissionais treinados: a oscilação do navio podia originar distorções na medição dos ângulos.

Ampulheta do início do século XVI: aparelho servia para medir o tempo mas era incapaz de determinar o fuso horário a bordo do navio.

O astrolábio, também invenção dos árabes, seria aperfeiçoado pelos portugueses para calcular a localização aproximada das embarcações.

Apesar de ser muito mais conveniente que a balestilha, o uso do quadrante era restrito a profissionais treinados, pois a oscilação a bordo do navio dificultava a tarefa de manter o instrumento na vertical e, ao mesmo tempo, alinhar o astro através das pínulas, o que podia causar sérias distorções. Havia também outro problema, ainda não solucionado, com respeito à restrição das medições só poderem ser feitas à noite.

Baseados mais uma vez em instrumentos árabes, no caso, o astrolábio planisférío, os portugueses construíram o astrolábio náutico. Originalmente com a forma de um disco compacto, feito de chapa de metal ou madeira, logo a prática do uso requisitou novas alterações. Assim, fundido em liga de cobre ou bronze, com dimensões menores, o astrolábio náutico era formado por um disco perfurado, e, no centro, pendendo do anel de suspensão, encontrava-se a alidade, chamada mediclina, apresentando um orifício central. A pontaria era feita mediante o alinhamento desses dois orifícios com o astro, sendo necessário rodar a mediclina até enquadrá-lo. Feita a observação, uma escala graduada em unidades de arco indicava a posição do sol, a qual, com uso de uma tabela, precisava a localização do navio.

Mas nenhum dos instrumentos até então conhecidos era capaz de indicar o posicionamento preciso da embarcação, pois só possibilitavam a obtenção de uma coordenada, referente à latitude, eixo norte-sul, não fornecendo informações seguras a respeito da longitude, eixo leste-oeste. Esse grande problema, que dominou o cenário das navegações, só encontrou solução com os ingleses, no século XVIII. Enquanto isso, os pilotos utilizavam a barquilha como principal instrumento para o cálculo da longitude, o que demandou o aperfeiçoamento do relógio de bordo, essencial para o emprego daquela.

Devido ao fuso horário, determinar o horário a bordo dos navios sempre representou um grande problema, pois, como ainda não existiam relógios mecânicos, a hora era determinada por ampulhetas e pela posição do sol. Para os relógios de areia, era imprescindível a dedicação exclusiva de alguém que, a cada meia hora, virasse a ampulheta e fizesse anotações. Levando em conta que um dia tem vinte e quatro horas, o relógio tinha que ser virado 48 vezes por dia, 336 vezes por semana, sempre com atenção ao momento exato em que caíam as últimas partículas de areia.

Na tentativa de minimizar os desvios, junto com a ampulheta e a barquilha, eram empregados ainda a bússola e um relógio de sol portátil para obter um valor aproximado da longitude, deixando a cargo da experiência do piloto a resolução de questões em aberto. Baseando-se em coordenadas imprecisas e em valores meramente estimativos, mediante o uso de régua e compasso náutico, era ele o responsável por determinar em que direção deveria seguir o navio.

Na gravura de 1557, navegadores utilizam o astrolábio e a balestilha, medindo os ângulos do sol e da lua em relação ao ponto de observação.

Mapeando ventos e correntes marítimas

Nesse processo de navegação, as decisões de maior importância não raro eram tomadas levando-se em conta sobretudo a intuição do piloto, que se valia dos sinais da natureza e de técnicas empíricas adquiridas durante gerações. Para facilitar a travessia e aumentar a velocidade dos navios, a direção dos ventos e as correntes marítimas de cada trecho foram mapeadas. Além disso, era necessária a atenção aos eventos circundantes, uma vez que detalhes como a cor da água e a presença de determinadas espécies de pássaros indicavam a profundidade do local, evitando encalhes.

Sucessivas viagens e as dificuldades enfrentadas em cada uma delas terminaram por ensinar aos navegantes métodos para aperfeiçoar a travessia. Por exemplo, na viagem com destino à Índia ou à África oriental, notou-se que era preciso primeiro afastar o navio da costa africana, em direção à costa do Brasil, para então retomar o rumo a leste. Essa manobra, à qual convencionou-se chamar de volta da Guiné, era obrigatória por causa das correntes marítimas e dos ventos da região, que, a partir de determinado ponto, impulsionavam as embarcações sempre em direção ao hemisfério norte.

Mais tarde, a experiência acumulada em sucessivas tentativas de ultrapassar o cabo da Boa Esperança confirmou a tese de que nem sempre a distância era determinante para o tempo necessário à travessia. A rota por um caminho mais curto, porém com ventos e correntes contrários, poderia se tornar muito mais longa e perigosa do que outra que, apesar do percurso maior, apresentasse esses fatores a favor. Esse estratagema ganhou o nome de "volta pelo largo", ocasião em que a palavra "volta" foi introduzida na terminologia náutica – volta do mar, volta da terra – designando uma espécie de percurso em forma de arco que dependia de fatores climáticos ligados às estações do ano.

Em respeito a essas evidências, foi fixado que a melhor época para partir de Lisboa em direção à Índia era na monção de março e abril, o que não impediu algumas embarcações de partirem em meses diferentes, quase sempre com resultados desastrosos. Ao deixarem o cais nessas ocasiões, os navios dobravam o cabo da Boa Esperança no período das tempestades e com regime de ventos contrários, sendo obrigados a navegar por dentro, através do canal de Moçambique, região que apresentava inúmeros baixios, tornando alto o risco de encalhe. Por isso, quando perdiam as monções propícias, o medo de desastres fazia os capitães arribarem, ou seja, retornarem a Lisboa, adiando a travessia para o ano seguinte.

Em sentido contrário, as melhores monções para deixar o Oriente eram as de dezembro e janeiro. Entretanto, partir em outros meses não apresentava nenhum risco que não pudesse ser contornado por um piloto experiente. Na realidade, as embarcações

Frontispício do Guia Náutico de Évora, datado de 1516: regimentos para a navegação segura e instruções detalhadas das declinações dos ângulos solares e de outros astros.

zarpavam tão logo fossem carregadas e os ventos estivessem a favor, uma vez que, no retorno para casa, era possível realizar diversas escalas pelas feitorias portuguesas na África, embora nem todos os entrepostos estivessem preparados para prestar apoio em caso de necessidade.

No tocante à rota para o Brasil, não havia uma monção especialmente recomendada para a partida, existindo apenas recomendações para que fosse seguido um ou outro caminho, dependendo do destino final e da estação climática em que se encontravam. Ainda que ventos e correntes não estivessem propícios, optava-se por partir mediante a certeza de que, não importando a época do ano, seria possível atingir algum ponto da costa brasileira antes que os víveres a bordo começassem a faltar. Como o Brasil possuía uma terra fértil, o navio seria reabastecido, seguindo seu rumo até atingir o destino previsto.

Por esse motivo, os navios que seguiam para a Índia também buscavam abrigo no Brasil, operação facilitada pela manobra da volta pelo largo que, como mencionado, empurrava as embarcações pelo Atlântico em direção àquele país. Ali as embarcações reabasteciam os suprimentos, precavendo-se contra possíveis calmarias. No entanto, em decorrência das precárias condições a bordo, eram verificadas deserções em massa na escala pela paradisíaca Terra de Santa Cruz. Temendo a fuga da tripulação, alguns capitães passaram a evitar os portos brasileiros já no final do século XVI, ainda que isso implicasse na falta de água e alimentos a bordo, e, mais tarde, no século XVII, a Coroa proibiu por lei a escala desses navios no Brasil.

Após algumas experiências do mapeamento das correntes e da direção dos ventos, os portugueses alteraram o percurso, que passou a obedecer o regime imposto pela natureza. Pelo novo trajeto, as embarcações partiam invariavelmente em direção à ilha da Madeira ou ao Porto Santo, e de lá seguiam a sudoeste até a altura da ilha de Palma, quando alteravam o rumo do oeste para as ilhas do Cabo Verde, passando adiante da costa africana e, usando a volta pelo largo, atingiam o Brasil.

Passando pelo penedo de São Pedro, pela ilha de Fernando de Noronha e pelo cabo de Santo Agostinho, em Pernambuco, os navios da rota terminavam a viagem em Salvador, de onde podiam optar entre a navegação de cabotagem por diversos portos brasileiros, ou repartir a carga em navios menores, que realizavam essa tarefa. Dali, os navios da Índia prosseguiam, governando a leste e sudoeste até atingirem as ilhas de Tristão da Cunha, rumando então para o cabo da Boa Esperança, famoso pelos ventos duros e o mar grande. Restava ainda alcançar São Brás, indo por fora ou por dentro da ilha de São Lourenço, seguindo a rota de Moçambique, a partir da qual era possível atingir a Índia.

Em se tratando do caminho inverso, da Índia para o reino, navegava-se até o cabo da Boa Esperança, quando se governava a noroeste e ao norte em direção à ilha de Santa Helena. Dali, tinha-se a opção de ir para o Brasil, onde se podia invernar e buscar reparo no estaleiro de Salvador, ou seguir direto para as ilhas de Cabo Verde. Havia uma terceira possibilidade, a de fazer escala em qualquer ponto da costa africana e dirigir-se então até a ilha Terceira, no arquipélago dos Açores, e de lá para Portugal, trajeto acompanhado por armadas de escolta para proteger a carga preciosa.

Frontispício da obra Instrucion nauthic, para el buen uso y regimiento de las naus, *de Diego Garcia de Palacio, publicado no México, em 1587.*

Em relação ao retorno do Brasil para Portugal, era possível seguir um caminho direto, o mesmo utilizado pelas naus vindas da Índia, contanto que fosse observado o regime especial de monções a fim de evitar as correntes marítimas que arrastavam as embarcações em direção às Antilhas. Enquanto as escalas eram de importância vital para a Carreira da Índia, no caso das embarcações da Carreira do Brasil, devido ao tempo menor de percurso, não havia necessidade de paradas. Mesmo assim era comum os navios fazerem escalas ao longo da costa, conforme passavam por determinados portos, sendo regra abastecerem-se de água potável em Fernando de Noronha, ocasião em que os estoques de alimentos eram renovados ou substituídos por gêneros frescos.

Uma rígida hierarquia a bordo

Segundo a hierarquia a bordo, estruturada de forma a favorecer as relações sociais em benefício dos interesses da Coroa, o cargo de maior prestígio era ocupado pelo capitão, a quem pertencia a última palavra em relação aos rumos da embarcação. Para lidar com instrumentos complexos e técnicas sofisticadas, calcular a posição do navio na carta náutica, manobrar as velas, administrar conflitos inevitáveis entre homens obrigados a conviver num espaço restrito, e, quando necessário, fazer disparar a artilharia, mais do que boa vontade era preciso possuir determinadas características e conhecimentos específicos.

Exigia-se dos capitães das embarcações portuguesas, em primeiro lugar, que fossem oficiais de carreira, capacitados para comandar as manobras de marinhagem, e preferencialmente pertencentes à nobreza, para fazer impor sua vontade particularmente aos marinheiros de má índole, sempre prontos para a insubordinação. Dominar a ciência da arte náutica era imprescindível para preencher o primeiro requisito, embora essa exigência quase nunca fosse satisfeita pelos candidatos ao cargo, pertencentes à nobreza arruinada e ávidos por enriquecer sem muito esforço.

No início das navegações, a Coroa lusitana procurou sempre que possível privilegiar as carreiras navais, concedendo atenções, distinções e títulos aos homens que se destacavam a bordo, designando para o posto aqueles que possuíam ao menos algum preparo técnico, não raro nomeando escudeiros e antigos pilotos como capitães. No entanto, com o estabelecimento das rotas da Índia e do Brasil, o súbito aumento da demanda não permitiu que essa orientação fosse seguida.

A armação de numerosas armadas, e a premência em nomear comandantes para tripulá-las, fez com que, pressionada pela nobreza, a Coroa não encontrasse outra alternativa a não ser realizar concessões àqueles que não possuíam nem conhecimentos técnicos nem afinidade com o mar, atraídos apenas pela perspectiva de participação nos lucros. Dos nobres eleitos pelo rei para capitães, a maioria navegava pela primeira vez, sem o menor conhecimento da faina a bordo de um navio, fato causador de inúmeros naufrágios, apesar de, teoricamente, ser de responsabilidade exclusiva do piloto o governo da embarcação, cabendo ao capitão apenas o comando político.

Sendo notória a grande responsabilidade do cargo de piloto, a Coroa privilegiava os candidatos de carreira que, além de possuírem grande experiência empírica, tivessem obtido bons resultados em conhecimentos matemáticos, adquiridos no curso ministrado nas proximidades da ribeira das naus. Para efeito de qualificação, era recomendada uma vasta bibliografia específica, e então feito o exame presidido pelo cosmógrafo-mor, certas vezes assistido por técnicos competentes. Quando aprovado, o candidato recebia do rei a carta profissional, que o autorizava a exercer a função.

Restava ainda servir ao menos em uma viagem como sota-piloto, assistente direto de um profissional da ativa mais experiente, ocasião em que era testado como aprendiz pelo superior hierárquico, além de ter a formação lapidada. Em raras ocasiões, um candidato que possuísse experiência técnica e prática em outras funções a bordo podia ascender diretamente ao posto de piloto, após ser aprovado nos testes, conduzindo uma embarcação nova ou substituindo outro que se retirava.

Mesmo com todos os cuidados reservados à qualificação e seleção desses profissionais, o destino do navio corria sério risco, pois, justamente por pertencer à nobreza, e com a arrogância peculiar a essa classe, por vezes o capitão entrava em conflito de opiniões com o piloto. Como manda a hierarquia, por mais absurdas que sejam as ordens do fidalgo, elas devem ser obedecidas, o que resultou em vários naufrágios, com grandes perdas materiais e também de vidas humanas.

Esse problema tornou-se ainda mais grave e frequente quando, em princípio do século XVII, começou a faltar profissionais gabaritados para ocupar o cargo de piloto na Carreira da Índia. Nesse mesmo período, apesar dos financiamentos estrangeiros e dos empréstimos obtidos junto aos bancos, o rei vinha enfrentando problemas para armar novos navios, devido ao alto custo da empreitada. Optou-se, então, por vender o cargo de piloto a elementos da baixa nobreza que não possuíam nenhuma qualificação, formal ou empírica, descuido que também provocou inúmeros desastres.

Ingressar como oficial nas armadas da Índia representava um grande negócio, uma vez que o direito de transporte de determinada quantidade de especiarias garantia a participação nos lucros. O mesmo não acontecia em relação aos navios da rota para o Brasil, que, por não oferecerem nenhum tipo de remuneração extra, eram preteridos pelos nobres. Não obstante, a falta de pilotos gabaritados não constituía um problema nessa rota, sendo a maior parte dos navios bem conduzida por mestres de embarcação, função mais importante depois da pilotagem.

Na tapeçaria holandesa do século XVI, uma cena cotidiana a bordo de uma grande embarcação da época: hierarquia rígida e carência de profissionais qualificados.

Responsável pela coordenação de todo o pessoal a bordo, o mestre deveria possuir conhecimentos náuticos e astronômicos, nem que fossem apenas noções básicas. Eram selecionados entre os contramestres, que funcionavam como assistentes, sendo depois submetidos a um teste, e, se aprovados, recebiam do rei a nomeação. Quanto aos contramestres, eram selecionados pelos mestres entre os tripulantes letrados que demonstrassem maior aptidão, quer fossem marujos ou grumetes.

Cabia aos marinheiros proceder aos serviços inerentes à navegação e à manobra do navio, sob orientação do piloto ou do mestre, e, a despeito da responsabilidade do cargo, não era requerido qualquer conhecimento da arte náutica. Exatamente por esse motivo, a maior parte da marujada provinha das classes mais baixas. Poucos sabiam ler, embora alguns possuíssem alguma experiência como pescadores ou grumetes. Aqueles que se mostravam mais aptos ao serviço eram requisitados para funções específicas que exigiam certas habilidades, como os triqueiros, a quem cabia a manutenção e a guarda das velas.

Os mais capazes, ainda que analfabetos, podiam alcançar o posto de guardião, oficial responsável pelo comando dos aprendizes de marinheiro, os grumetes, crianças sem qualquer tipo de formação teórica ou prática, recrutadas entre os pobres dos centros urbanos ou raptadas das judiarias, e que chegavam a constituir o grosso da tripulação.

Também ocupado por crianças, o cargo de pajem supunha certo grau de instrução nas letras e boas maneiras, apesar de não ser preciso nenhum conhecimento do mar, cabendo a eles cuidar do conforto de oficias e passageiros importantes, proximidade que garantia privilégios não estendidos aos grumetes e a possibilidade de seguir carreira como mestre, piloto ou capitão.

À parte da estrutura diretamente relacionada à marinhagem havia outras, ligadas às funções complementares de assistência aos tripulantes e de garantia da segurança da nau, como o condestável, oficial que comandava os bombardeiros, submisso apenas ao capitão e recrutado exclusivamente entre profissionais de carreira especializados. Além de conduzir a artilharia, os bombardeiros ficavam responsáveis pela fabricação da pólvora, motivo pelo qual o cargo precisava ser exercido por homens devidamente treinados, habilitados por um corpo especial, criado pela Coroa em 1515.

Outros profissionais a bordo, que igualmente não pertenciam à estrutura hierárquica da embarcação, eram representados por meirinhos, escrivões, capelães, cosmógrafos, astrônomos, barbeiros e, não raro, cirurgiões também se faziam presentes. Carpinteiros e calafates costumavam seguir nos navios, procedendo a reparos de emergência, sempre necessários na Carreira da Índia.

A bordo, todas as funções eram importantes, sendo fundamentais aquelas mais complexas, que exigiam sólida formação teórica e prática, das quais dependiam diretamente o sucesso ou o fracasso de uma viagem em mar aberto, incluindo a vida de todos os embarcados. Esse conhecimento bipartido e imprescindível suscita a questão da existência da escola de navegação de Sagres, tida como responsável pela formação e aperfeiçoamento de oficiais portugueses.

Tema controverso, quase proibido entre portugueses e brasileiros, o fato é que essa escola jamais existiu, não passando de mera suposição levantada pela historiografia romântica do século XIX, propagada por um tal Oliveira Martins e amplamente aceita por governantes portugueses, ávidos por sedimentar o passado heroico. Do ponto de vista de numerosos especialistas, esse mito foi construído tomando-se por base documentos anacrônicos do século XVI, não existindo uma única prova concreta que comprove sua veracidade.

Evidências indicam que, na realidade, a verdadeira escola de que dispunham os navegadores quatrocentistas consistia, particularmente, nas técnicas apreendidas na atividade pesqueira, no dia a dia a bordo das caravelas, na prática adquirida no desbravamento da costa africana e no apoio recebido da Universidade de Lisboa, esta sim incentivada pelo infante D. Henrique.

Incursões no continente negro

Seguindo o projeto de reconquista das terras dominadas há séculos pelos muçulmanos, os portugueses deram início à expansão pela costa da África, onde foi travado o primeiro contato com a pimenta, gênero que se tornaria o principal produto importado do Oriente. No território que hoje pertence ao Marrocos, a Coroa tinha planos de construir um império, estimulada pelas mercadorias encontradas no local, dentre as quais merecem destaque o trigo, os tecidos e os cavalos, além da possibilidade de captação de ouro e escravos trazidos de outras regiões.

Esse plano não era propriamente uma novidade, pois remontava do século XIII, em concordância com a estratégia militar em voga naquele período, segundo a qual a melhor tática era ir de encontro ao adversário em campo inimigo. Tais iniciativas tinham amplo incentivo da Igreja, que justificava a invasão e os saques apoiada no argumento de que o norte da África já tinha estado sob o domínio cristão dos reis godos. Datam dessa época as primeiras investidas cristãs em terras marroquinas, quando foram feitas incursões às bases da pirataria muçulmana – Ceuta, Salé e Larache –, com o objetivo de obter um espólio rendoso. É importante salientar que essas expedições pioneiras estavam totalmente desvinculadas de qualquer tipo de plano concebido por reinos cristãos.

As raízes do projeto português de construir um império naquela região encontravam-se não apenas no cristianismo, profundamente arraigado no reino, mas também apresentavam fortes ligações com o passado do condado Portucalense, como reino vassalo da Coroa castelhana. Pesquisas

Na gravura datada do século XII, a degola de um "infiel" sob a proteção da cruz cristã: a invasão e o saque eram feitos em nome de Deus.

indicam que, na divisão feita em 1291, entre Sancho IV, de Castela, e Jaime, de Aragão, mediante a provável futura conquista de terras africanas, caberia aos portugueses o território situado a oeste de Ceuta. Pelo mesmo acordo, uma espécie de preâmbulo do Tratado de Tordesilhas, as terras da Berbéria, no oriente do rio Moulouya, seriam destinadas à conquista aragonesa; e as situadas desse rio em diante, em direção a Ceuta, seriam de posse castelhana.

Fundamentado no acordo de 1341, o rei de Portugal, D. Afonso IV, solicitou uma bula papal autorizando a cruzada contra os mouros no Marrocos, deixando clara a intenção lusitana de construir um império no norte da África. O pedido português foi atendido por Bento XII em 1341, por meio da bula *Gaudemus et exultamus*. Com ela, os lusos ficavam autorizados a direcionar os rendimentos advindos de pregações, das indulgências e do dízimo em benefício da organização de uma cruzada contra Belamarim (Marrocos) e "quaisquer outros inimigos da Cruz, seus sequazes, como [também] contra o rei de Granada e os outros blasfemos que lhe obedecessem".

Entretanto, embora o último território português em posse dos muçulmanos tenha sido reconquistado em 1249, estando Portugal envolvido em um lucrativo comércio com a Inglaterra e o norte da Europa, intermediando especiarias importadas pelas cidades italianas, em 1357 D. Afonso IV faleceu sem dar início ao projeto de invadir o Marrocos. Nessa época, os portugueses, inclusive, já tinham desistido do norte da África em favor de Castela, a quem reconheceram o direito de guerra contra os mouros. Portugal limitou-se a aplicar a bula papal na guerra contra os muçulmanos de Granada, em que ajudou os castelhanos a expulsarem os mouros em troca do saque em potencial.

O sucessor de D. Afonso IV, D. Pedro I, também não pôde marchar rumo ao norte da África, pois centralizou seus esforços no combate à pirataria exercida por homens oriundos exatamente do Marrocos, que incomodavam a navegação e povoações costeiras portuguesas. Igualmente, depois da morte de D. Pedro I, no breve reinado de D. Fernando (1383-1385), nada foi feito no sentido de dar continuidade à "cruzada contra os infiéis" na África. Ficaria reservada assim a D. João I a concretização do ambicioso projeto de expansão pelas terras dos muçulmanos.

D. João I subiu ao trono em 1385, mas até 1411 esteve envolvido no combate aos castelhanos e na consolidação de seu poder. Porém, tão logo feitas as pazes com a Espanha, começou a organizar uma expedição guerreira ao norte da África. Os preparativos levaram cerca de três anos, período no qual foi reunida uma armada com 220 vasos de guerra e transporte: "33 naus, 59 galeras e vários galeões, caravelas, e outros baixéis de diferentes grandezas", segundo um relato anônimo, publicado sob o título de *Índice cronológico das navegações, viagens, descobrimentos e conquistas dos portugueses nos países ultramarinos desde o princípio do século XV.*

Santiago combate os mouros, mármore da primeira metade do século XIV: tão logo feitas as pazes com a Espanha, os portugueses mandaram expedições para a conquista da África.

Sob esse aspecto, os descobrimentos e a cruzada contra os infiéis foram dois movimentos articulados, sendo que, não por acaso, 1415 marca a data oficial do início da expansão ultramarina, pois Ceuta foi conquistada nesse ano, quando o rei D. João I, acompanhado dos infantes D. João e D. Henrique, seus filhos, resolveu promover uma cruzada para abrir uma cabeça de ponte no Marrocos. Portugal já vinha há alguns anos preparando terreno para lançar-se à aventura, firmando, em 1411, um tratado de não agressão permanente com Castela e, em 1412, enviou navios para o reconhecimento da costa africana com o objetivo de facilitar a penetração de tropas do reino.

A conquista de Ceuta, localizada no estreito de Gibraltar, no nordeste do atual Marrocos, fez-se sem grandes dificuldades, pois, desde há muito tempo, a cidade era propensa a rebeliões internas, que enfraqueceram seu potencial de defesa contra os invasores. Orgulhoso, D. João I se autointitulou "rei de Portugal e do Algarve, e Senhor de Ceuta", e o infante D. Henrique aproveitou a oportunidade para obter informações valiosas que conduziram os portugueses a outras zonas da África. Contudo, logo os lusos perceberam que expulsar os mouros era uma tarefa bem mais fácil do que garantir alguma lucratividade na consequente ocupação dos territórios conquistados. O próprio filho do rei, o infante D. Pedro, por exemplo, considerava Ceuta um lugar "mui bom sumidoiro de gente, de armas e de dinheiro".

Ceuta tornou-se um centro português de permuta que estimulava uma linha de comércio regular entre o Algarve, o sul da Espanha, o norte da África, a costa de Portugal, a costa da França, Flandres e a Inglaterra, servindo, até certo ponto, como estímulo à consolidação de uma linha de comércio regular que concorresse com o comércio veneziano e, ainda, que funcionasse como ponta-de-lança ao estabelecimento de um desejado império português no norte da África. Entretanto, os lusos perceberam que seria quase impossível substituir os muçulmanos e os italianos como intermediadores das especiarias importadas da Índia, pois para isso seria necessária a formação de um império que se estendesse de Ceuta até o mar Vermelho, tarefa reconhecidamente impossível para as condições portuguesas de então.

Na realidade, os portugueses esperavam encontrar reforços mediante o apoio dos súditos do mítico Prestes João, mas as despesas com a manutenção de Ceuta não podiam esperar pelo auxílio de um rei que só existia na imaginação dos homens daquela época. Assim, o projeto de constituir um corredor norte africano que possibilitasse a importação direta das especiarias da Índia, por via terrestre e marítima, através da rota usada anteriormente por italianos e mouros – percorrendo o mar Vermelho, o rio Nilo, o norte do Egito e o mar Mediterrâneo – precisou ser descartado. Isso estimularia, como consequência, a busca de um caminho para as riquezas orientais através do mar Tenebroso.

Vista de Ceuta, em gravura de 1572: a conquista da cidade, localizada no estreito de Gibraltar, serviu como ponte entre o sul da Europa e o norte da África.

Todavia, apesar dos lusos terem hesitado entre manter ou abandonar Ceuta e, também, de o infante D. Henrique ter sido encarregado por seu irmão de buscar uma passagem pelo Atlântico, nem por isto a intenção de expulsar os infiéis de pontos estratégicos do norte da África foi totalmente abandonada. Choques entre Portugal e Castela pela posse das ilhas Canárias, entre 1425 e 1428 – quando os portugueses saíram derrotados – e a demora em achar uma passagem para a Índia pelo Atlântico fizeram com que os lusos se voltassem novamente para a região.

O saque das populações costeiras, que já havia se mostrado muito lucrativo antes mesmo de Portugal tornar-se uma nação, revelou-se mais uma vez um excelente meio de obter recursos que auxiliaram a continuidade da exploração da costa africana. Em 1433, realizou-se então uma "consulta" aos "notáveis" de Portugal sobre se o país deveria dirigir esforços na conquista de Tanger ou Arzila, duas cidades africanas próximas ao estreito de Gibraltar. Escolhida a primeira opção, imediatamente foi dado início aos preparativos para a batalha, sob a bênção do infante e, provavelmente, sob patrocínio do butim obtido em 1428, na expedição organizada por ele próprio ao norte da África.

Em 1437, o próprio monarca D. Dinis partiu à frente da expedição de conquista de Tanger, porém a empresa resultou em completo desastre. Os portugueses conseguiram reembarcar de volta ao reino, mas sob a condição de Ceuta ser devolvida aos mouros, ficando detido o irmão do rei, o infante D. Fernando, refém do cumprimento da promessa, que aliás acabou não sendo honrada. Como resultado, D. Fernando morreria no cativeiro, em 1443, passando a partir de então a ser conhecido como "Infante Santo".

Vista de Tanger: tentativa de conquista da cidade, em 1437, foi um completo desastre. O infante D. Fernando, capturado, morreria nas mãos dos mouros.

Não obtendo sucesso em infiltrar-se no norte da África pela força das armas, os lusos tentaram aproveitar as desavenças internas para aumentar a área de influência. Assim, apoiaram a cidade de Safim na luta pela emancipação do reino de Marraqueche entre 1450 e 1455, firmando acordos que permitissem o estabelecimento de feitorias na terra dos mouros, tal como a feitoria de Arguim, fixada em 1455. A experiência se mostraria valiosa e serviria de exemplo para a fixação de outras feitorias por toda a costa africana.

Por solicitação do papa, em 1458 D. Afonso V organizou uma cruzada destinada a libertar Constantinopla, que há cinco anos encontrava-se sob domínio turco. Contudo, sem conseguir o apoio de outros reis cristãos, o monarca português desistiu da empreitada, desviando a armada em benefício da conquista de Alcácer Ceguer, obtendo sucesso no seu intento. Essa conquista animou os lusos de tal modo que D. Afonso V decidiu tomar Tanger dos mouros. Porém, entre 1463 e 1464, foram feitas três tentativas infrutíferas de conquista. Apesar do fracasso, nada conseguiu fazer com que D. Fernando, duque de Viseu, desistisse de avançar contra Anafé (atual Casablanca), importante centro muçulmano. O duque terminou por pilhar e arrasar a cidade, fortalecendo o estigma de terríveis piratas pelo qual os portugueses passariam a ser conhecidos em toda a África e Oriente próximo. Fama que precedia sempre a chegada dos portugueses e aterrorizava as populações civis.

Os lusos começaram finalmente a obter vitórias graças a seguidos golpes de sorte e bem estruturadas estratégias de combate. O êxito foi tamanho que podemos arriscar dizer que, caso a exploração do Atlântico já não estivesse tão adiantada, todo potencial militar e humano de Portugal teria sido canalizado para as conquistas africanas. Com isso, muito provavelmente, os lusos teriam estabelecido um poderoso e vasto império que, além do próprio Portugal, poderia abranger todo o norte do continente negro.

Por exemplo, em 1471, D. Afonso V conseguiu conquistar Arzila, aproveitando-se de que as tropas do soberano Mohamed Cheikh estavam fora da fortaleza, ocupadas no cerco de Fez. Embora Cheikh tenha enviado efetivos para socorrer a cidade, os mouros sofreram um número de baixas tão grande que foram forçados a estabelecer uma trégua de vinte anos com Portugal. Apavorados, os habitantes de Tanger abandonaram o território, que finalmente foi ocupado pelos portugueses. Diante de tantos sucessos, D. Afonso V tomou o título de "rei dos Algarves de Aquém e de Além Mar" e, tendo sido Anafé também abandonada, em 1472 a cidade foi doada ao duque de Viseu, que a ocupou apenas seis anos mais tarde.

Portugueses e espanhóis firmaram o tratado de Toledo, em 1480, destinando a cidade de Safim à suserania portuguesa, que só foi reconhecida pelos habitantes da cidade em 1486, em troca da proteção de Portugal contra ataques castelhanos, que, até então, nem os reis de Fez e de Marrocos tinham sido capazes de deter. A autoconfiança dos portugueses inflou-se de tal modo que, já no reinado de D. João II, em 1489, tentaram construir uma fortaleza no rio Lucos, distante quinze quilômetros da costa, entre Larache e Alcácer Quibir, no extremo meridional da vasta zona de paz estabelecida pelo tratado de 1471.

A essa altura, a busca de um caminho marítimo para a Índia já estava bem adiantada, dividindo a atenção e os recursos lusitanos entre os dois grandes empreendimentos. Isso beneficiou o exército de Fez na luta contra os invasores, que após perderem a batalha, foram impedidos de construir a fortaleza e obrigados a negociar uma nova trégua, válida por mais dez anos.

A expansão do número de cidades norte africanas controladas pelos portugueses trazia, como consequência, uma série de benefícios materiais: novos impostos, novas terras a serem divididas, maiores rendas para o Estado. No entanto, as despesas cresciam na mesma proporção, o que gerava consequentemente aumentos de taxas e tributos. Como faziam notar os críticos da época, Portugal não tinha gente nem recursos suficientes para sustentar simultaneamente o reino e as possessões no norte da África, em contínua expansão.

Nas cidades africanas controladas pelos portugueses, segundo Manuel Lobato, "fora do âmbito das muralhas e do alcance de um tiro de besta ou de uma galopada, todo o território era hostil". Isso ocasionava um grande índice de mortalidade entre os lusos, reduzindo ao mínimo – e encarecendo ao máximo – o já combalido efetivo de mão de obra disponível. As pensões pagas às viúvas e aos órfãos, bem como as altas aposentadorias fornecidas aos sobreviventes de guerra que haviam se destacado e se tornado cavaleiros, exauriu ainda mais os recursos do Estado, apesar de incentivadas pelos governantes. Uma vez que em Portugal todos aspiravam chegar a fidalgo, o rei aproveitava a cruzada contra os mouros para estruturar uma nova nobreza fiel aos seus desígnios, subdividindo fortunas e enfraquecendo ainda mais o poder dos barões feudais.

A despeito das dificuldades enfrentadas, nem por isso os lusos pararam de expandir seus domínios no norte do continente africano. Em 1497, por exemplo, exatamente no ano em que Vasco da Gama partiu com destino ao Oriente na viagem inaugural da Carreira da Índia, Portugal forçou a cidade de Messa a reconhecer a suserania portuguesa. E, em 1501, mesmo depois da partida de mais duas frotas para a Índia, em um momento em que a nova rota já oferecia lucros extraordinários, os portugueses investiram contra as cidades de Orão e Mers Quibir, no norte da África, atacando ainda Targa com uma esquadra, tentando, em 1502, se fixar em Mazagão. Em 1508, Portugal lançou-se à conquista de Safim, organizando no mesmo ano uma expedição armada a Azamor, pilhando e conquistando ainda Marraqueche em 1514 – embora tenham sido expulsos de lá em 1524 –, construindo ainda o forte de Aguz, em 1520.

Vista de Safin, mais uma cidade conquistada pelos portugueses para servir de ponto estratégico no norte da África.

Diante dessas evidências, cabe perguntar: por que, afinal, insistiram os portugueses em ocupar pontos estratégicos no norte da África, uma vez que ao menos no século XVI a Carreira da Índia quase não oferecia despesas se comparada com os lucros obtidos, ao passo que, em quase todas as cidades ocupadas no Marrocos, os lucros não compensavam os gastos com a manutenção dos efetivos portugueses na região, muito menos justificavam as baixas constantes? É verdade que insistir em manter um sistema pouco lucrativo se tornaria prática comum da Coroa portuguesa, mesmo se isto implicasse em cobrir o déficit de uma determinada rota com os lucros de outra. Todavia, existiram algumas razões básicas que teriam motivado os portugueses a ocupar cada centímetro que conseguissem do norte da África.

Entre essas razões estava o fato de Marrocos ser uma zona de intensa criação de gado e de notável produção de cereais, o que, diante da escassez do solo português, representavam atrativos inevitáveis. A pesca abundante das costas marroquinas, a existência de uma admirável indústria têxtil árabe, a posse das rotas de caravanas que transportavam o ouro sudanês, o precioso açúcar de Ceuta, além de outros lucrativos produtos marroquinos como o couro, a cera e o mel, também alimentavam a cobiça portuguesa.

Embora Portugal tenha obtido um relativo sucesso na invasão de certas praças e na sujeição de algumas cidades à sua susserania, o fato é que a influência lusitana não conseguiu ultrapassar o interior das muralhas das fortalezas, situação que se repetiria mais tarde no resto do litoral africano e no Oriente. Esses e outros obstáculos mal calculados impediram a realização dos objetivos primordiais, ou seja: controlar os campos de cereais e de criação de animais, que imaginavam servir para acabar com a fome no reino; dominar a produção industrial e a circulação aurífera local; ou mesmo livrar a costa do Marrocos dos piratas que atacavam as embarcações pesqueiras. Foi obtido êxito no controle de parte da produção têxtil marroquina, sendo futuramente usada como moeda para aquisição de produtos na costa africana, que, por sua vez, eram trocados por pimenta indiana. Outra aquisição importante foi a experiência no cultivo de cana-de-açúcar, o que permitiu introduzir o produto com sucesso na ilha da Madeira e no Brasil.

Ilhas serviram de bases avançadas

Ao mesmo tempo em que expedições guerreiras eram enviadas para o Marrocos e se redobravam os esforços para controlar pontos econômicos estratégicos na região, os portugueses não se descuidavam de investigar o que havia do outro lado do mar Tenebroso e, tampouco, de procurar um caminho para a Índia pelo Atlântico. O descobrimento de ilhas espalhadas pelo mar aberto serviu para a fixação de bases avançadas da expansão ultramarina, prestando apoio logístico aos navios de Portugal e constituindo verdadeiros campos de testes de formas de colonização, que mais tarde seriam implantadas na Índia e, particularmente, no Brasil. Como se não bastasse, os descobrimentos representavam uma importante reserva de novas terras férteis para o cultivo de alimentos indispensáveis à manutenção da vida dos súditos da Coroa.

Mas antes de Gil Eanes cruzar o cabo Bojador em 1434, existia o evidente receio em se navegar para além daquele ponto. Receio que se manifestava até mesmo na própria toponímia do local: "cabo Não", assim chamado porque se receava que quem o ultrapassasse jamais retornaria. Porém, vale dizer que muitas ilhas, se não todas elas, entre aquelas existentes na faixa compreendida entre o litoral português e o Bojador, eram conhecidas pelos povos do Mediterrâneo desde pelo menos o século XIV. Aliás, alguns historiadores chegam a defender a tese de que boa parte dessas ilhas eram conhecidas desde a Antiguidade.

O fato é que, até o princípio do século XV, os portugueses se mostraram pouco interessados em ocupar as ilhas conhecidas até mesmo pelos próprios navios pesqueiros lusitanos, pois os planos estavam concentrados na criação do império marroquino. Em

1375, por exemplo, o rei Afonso IV cedeu a Castela os direitos sobre as ilhas Canárias, conhecidas desde pelo menos 1339. Curiosamente, a cessão ocorreu após Portugal haver reclamado ao papa o direito de posse sobre o território o que, mais tarde, quando os lusos já haviam ocupado outras ilhas espalhadas pelo Atlântico, geraria uma acirrada disputa com os espanhóis, pendenga encerrada apenas em 1480 com a assinatura do Tratado de Toledo, que assegurava o domínio de Castela sobre as Canárias.

Oficialmente, a primeira ilha descoberta pelos portugueses foi Porto Santo, visitada em 1418 por Bartolomeu Perestrello, "Cavalleiro da Casa do infante D. João." Segundo relato do célebre navegador veneziano Luís Cadamosto, datado no século XV, Perestrello foi "mandado [...] à empreza de dobrar o Bojador", mas "assaltado pela tempestade", foi parar em "huma ilha desconhecida", que recebeu o nome de "Porto Santo porque ela foi achada pelos portugueses justamente no dia de Todos-os-Santos".

Dando crédito também às palavras do brigadeiro português Raimundo José da Cunha Matos (1776-1839), apesar de muitos afirmarem que à época de seu descobrimento oficial a ilha estava deserta, "outros afirmam que existia povoada de homens meio selvagens". Porém, "os portugueses não tiveram curiosidade bastante para nos instruírem acerca das qualidades destes homens, seus hábitos e sua linguagem", segundo escreveu o próprio brigadeiro. Tal desinteresse explica o porquê de não haver registros desse povo, cuja existência sobreviveu apenas nas histórias que circularam em Portugal até o início do século XIX.

A ideia de que Porto Santo fosse povoada antes de seu descobrimento oficial é bastante plausível, pois se admite hoje que os navios pesqueiros portugueses a utilizavam já há muitas décadas como ponto de escala, sendo provável que alguns pescadores ou mesmo náufragos tenham optado por permanecer ali, uma vez que o solo, conforme a inspirada descrição de Luís Cadamosto, era fértil e repleto "de algumas árvores" que produziam "um certo fruto [...] muito bom para comer, [...] a maneira de cerejas, mas amarelo". Prossegue Cadamosto: "à volta da dita ilha se [achava] grande pescaria de dentões e douradas velhas e doutros peixes", podendo ser encontrado ainda "o melhor mel [do] [...] Mundo [...] e cera".

Acreditando no potencial de Porto Santo como apoio aos navios que se lançavam à exploração da costa africana, embora a ilha fosse "muito pequena coisa", medindo "à volta, cerca de 25 milhas", em 1419 o infante D. Henrique cedeu o território ao descobridor. Naquele mesmo ano, Perestrello retornou à ilha acompanhado de outros dois navegantes, João Gonçalves Zarco e Tristão Vaz, "Cavalleiros do Infante D. Henrique, cada um em seu navio", lançando "na ilha uma coelha, que no mar havia parido", de acordo com uma narrativa anônima. O mesmo texto nos informa que "a criação destes animais em tanto augmentou, que destruirão as searas [e] há algum tempo retardárão [...] o projecto da colonisação da ilha". A despeito de tal dificuldade, a colonização alcançou grande êxito, a ponto de algumas décadas depois serem encontrados na ilha "abundante carne de vaca, porcos bravos e infinitos coelhos", além da produção de "trigo e cereais para seu uso".

Depois de estabelecer uma povoação, Perestrello voltou a Portugal em 1420, tendo ficado em Porto Santo João Gonçalves e Tristão Vaz. Esses, observando "huma especie de nevoeiro, que constantemente se lhes oferecia no mar, e sempre no mesmo sítio, e direcção, suspeitárão o que poderia ser, e dirigindo-se para aquella parte", no mesmo ano, "descobrírão a ilha da Madeira, a que derão este nome pelo alto e basto arvoredo, de que a achárão coberta".

Apesar do descobrimento oficial da Madeira ter sido fixado em 1420, a exemplo de Porto Santo, era ela conhecida desde muito antes. Os ingleses, por exemplo, afirmam ter visitado a Madeira no ano de 1344, tendo sido ali "sepultada Ana ou Arabela Darfet ou Dorset ou D'Arcy, pelo seu amante Leonel ou Roberto Machim, Macham ou Marsham", ainda conforme o mesmo relato anônimo. O certo é que a ilha era conhecida dos navios pesqueiros lusitanos desde o século XIV, embora com certeza não fosse povoada à época do seu achamento oficial, isto talvez pela dificuldade de penetração oferecida pela densidade da mata.

Segundo Cadamosto, "não havia um palmo de terra nela, que toda não estivesse cheia de enormes árvores e de tal maneira que foi necessário aos primeiros que a quiseram habitar deitar-lhe fogo, o qual andou ardendo pela ilha um bom tempo". Não foi muito prudente atear fogo numa floresta, pois as chamas alastraram-se de tal forma que, para sobreviver ao incêndio, João Gonçalves, junto com a mulher, filhos e todos os demais pioneiros foram obrigados a refugiarem-se no mar, imersos até o pescoço, durante dois dias e duas noites, padecendo de fome e sede, mas impedidos de voltar à terra.

D. Henrique dividiu o território da Madeira entre os dois descobridores oficiais, João Gonçalves e Tristão Vaz, que iniciaram a colonização em 1425, passando a servir de escala, junto com Porto Santo, para navios que enfrentavam o mar aberto. Mas o papel desempenhado pela ilha da Madeira ia muito além de mero entreposto de abastecimento. Pela descrição de Cadamosto, o solo era "muito produtivo e abundante", de origem vulcânica relativamente recente, contando a ilha com "águas e belíssimas fontes", extremamente propícias para mover moinhos ou engenhos, além de "madeiras e tábuas de muitas espécies" e de "bons pousos" para navios. Oportunamente, os colonizadores, que décadas mais tarde somavam cerca de oitocentos homens, mais mulheres e crianças, cultivaram inicialmente lavouras de trigo, introduzindo, na metade do século XV, a criação de cavalos.

Como o clima e relevo mostravam-se propícios ao cultivo da cana-de-açúcar, cedo os portugueses optaram por centralizar a produção nesse tipo de cultura, então altamente lucrativa. Importada da Sicília, a cepa foi cruzada com espécies de Ceuta, de regiões banhadas pelo mar Mediterrâneo, e mescladas a outras matrizes, oriundas de diversos pontos do norte da África. Da Madeira saíram mestres que introduziram não só o cultivo como também o engenho do açúcar na ilha de São Tomé e no Brasil.

Não tardou para que fosse estabelecida uma carreira regular entre Portugal e o conjunto de ilhas à volta da Madeira. No entanto, as mesmas características que tornaram o povoamento da ilha atrativo aos portugueses – especialmente o solo fértil e a posição estratégica no Atlântico – não passaram despercebidas por outros povos. Supõe-se, como mencionado, que ingleses enviaram uma expedição no século XIV, e sabe-se que franceses, por sua vez, tentaram invadir o local em 1566, graças a um "traidor português" que lhes mostrou o segredo, guardado a sete chaves, do caminho a seguir por mar aberto.

Encontrada a rota, franceses invadiram a ilha, saqueando casas, igrejas e tudo o que encontraram pela frente, subjugando facilmente a população. Boatos de que os portugueses preparavam uma frota para ir dar combate aos piratas, composta por vinte e dois navios de guerra, entre os quais oito galeões, fizeram com que os franceses desistissem da posse e batessem em retirada, levando consigo imensa fortuna em ouro. Em 1618, os habitantes sofreram novas pilhagens, desta vez promovidas por mouros da cidade de Salé, que, além das riquezas, sequestraram grande número de pessoas. Agravando ainda mais a situação, um terremoto, ocorrido no mesmo ano, trouxe mais prejuízos à população, levando muitos lavradores enriquecidos a transferirem investimentos para o Brasil, proporcionando o surgimento de uma carreira entre o reino e a Terra de Santa Cruz.

Portugal continuou buscando mais terras para servir de apoio logístico, facilitando a exploração da costa africana, e logo outras ilhas seriam aproveitadas para esse fim. Por ordem do infante D. Henrique, em 1431, Gonçalo Velho Cabral, comendador de Almouro, navegou mares do oeste, encontrando, conforme relato anônimo, "os baixos das Formigas, situados entre as ilhas de Santa Maria, e S. Miguel, mas não deo fé nenhuma dellas, e voltou a Portugal a informar o Infante do que tinha observado". No ano seguinte, foi enviado novamente àquela região, descobrindo a ilha de Santa Maria, a primeira do arquipélago dos Açores.

Segundo Jaime Cortesão, tiveram os lusos que esperar o desenvolvimento de métodos mais precisos de localização da posição das embarcações – como a navegação pela altura dos astros e o desenvolvimento da carta náutica – para poderem ir aos Açores com maior segurança e, depois, conseguirem retornar a Portugal. E, se é certo que outras ilhas, além de Santa Maria, eram conhecidas, uma política de sigilo impediu a divulgação das respectivas localizações exatas e mesmo do real número dentro do arquipélago.

Muito se discute sobre a data correta do descobrimento oficial de cada uma das nove ilhas do arquipélago dos Açores. O que importa, contudo, é que o fato mais significativo na história delas é a entrada dos flamengos no comando do povoamento e o incentivo do regente português D. Pedro à concretização desse intento entre 1439 e 1449. Foi a partir de então que os Açores se tornaram o celeiro que abastecia as fortalezas e feitorias existentes e também as outras, estabelecidas mais tarde no continente africano.

Após a chegada dos flamengos, gradualmente todas as ilhas dos Açores passaram a dedicarem-se ao cultivo de trigo e cevada, a despeito da cana-de-açúcar ter também sido introduzida, mas em menor escala, além da criação de gado. A produção dos Açores foi tão bem-sucedida que o trigo, mais do que suficiente para o consumo interno, chegou a ser enviado para o continente e para as praças de África, simultaneamente, enquanto a carne de corte tornou-se essencial ao abastecimento dos navios que por lá passavam, especialmente quando voltavam de viagens de exploração da costa africana.

Se a Madeira oferecia um excelente pouso para os navios que regressavam ou partiam rumo à África, os Açores proporcionavam uma escala excepcional para as embarcações que regressavam do mesmo destino, dado o condicionamento do regime de ventos e correntes marítimas ali existentes. Porém, conforme as navegações se alargaram em direção ao sul do Atlântico, outros pontos de reabastecimento fizeram-se necessários.

Foi nesse contexto que, em 1446, Luiz Cadamosto, navegando a serviço do infante D. Henrique, descobriu oficialmente as ilhas de Cabo Verde, que, ao que tudo indica, também já eram conhecidas dos portugueses pelo menos desde 1337. Apesar da abundância de árvores, descritas como inteiramente verdes e grandes, o arquipélago de Cabo Verde tinha um solo pouco fértil e escassa água doce, inviabilizando a fixação de uma colônia, restringindo-se a um papel importante apenas para o abastecimento emergencial dos navios que se dirigiam à costa da Mina.

Navegando mais para o sul, os lusos toparam com São Tomé em 1471, quando Pero Escobar e João de Santarém descobriram duas ilhas a que chamaram Ano Bom e Fernão do Pó, posteriormente rebatizadas de São Tomé e Príncipe. A exemplo da Madeira, ali também foi introduzido, com êxito, o cultivo da cana-de-açúcar, o que proporcionou à população mestiça de Ano Bom e Fernão do Pó destaque social e econômico.

Cidade construída pelos portugueses no arquipélago de Cabo Verde: ponto estratégico para o abastecimento das naus que partiam em busca das Índias.

Estimulado pelos altos ganhos, o tráfico negreiro foi intensificado nessas ilhas provocando uma insurreição de escravos no início do século XVI, ocasião em que os cativos fugiram em massa para a floresta. Para resolver o problema, os portugueses organizaram uma autêntica guerra de mato, que durou mais de um século. As ilhas enfrentaram ainda um levante mestiço, em 1539, e revoltas de escravos de menor envergadura no decorrer do século XVII, gerando uma instabilidade que levou muitos proprietários de terras a transferirem gradualmente os investimentos para o Brasil, contribuindo também para o incremento da rota e posterior criação da carreira entre Portugal e a Terra de Santa Cruz.

São Tomé e Príncipe tiveram inicialmente um papel importante no apoio às caravelas quatrocentistas. Apesar disso, em vista da pouca utilidade para os navios da Carreira da Índia, numa época em que a rota já havia se tornado insignificante em termos econômicos há mais de um século, em 1778 foi assinado um tratado cedendo as duas ilhas para o reino de Castela. Destino diferente teve a ilha de Santa Helena, situada bem no meio do Atlântico, que se mostraria especialmente útil à navegação da Carreira da Índia.

Segundo consta, a ilha teria sido descoberta em 1502, por João da Nova, capitão-mor da terceira armada da Índia, quando, retornando do Oriente, se dirigia ao cabo de Santo Agostinho em busca de uma pousada. Devido ao regime de ventos e correntes

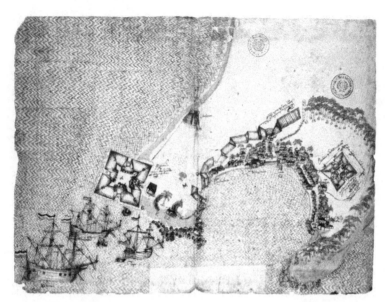

Mapa de 1644 representando a baía de Ana Chaves, na ilha de São Tomé: outro importante ponto de apoio para as caravelas portuguesas.

marítimas, que obrigavam as embarcações a navegarem naquela direção ao retornarem da Índia, Santa Helena era escala obrigatória. Ali, os navios se reabasteciam de água e mantimentos, abandonando os doentes mais graves à própria sorte. Segundo o holandês Jan Huyghen van Linschoten, que passou por Santa Helena em 1589, "a ilha [era] um paraíso terrestre para os navios portugueses", parecendo "que sua descoberta [tinha sido] um milagre", talhado "para o abastecimento e serviço dos navios" da Índia, tal como "uma boia no meio do mar".

Podiam ser encontrados na ilha os alimentos mais cobiçados nos navios, incluindo cítricas, como limas, limões e laranjas, essenciais à cura do escorbuto, uma das doenças mais comuns a bordo. No entanto, devido à deficiência em determinar-se com precisão sua longitude, de acordo com Huygen van Linschoten, muitos "navios não a [encontravam], passando então as maiores misérias do mundo e sendo obrigados a rumar à costa da Guiné" ou do Brasil, "onde [esperavam] pelos aguaceiros para assim obterem água, chegando a Portugal meio-mortos e desfeitos".

Por esses motivos, Porto Santo, Madeira, os Açores, as ilhas de Cabo Verde, São Tomé e Príncipe, assim como Santa Helena, constituiriam verdadeiras bases avançadas lusitanas no Atlântico, possibilitando – pelos posicionamentos estratégicos, pela boa disposição ao reabastecimento de navios e pela inclinação à produção de açúcar – em menor ou maior grau, a exploração da costa africana, que por sua vez permitiria a Vasco da Gama alcançar a Índia. Além disso, depois de estabelecida a Carreira da

Em busca de cristãos e especiarias

Índia e a rota do Brasil, essas ilhas, em conjunto com outras que seriam descobertas no século XVI (Fernando de Noronha, – penedo de São Pedro, Trindade e Tristão da Cunha) – constituiriam o ponto de apoio sem o qual o próprio estabelecimento e continuidade dessas rotas não teriam obtido sucesso.

A exploração da costa africana

Ao mesmo tempo em que penetravam no norte da África e descobriam ilhas que pudessem servir de bases avançadas no meio do Atlântico, os portugueses iniciaram a exploração da costa africana em busca de uma passagem para a Índia. Apesar de o infante D. Henrique ter ordenado, já em 1412, a exploração do que havia ao sul das terras africanas conhecidas, as primeiras tentativas para dobrar o cabo Bojador só tiveram início em 1416. Devido às correntes marítimas contrárias, várias foram as embarcações engolidas pelas águas ou simplesmente impedidas de retornar.

As mais célebres tentativas para dobrar o cabo Bojador foram realizadas por Bartolomeu Perestrello em 1418, quando uma tempestade desviou a embarcação da rota, levando à descoberta de Porto Santo; por João Gonçalvez Zarco e Tristão Vaz, em 1419; e pelo frade Gonçalo Velho Cabral em 1432.

Poucos anos antes de Gil Eanes efetuar a façanha, ao tempo em que os portugueses ainda aprimoravam técnicas de navegação que tornariam possível a travessia, surgiu um grande impasse na manutenção pelos lusos de relações amigáveis com alguns povos da África: deveriam eles comercializar com o inimigo ou manter o ideal cruzadístico, que tornava contraditório o comércio com os mouros? Esse problema de ordem religiosa foi resolvido em parte, em 1431, quando o papa Martinho V concedeu uma bula permitindo aos portugueses comercializarem com os infiéis. Abria-se assim o caminho para que as explorações rumo ao sul se intensificassem, movidas pela ânsia do lucro.

A derrota militar sofrida por Portugal em Tanger reforçou a tendência a um entendimento amigável com os mouros. Porém, em 1440, Nuno Tristão e Antão Gonçalves realizaram uma expedição à costa africana com o objetivo de capturar mouros, reabrindo a discussão em torno da retomada do ideal guerreiro. O veneziano Luis Cadamosto, por exemplo, foi um dos partidários da manutenção do ideal cruzadístico. Segundo ele, a escravização dos mouros era lícita por estes serem "homens de pouco alimento e que [suportavam] a fome, pois com uma escudela de papas de farinha de cevada se [mantinham] um dia inteiro", sendo inclusive os de pele mais clara "melhores escravos que os negros", com a "vantagem" de que sob a tutela dos portugueses poderiam ser convertidos ao catolicismo.

Como demonstra a própria justificativa de Cadamosto, a cruzada contra os árabes era fundamentada em razões econômicas, rendendo aos ocidentais, entre outros benefícios, a remessa anual de cerca de oitocentos escravos pardos, vindos da ilha africana de Arguim. Para obtê-los, a tática empregada consistia em desembarcar à noite, escondidos, dominar uma aldeia de pescadores e simplesmente raptar os habitantes.

Tanto os partidários da cruzada contra os mouros como os que defendiam o entendimento pacífico com eles no fundo, buscavam apenas o lucro. Entretanto, os primeiros queriam pilhar e tomar o que houvesse para ser roubado, enquanto os demais anteviam que, a continuar naquele ritmo, chegaria o dia em que os recursos à disposição dos aventureiros se esgotariam, já que os ataques portugueses às populações costeiras causavam a fuga em massa dos nativos para locais onde não pudessem ser alcançados.

Não obstante, o ideal medievo prevaleceu sobre a tendência pré-mercantilista, depois que, em 1442, uma nova expedição guerreira de Nuno Tristão e Antão Gonçalves obteve um extraordinário lucro, uma vez que os mouros capturados por eles pagaram o próprio resgate em ouro, oferecendo ainda dez escravos negros por homem libertado, o que só reforçou a tendência de combate aos infiéis em benefício da lucratividade.

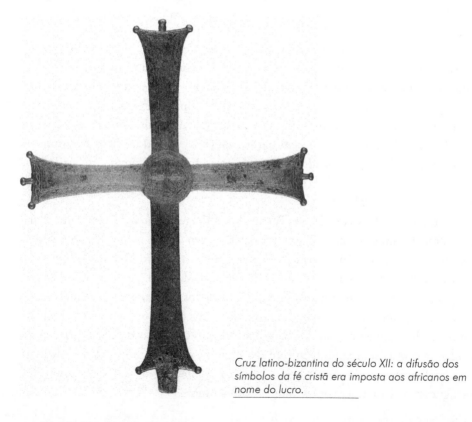

Cruz latino-bizantina do século XII: a difusão dos símbolos da fé cristã era imposta aos africanos em nome do lucro.

A partir do reinado de D. Duarte, a orientação em favor do corso ganhou força em detrimento dos entendimentos pacíficos, iniciando um processo que previa a imposição da cultura europeia aos nativos mediante a exploração da costa africana. Em 1443, Nuno Tristão realizou uma expedição à África capturando quarenta negros, obtendo com isso grande lucro. Dando prosseguimento a essa política, em 1445 a expedição de Gonçalo de Cintra chegou ao rio do Ouro, em terras abaixo do Senegal, com a intenção de localizar e capturar mais africanos. Contudo, o navio terminou encalhando e a tripulação foi dizimada pelos nativos, o que fez a Coroa modificar um pouco a estratégia de conquista, dando ouvidos aos partidários dos acordos diplomáticos, mas sem desistir de impor seus valores aos africanos.

Antão Gonçalves, Diogo Afonso e Gomes Perez foram encarregados, em 1446, de convencer os habitantes do rio do Ouro a converterem-se ao cristianismo, mas, diante da recusa dos nativos em abraçarem a fé cristã, a expedição não hesitou em abrir fogo, retornando ao reino com vários cativos. João Fernandes ficou no local para aprender a língua e os costumes dos africanos com o intuito de obter informações que permitissem exercer controle sobre as caravanas de Meli para Tombuctu que, sabia-se, iam sempre carregadas de ouro.

Com a proximidade, cresceu entre os portugueses a curiosidade pela cultura africana, e também o repúdio à religião e cultos professados pelos habitantes locais. Eclodiu, então, o conflito direto e inevitável entre os partidários da conquista com base no comércio e os que defendiam o uso da força. Inspirados claramente no exemplo dos fenícios, com quem haviam convivido na Antiguidade, os lusos decidiram então utilizar feitorias como entrepostos comerciais e pontos de apoio às embarcações que objetivavam explorar a costa africana.

Na época, a noção de feitoria era bastante abrangente, referindo-se tanto a um local em que permanecia apenas um encomendador do rei, ou seja, um representante comercial português dedicado a defender os interesses diplomáticos junto aos nativos, como uma fortaleza com um imenso sistema burocrático, administrativo e militar. De todo modo, as feitorias tinham como função básica fazer valer os interesses portugueses na África, zelando pela manutenção das relações comerciais regulares e constantes entre Portugal e o local sede da feitoria. E, para tanto, não hesitavam em promover pequenas cruzadas contra os infiéis que se recusaram a dobrarem-se perante o monarca português.

Com a implantação das feitorias, o fluxo dos cobiçados metais preciosos para o reino se tornou cada vez maior, mas, em contrapartida, com o aumento do contato entre africanos e portugueses, cresceu ainda mais a intolerância cultural e religiosa, na mesma medida em que a ganância pelo lucro intensificou a violência contra os nativos.

Gravura de 1471 retrata a tomada de Arzila e Tanger: havia um conflito interno entre os que defendiam a conquista com base no comércio e os que defendiam o uso da força.

    Diogo Gil Homem, em 1448, recebeu a missão de estabelecer relações amigáveis com os mouros, obtendo informações que possibilitaram a passagem do cabo de Gué, retornando ao reino com um leão, animal extremamente exótico para os europeus. A partir dessa data verifica-se a mudança da política de corso para outra, uma mistura de comércio e batalhas. Diante de povos que se mostravam cada vez mais preparados militarmente – ou que lhes eram numericamente superiores – os portugueses optaram por exercer a função de inquilinos dos governantes africanos, fingindo-se amigos com o objetivo de melhor conhecer-lhes as fraquezas e utilizar as rivalidades existentes a favor dos interesses de Portugal.

    Constantinopla, importante entreposto comercial na rota das especiarias, caiu sob poder dos turcos em 1453, obrigando os portugueses a intensificarem a busca de um caminho para a Índia, passando, a partir de 1455, a importar especiarias trazidas da África. Desde épocas remotas, o continente africano mantinha, por meio dos mercadores guzarates, um intenso intercâmbio econômico e cultural com a Índia, por via terrestre e por mar, através do Oceano Índico. Ávida por lucros ainda maiores, a Coroa portuguesa alimentava a intenção de eliminar a presença dos odiados atravessadores mouros no comércio das mercadorias.

Tomando por base o apoio logístico da fortaleza de Arguim, que já naquela época era ponto de passagem obrigatório para as embarcações lusitanas, e financiados por investidores estrangeiros e por judeus radicados em Portugal, os navegadores portugueses chegaram ao Senegal em 1456. Serra Leoa foi atingida em 1460 e, não obstante o falecimento do infante D. Henrique em 1462, as expedições continuaram, alcançando a costa da Libéria, e, posteriormente, chegando à costa do Ouro em 1470.

Tamanho sucesso incentivou ainda mais a exploração da costa africana, levando os portugueses a ultrapassarem a linha do Equador em 1471, alcançando pela primeira vez o hemisfério sul do planeta. O domínio foi imposto à força, com o uso de aparato militar, o que não impediu totalmente que muitos africanos continuassem a transportar mercadorias entre a África e a Índia. Guzarates, por exemplo, tiveram a participação diminuída no comércio de especiarias, mas as rotas por eles controladas não foram extintas, devido aos dominadores não terem tido sucesso em fechar os antigos caminhos por via terrestre.

Mesmo assim, Portugal considerava tão consolidado o domínio sobre a África que, em 1481, quando D. João II, o Príncipe Perfeito, subiu ao trono, acrescentou aos títulos acumulados o de "Senhor da Guiné". No ano seguinte à coroação, o navegador Diogo Cão alcançou a foz do rio Congo, feito que causou enorme alvoroço no reino, a ponto da Coroa recusar a Cristóvão Colombo o financiamento requerido para tentar a travessia até a Índia navegando pelo Ocidente. O argumento para a recusa teria sido a extrema confiança de D. João II de que se chegaria mais rápido ao Oriente costeando a África.

Mas existem suspeitas, dentre elas as do historiador português Jaime Cortesão, de que o verdadeiro motivo residia no fato dos governantes saberem que, ao seguir o caminho proposto por Colombo, os navegadores se deparariam com terras ainda desconhecidas. Existem evidências de que explorações secretas já tinham se deparado com o novo continente, ainda que não tivessem ideia da real dimensão das terras. Porém, naquele momento, importava mais aos lusos o contorno da África. Todas as informações referentes às descobertas feitas por navegadores eram tratadas com sigilo absoluto, devendo ser transmitidas, em detalhes pormenorizados, diretamente para o rei, que proibia qualquer tipo de registro escrito a respeito.

Tal atitude foi responsável por um hiato de nove anos, compreendido entre 1488 e 1497, em relação ao conhecimento que temos hoje da navegação portuguesa. Depois que Bartolomeu Dias, após várias tentativas frustradas, conseguiu dobrar o cabo das Tormentas, em 1488, não existem documentos que permitam aos historiadores desvendar os passos rumo à Índia. Entretanto, a partir de indícios ocultos nas entrelinhas, existe hoje um consenso em considerar o período como rico em viagens que permitiriam a Vasco da Gama chegar à terra das especiarias. Depois de vencido o grande desafio de cruzar o cabo das Tormentas – que o rei, traduzindo a expectativa dos portugueses em atingir o quanto antes a Índia, rebatizou de cabo da Boa Esperança – os portugueses logo chegariam à Índia para estabelecer um verdadeiro império da pimenta, assunto que iremos tratar a seguir, na segunda parte deste volume. Antes, porém, de encerrarmos esta primeira parte, vale discorrer um pouco ainda sobre a resistência que os nativos africanos ofereceram à penetração lusitana, para desfazer uma imagem que ainda hoje persiste: a de que os africanos assistiram passivamente à chegada daqueles que os transformariam em escravos.

Armas para o inimigo

Quando os portugueses chegaram à África – vasto continente, dividido em climas e tipos de vegetação dos mais variados –, encontraram também uma diversidade de povos, com línguas, culturas e religiões nos mais diferentes estágios antropológicos. Isso, sem dúvida, dificultou muito o entendimento entre nativos e exploradores, fato agravado pela notória intolerância religiosa lusitana, que logo se manifestaria.

Inversamente ao que alguns hoje ainda acreditam, os africanos apresentaram, sim, resistência aos invasores, sendo que, antes da instalação de feitorias na África, eles só permitiam a permanência de navios europeus no litoral mediante pagamento, ao que Portugal consentia, na esperança de conquistar a colaboração dos nativos. Curiosamente, após o estabelecimento dos portugueses na costa, a forma mais comum de resistência foi o aprisionamento de uma tribo por outra, e a decorrente venda dos cativos aos portugueses.

Tal atitude aparentemente contraditória explica-se pelo fato das tribos, nem sempre aliadas entre si, buscarem na amizade com o inimigo mais forte uma garantia de autodefesa: as armas obtidas nesse tipo de comércio mostraram-se eficazes não apenas no combate aos portugueses como também, em épocas posteriores, aos ingleses, holandeses e europeus em geral. Como fora antigamente na Europa, a escravização de prisioneiros de guerra era prática comum na África, fazendo parte daquela cultura há séculos. Em troca de escravos os portugueses ofereciam tabaco, barras de ferro, pulseiras de cobre, peças de algodão e o que mais interessava aos chefes africanos: armas e munições europeias.

No início, os próprios portugueses capturavam os negros que viviam nos arredores do litoral, e, portanto, estavam mais expostos e fáceis de encontrar. Com o tempo e a procura, esses começaram a escassear, tornando-se necessário buscá-los no interior do território hostil e desconhecido. Para não renunciar a comércio tão lucrativo e,

Em busca de cristãos e especiarias

Dois africanos, numa gravura portuguesa do século XVI: ao contrário do que se costuma acreditar, os nativos ofereceram resistência aos invasores europeus.

ao mesmo tempo, para não se expor a maiores perigos, a saída encontrada foi propor aos próprios africanos – reis, homens ricos e mercadores prósperos – a troca de mercadorias por escravos.

Bons conhecedores da região e dos povos que ali viviam, esses chefes tribais passaram a assumir a função de caçar e vender aos portugueses escravos africanos, usufruindo dos benefícios oferecidos e da suposta amizade com o invasor. Embora alguns líderes mais ambiciosos tenham visto no acordo uma excelente oportunidade de obter as cobiçadas mercadorias, além de poder livrarem-se de alguns desafetos, a maioria das tribos, na verdade, não dispunha de muitas alternativas. Se optassem pela recusa em vender vidas humanas ao inimigo, outros certamente aceitariam, e os rebeldes, além de ser excluídos do comércio de armas e produtos europeus, se tornariam alvos fáceis dos caçadores.

Seguindo essa lógica cruel, os reis africanos, nas palavras do historiador Davidson Basil, venderam primeiro "as pessoas sem direito", ou seja, os prisioneiros de guerra; quando esses "começaram a escassear nos seus países, eles principiaram a comprá-los aos vizinhos" e, "quando os vizinhos não queriam vender" ou não tinham homens o suficiente para tanto, "faziam guerra para obter cativos". Com o rápido e excessivo aumento da demanda comercial, logo se desenvolveu a "empresa de canoa", em que "cada mercador de qualquer nível de riqueza dessas cidades possuía pelo menos uma grande canoa capaz de transportar até 80 homens e armada com um ou dois pequenos canhões de latão montados em peças giratórias à proa ou à popa".

Esse tipo de artilharia era conseguido sempre com os europeus, em troca de prisioneiros, e a técnica de captura consistia em enveredar pelos rios país adentro, até encontrarem outros povos. Encontrando um povoado, propunham a compra de cativos, que por sua vez eram obtidos em regiões ainda mais interiores, e quando a tribo se recusava a vendê-los, era atacada pelos mercadores.

Olhando a questão por outro ângulo, como propõe Davidson, percebe-se que a venda de armas e pólvora aos africanos não era unanimidade entre europeus, sendo que muitos, sabiamente, viam nisso grande ameaça, uma atitude equivalente a "dar um tiro no próprio pé". Trocar prisioneiros por armamentos significava prover de artilharia o inimigo desarmado, que, mais cedo ou mais tarde, se voltaria contra os próprios europeus. Apesar dos alertas e oposições, a venda de espingardas prosperou em vez de cessar, e dar-lhe um fim parecia mesmo tarefa impossível, como observou "um representante oficial do Governo holandês na costa da África Ocidental", em carta enviada a um amigo de Amsterdã, em 1700:

> Acaso gostaríeis de saber por que obtém os negros armas de fogo? A razão é simplesmente porque nós a vendemos em quantidades incríveis, dando-lhes assim uma faca para cortar os nossos próprios pescoços. Mas nós somos forçados a isto. Se nós, holandeses, nos recusássemos a vender espingardas, os negros obtê-las-iam dos ingleses, ou dos dinamarqueses, ou dos alemães. E ainda que nós todos, representantes oficiais, concordássemos em não vender armas, os mercadores particulares da Inglaterra e da Holanda continuariam a vendê-las em abundância. Além disso, as armas e a pólvora são os produtos de venda mais fácil aqui e sem elas faríamos pobre comércio. (Basil Davidson, *A descoberta do passado de África*. Lisboa, Sá da Costa, 1978).

Foram os portugueses, devido à necessidade de alimentar o tráfico de escravos, os primeiros a introduzir armas de fogo entre os africanos, e também os primeiros a sentir os efeitos contrários da estratégia. Mas, mesmo antes de disseminado o uso da pólvora, os lusos já sofriam com os ataques constantes da população local. Quase sempre acuados no interior das muralhas, não arriscavam muito sair do interior das próprias feitorias sob o risco de serem massacrados pelos guerreiros nativos, que, apesar da desvantagem tecnológica, eram em maior número e conheciam bem a topografia da região.

Ingleses e holandeses também viram no escambo de armas por escravos um negócio muito lucrativo, além de uma forma de desarticular o império português na África, incentivando a luta contra os desmandos de Portugal. Nesse ponto, a má fama dos exploradores lusos tinha se difundido de tal maneira que, mesmo as tribos que não conseguiram obter armamentos, passaram a combatê-los utilizando técnicas milenares de guerra. Outro agravante viria somar-se à inventiva contra a Coroa: quando Inglaterra e Holanda começaram a disputar os mares com Espanha e Portugal, as nações protestantes cederam armas aos africanos para lutarem contra os lusos, trazendo consequências desastrosas para o domínio dos portugueses na África.

Africanos e portugueses tinham conceitos muito distintos a respeito do ato de governar, diferenças que se tornaram obstáculos intransponíveis ao longo do curso, notadamente em decorrência da arrogância e intransigência dos conquistadores. Segundo a regra de conduta ética africana, era exigido dos governantes que "agissem com modéstia, com paciência, e que se [preocupassem] com gente comum"; que consultassem um conselho formado por anciãos ou guerreiros "antes de tomar qualquer decisão importante", caso contrário não estariam "a actuar com as boas regras traçadas pelos espíritos ancestrais". Se "os reis não cumprissem as regras e tentassem fazer-se tiranos, o povo tinha o direito de se levantar em armas contra eles e de os afastar do poder" (Davidson, op. cit)

Era exatamente essa a situação vivida pelos africanos, subjugados por novos líderes que não lhes tinham o mínimo respeito. Pelo contrário, agiam com soberba, dizimavam as populações, aplicavam castigos cruéis, feriam e desdenhavam abertamente a tradição dos antepassados, além de impor uma religião totalmente estranha e contraditória. Para as tomadas de decisões, os impacientes invasores não consultavam sequer os líderes locais de maior prestígio, quanto mais um conselho formado por africanos.

Devido a esses e outros problemas inerentes à dominação, os portugueses eram simplesmente odiados na África e a insistência em obrigar os povos locais a reproduzir a estratificação social europeia só serviu para provocar repúdio ainda maior. Impasses tornaram-se cada vez mais frequentes, como a recusa de numerosos líderes em aliarem-se aos invasores, ao que os lusos respondiam bombardeando as cidades.

Tamanhas truculência e inabilidade diplomática comprometeram a base das relações dos portugueses, que utilizavam a política de sempre aproveitar rivalidades existentes entre os diversos reinos locais para angariar apoio. Depois de certo tempo, mesmo os aliados do início começaram a se opor ao despotismo da Coroa na África ocidental. Sem desconfiar que uma resistência ainda maior os aguardava na costa oriental do continente, os portugueses se lançaram à continuidade da busca de uma passagem para a terra das especiarias, logrando êxito, finalmente, com a viagem de Vasco da Gama.

A secagem da pimenta, segundo gravura publicada na Holanda, em 1702.

A Carreira da Índia
e a primazia da pimenta

Os portugueses na Índia

Depois que os portugueses estabeleceram entrepostos na costa ocidental da África, o estímulo fornecido pelo comércio da malagueta africana inspirou o infante D. Henrique a intensificar as explorações terrestres, com o objetivo de abrir caminho à construção de um império lusitano da pimenta. O objetivo maior era participar também do lucrativo comércio da pimenta indiana, mais cara e de melhor aceitação que a malagueta.

Assim, em 1481, quando D. João II subiu ao trono, contando com o apoio do sobrinho, o infante D. Henrique, abraçou a ideia de recolher, junto aos nativos, informações que possibilitassem atingir a Índia também pelo mar. Uma expedição foi organizada com esse objetivo em 1486, liderada pelo frade Antônio Lisboa. Os enviados conseguiram chegar até Jerusalém, de onde tiveram que retornar, por desconhecerem o idioma árabe.

Pela mesma época, o príncipe havia despachado outros viajantes por terra, ordenando-lhes que, por via do Cairo e de Jerusalém, tentassem penetrar na corte do Prestes João, seguindo o percurso dos cruzados. Não obstante, a verdadeira intenção da ordem real era mesmo descobrir uma rota para atingir a Índia através da África. Pouco depois, porém, D. Henrique faleceu, sem ter recebido nenhuma notícia de seus enviados. Sobre os resultados dessa expedição não há registros, nem sequer os nomes dos envolvidos, o que leva a crer que eles jamais retornaram.

Outras jornadas foram organizadas, e, para evitar que os desastres se repetissem, Dom João II mandou recrutar homens cultos, em geral mercadores judeus, que, além de versados em árabe e outras línguas, estavam habituados àquela cultura, possuindo trânsito livre pelo mundo árabe. Desse modo, em 1487, foram enviados Afonso de Paiva e Pero de Covilhã, com a mesma missão oficial de encontrar o mítico Prestes João. Durante a jornada, os dois encontraram frei Gonçalo e frei Fernando, ex-integrantes de expedições anteriores, que a essa altura haviam abandonado tanto a missão quanto a vida religiosa. Morando agora em Alexandria, atuavam como mercadores, conhecendo, portanto, os pormenores da região. Suas informações foram extremamente úteis, permitindo que Paiva e Covilhã atingissem o Cairo e, ali, se unissem a uma caravana com destino a Adem.

Naquele ponto, os enviados se separaram. Afonso Paiva seguiu para a Etiópia, local em que, finalmente, o mítico país de Prestes João seria encontrado. Contudo, contrariando todas as expectativas, o reino etíope de Prestes João era infinitamente mais pobre que Portugal, além de praticar uma variante cismática do cristianismo, bastante diversa da corrente apostólica romana. Assim, apesar do soberano, rei Alexandre, ter dado boa acolhida ao enviado, a mensagem oficial de D. João II, solicitando apoio na guerra contra os mouros, não surtiu o efeito desejado.

Detalhe de uma carta de navegação da África: ao centro a figura de Prestes João, cujo reino, contrariando a lenda, era infinitamente mais pobre do que Portugal.

Atravessando o mar Vermelho a caminho da Índia, Pero de Covilhã, por sua vez, coletou dados preciosos a respeito da navegabilidade dos rios, da localização dos portos e das mercadorias ali comercializadas. Da Índia, seguiu para a Etiópia, onde foi informado da morte de seu companheiro. Covilhã decidiu permanecer no país apenas durante o tempo necessário para reunir todas as informações de que precisava, mas, em 1490, estando pronto para partir, foi impedido pelo soberano local. De passagem pela região, anos mais tarde, em 1526, viajantes ainda o encontraram por lá. Diante do impedimento, Covilhã não viu outra saída senão confiar a mercadores os relatos da viagem, contendo informações preciosas sobre o reino perdido e o caminho terrestre para a Índia, com a recomendação de serem entregues nas mãos do rei de Portugal. Mas as notícias não chegaram a tempo.

D. João II morreu em 1495, e foi seu sucessor, D. Manuel, quem recebeu a mensagem. Contudo, indícios apontam para a hipótese de que D. João II, muito tempo antes de enviar emissários por terra, em busca do Prestes e da Índia, já dispunha de informações seguras, provavelmente obtidas com mercadores mouros, por intermédio de portugueses residentes no norte da África, de que a terra das especiarias estava a leste, não podendo ser alcançada navegando pelo oeste. Outra hipótese plausível é a de que, conforme avançavam na travessia, Pero de Covilhã e Afonso Paiva enviavam periodicamente a D. João II, por mercadores mouros, informações sigilosas sobre a exata localização das terras. O fato é que o rei demonstrava muita segurança em estar perto de encontrar a via marítima contornando o continente africano.

Prova disso seria o episódio, anteriormente mencionado, em que o genovês Cristóvão Colombo, tendo vivido em Portugal entre 1476 e 1486, teve recusada a proposta de guiar uma expedição marítima até a Índia navegando justamente para oeste. Segundo o cronista do século XVI João de Barros, o navegador genovês, voltando das Antilhas, desembarcou em Lisboa e procurou a corte lusitana, afirmando ter descoberto o caminho marítimo para o Oriente. Como prova, exibiu nativos que trouxera consigo. Segundo a descrição, esses não eram negros, de cabelos encaracolados, como o conhecido povo da Guiné, mas semelhantes na cor, nos cabelos e no porte aos indianos.

Como portugueses, espanhóis e também outras nações estavam numa corrida para encontrar a passagem para a Índia, o propalado sucesso de Colombo na empreitada deixou alguns nobres temerosos de perder o empreendimento para os concorrentes, após terem investido fortunas no caminho através da África. Para evitar que a notícia chegasse até Castela, muitos ofereceram-se para matar o capitão genovês, proposta que o rei recusou, alegando que a "grande ilha" que o navegador afirmava ter alcançado, não passava de "imaginações".

D. João II sabia não apenas que Colombo falava a verdade, como também que as terras referidas não faziam parte do Oriente. Afinal, o território encontrado pelo navegador já era de interesse da Coroa portuguesa, como ponto estratégico para os navios que navegavam pelo Atlântico sul. Tanto que, visando a garantia de posse sobre ele, em 1479 Portugal firmou o tratado de Alcáçovas, por meio do qual renunciava a qualquer disputa pelo trono de Castela, em troca do reconhecimento dos direitos lusitanos de domínio sobre a costa africana e as ilhas atlânticas – com exceção das Canárias, cuja posse era atribuída aos reis de Castela e Aragão.

Quinze anos mais tarde, porém, o papa Alexandre VI, natural da Espanha, procurando beneficiar os aliados compatriotas, expediu as bulas alexandrinas, conferindo a Castela o domínio sobre aquelas terras. Portugal reagiu, chegando inclusive a preparar uma frota de navios para garantir a posse, apesar de não ser seu objetivo ocupar, efetivamente, as terras recém-descobertas. Assim, para os lusitanos, a descoberta de Colombo serviu para apressar ainda mais a definição de um caminho marítimo para a Índia, capaz de assegurar à Coroa portuguesa o controle sobre a rota. Essa disputa originou o tratado de Tordesilhas, em 1494, que dividiu o mundo entre Portugal e Espanha, mediante a criação de um meridiano imaginário para 370 léguas a leste das ilhas de Cabo Verde. O que os espanhóis não sabiam na época é que essa nova demarcação asseguraria aos portugueses, de fato e de direito, a exclusividade da rota de comércio via Atlântico com a África e a Índia.

Esse episódio serve de base para outra hipótese, a de que as expedições marítimas, oficialmente paralisadas entre 1488 e 1497, receberam, de fato, novo aporte de dinheiro vindo de investidores interessados em suplantar a concorrência, propiciando a retomada das grandes navegações. Essa teoria permite considerar as descobertas de Colombo como o evento que proporcionou a viagem de Vasco da Gama, em 1497, rumo ao Oriente.

Seja como for, o certo é que, com a posse da Índia garantida por tratado, D. Manuel, sucessor de D. João II, julgou estar predestinado para descobrir enfim a rota marítima das especiarias. Detendo valiosas informações resultantes de explorações marítimas e, sobretudo, terrestres, o novo rei mandou armar navios projetados especialmente para a missão, selando informações secretas confiadas ao comandante da expedição, Vasco da Gama.

A atribulada viagem de Vasco da Gama

Na verdade, Vasco da Gama, fidalgo de baixa extração, não foi o primeiro nome a ser escolhido para comandar a grande travessia até a Índia, contornado-se o continente africano. Segundo Fernão Lopes Castanheda, em sua obra *História do descobrimento e conquista da Índia pelos portugueses,* publicada em 1554, D. Manuel mandara chamar originalmente a Paulo da Gama, cavalheiro e homem de confiança do rei. Este, sentindo-se impossibilitado pela doença para o comando de tão árdua e importante missão, sugeriu o nome de Vasco, comprometendo-se a também embarcar, servindo de conselheiro do irmão.

Vasco da Gama, fidalgo de baixa extração, mas experiente comandante, a quem foi confiada a esquadra que chegaria às Índias em 1497.

A indicação de Paulo da Gama para o cargo de capitão-mor fora meramente política, como, aliás, também o seriam as demais no decorrer da Carreira da Índia. Apesar disso, era importante naquele momento contar com a presença de um piloto experimentado. Assim, D. Manuel não teve grandes dúvidas em aceitar prontamente a substituição, pois Vasco da Gama era experiente na área, além de possuir boa reputação, tendo inclusive já trabalhado a serviço do rei D. João II. Tal informação permite entrever que, assumindo que tenha havido expedições secretas a mando do rei, Vasco da Gama provavelmente teve participação direta nelas.

Embarcações maiores e mais resistentes estavam sendo desenvolvidas em Portugal desde que Bartolomeu Dias descobrira o cabo da Boa Esperança, ainda nos tempos de D. João II, e provavelmente testadas nas "expedições secretas". Concretamente sabe-se que depois que D. Manuel subiu ao trono, ordenou a Bartolomeu Dias finalizar a adaptação e aperfeiçoamento dos navios, fazendo as reformas necessárias para enfrentar a "fúria dos mares". João de Barros, cronista, afirma ter sido somente mediante o trabalho cuidadoso empreendido por Bartolomeu Dias que as naus puderam enfim completar a perigosa travessia.

Assim, tão logo D. Manuel recebeu a mensagem enviada por Pero de Covilhã, duas naus foram armadas, equipadas e entregues sob os cuidados de Paulo e Vasco da Gama, além de uma caravela, destinada a Nicolau Coelho, criado do rei. Sendo a primeira vez que se fazia uso de naus, o rei, com receio de que faltassem alimentos durante a viagem – prevista para durar três anos – encomendou também uma carraca de duzentos tonéis. Confiada ao comando de Gonçalo Nunes, criado de Vasco da Gama, a embarcação juntou-se à frota, funcionando como um grande armazém carregado de mantimentos.

Em dois de junho de 1497, com uma grande comemoração, salva de tiros e toque de trombetas, a armada partiu do Tejo em direção à ilha de Cabo Verde. Vasco da Gama seguia à frente, no comando da nau capitânia São Gabriel, pilotada por Pero Dalanquer. Atrás, vinham Pedro da Gama, no comando da São Rafael; Nicolau Coelho, comandando a caravela berrio; e Gonçalo Nunes, comandante da carraca com alimentos.

Os pormenores da viagem nos são fornecidos pelo *Diário da Viagem de Vasco da Gama*, cuja autoria é atribuída a Álvaro Velho, marinheiro letrado que partiu com a expedição a bordo da nau capitaneada por Paulo da Gama, tendo depois se transferido para outra, a de Vasco da Gama. Consta, ainda, que o mesmo marinheiro teria feito parte da comitiva dos treze a acompanhar o capitão-mor na visita ao samorim, o rajá indiano. O manuscrito descreve uma viagem difícil, como era de se esperar. Rico em detalhes cotidianos, conta que, ao chegar à noite aos arredores das ilhas Canárias, a frota aportou. Na manhã do dia seguinte, os marujos tiveram permissão para pescar durante duas horas, quanto então seguiram rumo ao rio do Ouro, chegando ao destino no final da tarde.

A armada de Vasco da Gama, segundo ilustração da Memória da Armada, *do acervo da Academia das Ciências de Lisboa: na partida, os navegantes foram saudados por tiros de canhão e toques de trombetas.*

Nesse local, em meio à grande cerração, Paulo da Gama e as outras duas embarcações perderam-se da São Gabriel. Vasco da Gama previra tal contratempo, tendo orientado que, caso acontecesse, os navios deveriam seguir rumo às ilhas de Cabo Verde. Assim, na altura da ilha do Sal, antes mesmo de alcançar o ponto de encontro marcado, a frota se reagrupou. Enfrentando dias de calmaria, a marcha atrasou um pouco a chegada à ilha de Santiago, próximo ponto da escala, alcançada em três de agosto do mesmo ano.

Ali, reabasteceram-se com carnes, água potável e lenha, aproveitando para consertarem o mastro da nau capitânia. Depois de passar por Santa Helena, em novembro, onde estiveram por oito dias limpando os navios, arrumando as velas e recolhendo lenha, os víveres transportados pela carraca foram transferidos para os porões dos outros navios. Isso aconteceu antes que tivessem alcançado o cabo da Boa Esperança, e há duas versões para o destino da embarcação: uns afirmam que, dali, ela retornou ao reino; outros acreditam que, depois de espalhados os tripulantes pelas outras embarcações, foi ateado fogo ao navio.

Ainda era novembro quando a frota chegou ao cabo da Boa Esperança, tendo sido, porém, impedida de ultrapassá-lo imediatamente, devido aos fortes ventos em direção contrária. Os navios se viram obrigados a manobrar em direção ao mar aberto, retornando à noite para a costa. Na manhã seguinte, 19 de novembro, outra tentativa foi feita, mas os ventos empurravam as naus a sudeste. Três dias mais tarde os lusos tentaram de novo, obtendo sucesso dessa vez. A viagem prosseguiu navegando-se ao longo da costa, com vento em popa.

Dia 25, aportaram na angra de São Braz, onde permaneceram por treze dias, recolhendo alimentos. Na ocasião, noventa nativos aproximaram-se da embarcação, curiosos, mas foram prontamente afastados por Bartolomeu Dias que, atirando com uma besta, atingiu e matou um deles. Mais tarde, os negros retornaram em maior número, cerca de duzentos, entre adultos e crianças, trazendo consigo presentes como argolas de marfim, gado, alguns carneiros e até mesmo mulheres.

Essa recepção de Vasco da Gama na África oriental foi semelhante à que outros portugueses tiveram no lado ocidental, ou seja, a tripulação branca foi tida como deuses, o que facilitou muito o prosseguimento da viagem. Mas nem todas as tribos da África eram assim, ingênuas, e antes de alcançarem a Índia os portugueses depararam-se com povos organizados em torno de Estados fortemente centralizados, habituados há séculos com intensa atividade comercial terrestre e marítima, devidamente preparados para lidar com "visitantes".

Página do Diário da Viagem de Vasco da Gama, atribuído a Álvaro Velho, numa cópia datada de meados do século XVI: a expedição narrada com detalhes.

107

Moçambique, onde aportaram em fevereiro de 1498, tinha entre a população não apenas negros, como o esperado, mas também homens ruivos, de bom porte, seguidores de Maomé. Falantes do árabe, esses mercadores controlavam o comércio local, tendo aportado na cidade com quatro navios, segundo relato do padre Manuel Xavier, carregados de especiarias como cravo, pimenta, gengibre, além de ouro, prata e joias, dentre elas pérolas miúdas, rubis e anéis de prata. Com base nas descrições fornecidas por Pero de Covilhã e Afonso de Paiva, os portugueses julgaram estar diante dos súditos de Prestes João, quando na verdade eram aqueles os mouros que, durante as primeiras décadas do século XVI, mais lutariam contra a entrada de Portugal no milenar comércio de especiarias.

Habilmente, Vasco da Gama entrou em entendimento com o sultão de Moçambique, mas não sem antes ameaçá-lo com a artilharia, conseguindo um piloto árabe conhecedor do caminho para a Índia. Abastecidos de madeira e água, os portugueses tentaram deixar o país sem pagar pelas mercadorias, sendo recebidos na praia por nativos armados, que gritavam em polvorosa. Partindo às pressas, a expedição chegou à ilha de São Jorge onde, precedidos pela fama de piratas saqueadores, os portugueses foram recebidos por homens armados e hostis. Fazendo largo uso da artilharia, a armada abriu fogo contra os ilhéus, causando pânico entre a população civil, e, no meio da confusão, o piloto mouro aproveitou para fugir.

Temendo que os lusos incendiassem o povoado e os navios ali aportados, o xeique propôs um acordo: em troca de uma trégua, entregaria outro piloto, ainda mais experiente que o anterior, além de ajudar a capturar o fugitivo, que, ao ser pego, foi castigado com açoites. Da ilha de São Jorge a frota seguiu para Quilóa, indo depois para Mombaça, locais em que também foram hostilizados. Costeando a cidade de Melinde, Vasco da Gama identificou grande número de indianos guzarates, que, pela experiência obtida na África, sabia serem mercadores que controlavam a rota das especiarias por via terrestre. Apesar da costa não oferecer bons ancoradouros, o comandante-mor decidiu aportar em busca de pilotos que o levassem a Calicute, principal centro de especiarias.

Foram recebidos pelo soberano, que viu nos lusos uma oportunidade para acertar contas com o governante de Goa, seu desafeto. O rajá entregou ao comandante alguns pilotos cristãos e, perto da Páscoa, partiram finalmente rumo a Calicute. No caminho, a expedição entrou nos domínios do senhor de Goa, que, ao saber da presença dos portugueses, enviou uma armada para afundar-lhes as embarcações. Graças à potente artilharia, Vasco da Gama obteve vitória, alcançando o destino em maio do mesmo ano. Calicute, hoje Calcutá, os recebeu com desconfiança, enviando pequenas embarcações, as almadias, para verificar que navios eram aqueles, tão diferentes dos habituais, que atracavam em época imprópria e sem serem esperados.

Um dos pilotos cristãos informou ao comandante que não havia o que temer, pois tratavam-se de simples pescadores, pertencentes a castas inferiores, uma vez que, pelos preceitos religiosos indianos, o contato com o mar era considerado impuro. Por meio desses pescadores, Vasco da Gama foi informado de que as verdadeiras riquezas estavam mais a leste, nas cidades da costa de Malabar. Porém, naquele momento, interessava mais explorar o que Calicute podia oferecer, deixando outras localidades para expedições futuras.

Vasco da Gama enviou, então, uma mensagem ao samorim, soberano da cidade, requerendo uma audiência. Em resposta, o governante mandou que bale, uma espécie de alcaide da região, fosse à encosta com duzentos homens armados de espadas e adagas, e trouxesse o comandante-mor, com uma comitiva de apenas treze homens. Intimidado pela superioridade numérica e pelo alto preparo dos soldados, Gama considerou prudente acatar a recomendação. Com a ajuda de um tradutor, se apresentou como embaixador enviado pelo rei de Portugal, senhor de muitas terras e possuidor de riquezas maiores que a de todos os soberanos daquela região.

Informou, ainda, que há sessenta anos os monarcas portugueses enviavam navios com destino àquelas terras, mas não em busca de ouro e prata, pois isso eles tinham a mancheias não carecendo de mais. Não obstante ser essa uma grande inverdade, a informação impressionou o samorim, que imediatamente declarou-se "irmão e amigo" do soberano luso, prometendo receber bem todos os portugueses, além de pretender mandar, ele mesmo, embaixadas para Portugal. O navegador, então, entregou as duas cartas enviadas por D. Manuel, acertando o acordo de paz.

Carta de D. Manuel, rei de Portugal, ao samorim, soberano de Calicute: os lusos utilizaram-se de ardis para fazer amizade com os indianos.

Retornando ao navio, Vasco da Gama mandou reunir o que possuía de mais valioso, que se resumia, entre outras coisas, a alguns chapéus, ramas de corais, bacias, dois barris de azeite e dois de mel, itens que, entre os nativos da América, fariam muito sucesso. A intenção era enviar essas coisas ao samorim, recebendo em troca as preciosas especiarias. No entanto, ao depararem-se com tantas quinquilharias, os nativos começaram a rir, dizendo não ser aquilo digno de um rei. Segundo eles, mesmo o mercador mais pobre de Meca, ou os aborígenes das tribos, mandavam presentes melhores ao soberano. Se os portugueses quisessem causar boa impressão, deveriam mandar ouro, do contrário os presentes seriam prontamente recusados.

Vasco da Gama justificou-se dizendo ser um embaixador, não um mercador, e que, noutra ocasião, o rei de Portugal enviaria grandes riquezas, ainda melhores que o ouro e, para dirimir a desconfiança, visitou novamente o rei. Desta vez o presente oferecido foi uma estátua de Santa Maria, a respeito da qual, com indisfarçável desdém, o samorim perguntou se era feita de ouro. Não era ouro, argumentou o comandante, mas havia viajado muito até ali, resposta que provocou ainda mais risos entre os da terra. Gama ainda tentou oferecer mais coisas, como trigo, tecidos, ferro, arames. Entretanto, quando o rei perguntou se os trazia em grandes quantidades, foi obrigado a revelar que não, eram apenas amostras.

De qualquer modo, ficou claro tanto para o rei de Calicute quanto para os habitantes que aqueles estrangeiros não ofereciam grande perigo, e o samorim autorizou os portugueses a negociarem as parcas mercadorias pelo melhor preço que pudessem obter. Nisso havia dois problemas: primeiro, o que os lusos traziam não valia nada perante as especiarias; segundo, a tripulação estava prestes a morrer de fome. Assim, em 31 de março a frota seguiu até Pandarane, onde negociou com um mercador mouro a compra de galinhas e arroz, retornando em seguida para Calicute.

Chegando ao porto, os portugueses foram obrigados a descarregar toda a mercadoria, sob a alegação de ser esse o costume local, embora nenhum mercador tenha se interessado em comprá-la. Além disso, o samorim ordenou que os tripulantes fossem impedidos de desembarcar, vigiados de perto por guardas armados, situação que durou dois dias. Secretamente, Vasco da Gama conseguiu enviar um homem até o rei, conseguindo finalmente entrar num acordo com os indianos, mas, mesmo depois de resolvida essa questão, os lusos ainda enfrentaram alguns problemas, como a prisão de seis deles, cuja liberdade foi depois negociada.

Acertada a paz, o comandante permitiu que todos os dias um tripulante de cada navio descesse à terra e visitasse a cidade, comprando o que quisesse ou pudesse pagar. De tão depauperados que estavam, os portugueses foram vistos pelos indianos como mendigos, e tratados com caridade. Onde quer que fossem, as pessoas os chamavam

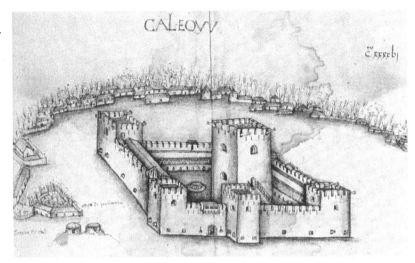

A cidade de Calicute, segundo gravura de Gaspar Correia, do século XVI.

para comer à mesa, e, sendo tarde, ofereciam-lhes pousada. Os que ficavam nos navios só não morriam de fome porque os indianos acorriam às embarcações, oferecendo peixes, figos, cocos e galinhas em troca de biscoitos ou de algum dinheiro dos embarcados. Quanto aos víveres comprados em Pandarane, esses estavam trancados, reservados para a viagem de volta. Enquanto isso, os recursos adquiridos com a venda das mercadorias desembarcadas, inclusive do marfim ofertado pelos africanos, estavam destinados exclusivamente à compra de especiarias.

A despeito das informações fornecidas por outros viajantes, os portugueses demonstraram desconhecer totalmente o que os esperava em território indiano, o que leva a crer que os enviados anteriores alcançaram apenas a margem, não conseguindo chegar até o coração da Índia. Prova disso é que os portugueses estavam crentes de poder encontrar aliados contra os infiéis; em vez disso, depararam-se com nações inteiras de infiéis. Esperavam lutar contra povos indefesos; e descobriram que, por toda a costa e interior da África e da Índia oriental havia pequenos impérios fortemente estruturados. Diante dessa realidade, não havia boas perspectivas quanto ao controle do comércio milenar de especiarias passar dos guzarates para os portugueses.

Ao partir, no final de agosto de 1498, Vasco da Gama ainda tentou instalar um feitor e um escrivão do rei de Portugal em Calicute, mas foi impedido. Chegando a Cochim, foi bem recebido pelo governante, finalmente, dando-se o mesmo em Cananor. O navegador percebeu, então, que a única maneira de penetrar no comércio local seria explorar as rivalidades existentes entre os reinos, o que foi feito com maestria pelos capitães e vice-reis que se seguiram.

O rei de Cochim, montado em um elefante e seguido por sua corte: os portugueses explorariam rivalidades para penetrar no comércio local.

No dia 5 de outubro de 1498 a frota iniciou a viagem de volta, muito mais penosa que a de ida, pois, além da quantidade de alimentos disponíveis ser significativamente menor, os marinheiros estavam exaustos, esgotados por tantos reveses. Na altura do cabo da Boa Esperança, a nau São Gabriel, comandada por Paulo da Gama, estava tão debilitada que os marinheiros tiveram que levá-la a um rio próximo, onde foi desmontada para servir no reparo às outras. A esse rio os portugueses deram o sugestivo nome de Misericórdia, e, a partir daí, Paulo passou a navegar com o irmão, ficando a tripulação da São Gabriel dividida entre a nau e a caravela restantes.

Em consequência, os navegantes foram afetados por um problema que se tornaria recorrente na Carreira da Índia: a superlotação. Como agravante, foram acometidos pelo escorbuto, que dizimou a tripulação, restando apenas sete ou oito homens sãos em cada navio. Paulo da Gama estava entre as vítimas, tendo sido enterrado no convento de São Francisco, na ilha Terceira do arquipélago dos Açores.

Passados tantos tormentos, a combalida frota de Vasco da Gama, ou o que restou dela, aportou em Lisboa em 18 de setembro de 1499, dois anos e três meses depois da partida, trazendo muito gengibre, pimenta e canela. Essa carga possibilitou aos aplicadores um lucro de 4.000% sobre o valor investido na viagem, acirrando ainda mais a ambição desmedida dos portugueses. Relevando o alto preço pago em vidas humanas, a Coroa intensificou a política de descobertas de novas rotas comerciais que garantissem a Portugal lucros superiores aos obtidos, nem que para isso fosse necessário dominar as cidades mercantis.

Aberto o caminho marítimo para o Oriente, nascia a famosa e lucrativa Carreira da Índia, que consistia na viagem anual de Lisboa até a cidade de Goa, representando a principal fonte de renda da Coroa. Em poucos anos, a chamada "pimenta-do-reino" tornou-se o produto mais exportado de Portugal para os demais países europeus, alterando significativamente o panorama do velho continente. Indiretamente, o comércio português propiciou a Revolução Industrial na Inglaterra, graças ao acúmulo de capital que ingleses, e também holandeses, obtiveram por meio de corsários que saqueavam os navios da Carreira da Índia, sendo essa uma das principais causas de naufrágios na rota.

Em nome da cruz e do canhão

Ao chegarem ao Oriente, os portugueses encontraram civilizações consolidadas, cujas origens remontavam ao segundo milênio a.C, dominando o rico comércio das especiarias. A unidade política desses povos estava esfacelada em diversos principados e sultanatos, a exemplo do medievalismo europeu. Pequenos estados independentes, localizados na costa ocidental da Índia, chamados de malabares, dominavam o cenário submetendo as áreas produtoras à vassalagem. Esses feudos possuíam fortalezas e entrepostos mercantis, localizados em pontos estratégicos, que serviam de passagem para caravanas e embarcações com destino à China e à África oriental.

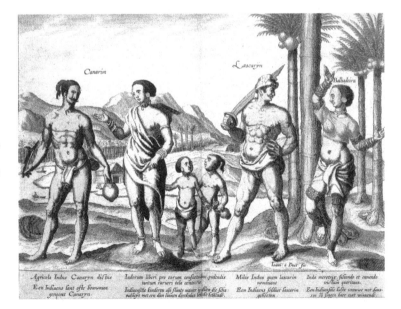

Indianos, segundo a visão dos europeus, numa gravura de 1595: os portugueses encontraram civilizações consolidadas dominando o rico comércio das especiarias.

Diferentemente da intolerância dos europeus, esses mercadores permitiam a permanência de feitorias estrangeiras para facilitar a negociação de mercadorias, com a ressalva de que, para qualquer compra, o dinheiro deveria sempre ser entregue com seis meses de antecedência aos fornecedores. Marinheiros e mercadores estrangeiros desempenhavam um papel-chave como integradores da economia e da cultura no Oceano Índico, permitindo a abertura de que os portugueses tanto se beneficiaram.

Desde 1396, o sultanato de Guzerate dominava a maior parte da intermediação comercial entre os principados indianos, controlando a produção de especiarias e a venda para mercadores mouros e judeus que, por sua vez, revendiam o produto junto aos italianos. Nesse complexo cenário, a pretensão de turcos e egípcios de excluir e substituir os guzerates no negócio das especiarias deixava as relações tensas na região, sobretudo após a saída voluntária dos chineses, que anteriormente exerciam domínio sobre o Oceano Índico.

Assim, naquela região, o comércio era o grande integrador cultural e religioso, baseado na tolerância e na convivência pacífica entre malabares indianos, judeus e mouros. A maior parte das cidades possuía tanto mesquitas como pagodes, sendo mantida a harmonia por meio de policiais e juízes, respeitada por todos em nome do lucro mútuo, em conformidade com uma estrutura social rígida. Em pouco tempo, a divisão interna entre os indianos foi, com a ajuda das fortalezas fundadas pelos portugueses, grande facilitadora da penetração lusitana. Contudo, tal penetração foi mal aproveitada pelos portugueses, que baseados nos ideais cruzadísticos, promoveram violento choque cultural e religioso entre ocidentais e orientais. Se tivessem simplesmente respeitado a tradição malabar de tolerância cultural e religiosa, certamente a vassalagem nativa teria se transferido aos lusos, como ocorreu mais tarde, quando ingleses substituíram os portugueses no domínio da região.

Distante das relações comerciais entre malabares, guzerates e os mercadores mouros e judeus, e apesar do relativo isolamento chinês, Malaca mantinha-se como porta mercantil da China, permitindo uma ligação esporádica com o Japão. Nesse intercâmbio, a prata japonesa servia de objeto de troca para obter porcelana e seda chinesas, passando por Malaca até a Índia, onde era trocada por especiarias. Diferente da situação no Malabar, tanto a China como o Japão eram Estados fortes e, mesmo o último não sendo tão organizado como o primeiro, ambos possuíam poder centralizado, religião e cultura que unificavam o povo em torno da figura do soberano semidivino. No caso desses dois países, como será visto, a situação se inverteu, sendo os portugueses quem se renderam a outras culturas, procurando se infiltrar em meios hostis, que, além de superiores militarmente, consideravam os estrangeiros subdesenvolvidos culturalmente.

A Carreira da Índia e a primazia da pimenta

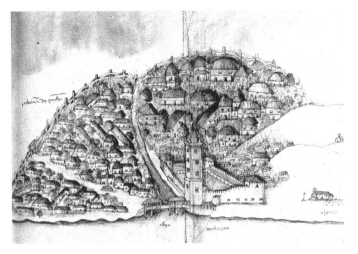

Malaca, numa gravura de meados do século XVI: a cidade servia de porta mercantil com a China e, por extensão, com o Japão.

Habitantes de Malaca e de Java: os portugueses experimentaram um choque cultural em relação aos novos povos, que classificavam sob o rótulo genérico de "infiéis".

    Independente das características inerentes a cada povo encontrado ao longo da aventura marítima, ao chegarem ao Índico os portugueses precisaram conviver com o choque cultural e, mais tarde, enfrentando problemas de ordem interna, decorrentes da flutuação econômica internacional, tiveram que enfrentar dificuldades advindas dos desentendimentos culturais acumulados desde a viagem inaugural de Vasco da Gama. A despeito da tolerância cultural esperada por parte de um povo eclético, devido à própria formação do Estado português, quando os lusos chegaram à Índia só conseguiam distinguir entre infiéis e cristãos em potencial, recusando-se admitir as peculiaridades apresentadas pelos povos do local.

Na época, quase toda a Índia encontrava-se dividida em três grandes religiões: a) o bramanismo, compreendendo ensinamentos esotéricos formulados entre os séculos VII e VI a.C., incluindo diversas seitas com orientação distinta, como o xivaísmo ou culto de Xiva e o vixenuísmo ou culto de Vixenu; b) o jainismo, religião nascida a partir de Maavira Vardamana (falecido em 470 a.C.); e c) o budismo que, fundado pelo buda Sáquia-Muri (585-483 a.C.), rapidamente penetrou também na China, no sudeste asiático e no Tibete.

Além dessas três religiões básicas, existia outra, mais antiga que o bramanismo, chamada vedismo, nomenclatura derivada dos Vedas, livros sagrados que nortearam a criação da fé, apresentando a crença naturalista que tinha como divindades principais Dios, Aditi, Agni, Soma, Indra e Varuna. Junto a essas, além da religião professada pelos mercadores judeus, havia ainda mais três: islamismo, nestorianismo (um tipo de cristianismo cismático) e parsismo (chamado também de zoroastrismo ou masdeísmo, cujo centro sagrado situava-se na cidade de Bombaim).

Apesar dos portugueses considerarem a todos indistintamente como infiéis, tratavam-se de povos distintos, divididos pela língua, cultura e valores diversos. Para os indianos, por exemplo, as intenções dos visitantes eram pesadas junto com o ouro e a prata que esses pudessem ofertar. Por desconhecerem os hábitos da terra, os portugueses passaram uma impressão negativa logo de início, no infeliz episódio com Vasco da Gama e o samorim, dificultando o entendimento pacífico com mercadores malabares e guzerates.

Em carta datada no início do século XVI, Álvaro de Cadaval informava ao rei de Portugal que, apesar dos nativos se mostrarem amistosos, em toda Diu não havia um só mouro de paz, pois os xeiques locais mantinham contato com o soberano de Fez, por meio de caravanas de mercadores, sendo informados das pretensões lusitanas no Marrocos e das batalhas travadas, e por isso viam com grande suspeita a chegada de cada nova embarcação.

Consolidando a desconfiança mútua, religiosos portugueses partiam de Lisboa com vários preconceitos, e tão logo viam figuras simbólicas de outra fé, escreviam dizendo tratarem-se de retratos do diabo. Pela ótica dos outros povos, eram os portugueses os infiéis, adoradores do demônio, sem nenhum pudor de atravessar os mares vendendo uma religião em troca de especiarias, usando a divindade para substituir a falta de ouro e prata. É verdade que, em um primeiro momento, alguns portugueses procuraram identificar os deuses hindus com os santos católicos, mas rapidamente o engano foi desfeito. Religiões hindus logo foram associadas ao culto demoníaco, dando origem a um processo de conversão forçada que incluiu a destruição de muitos templos.

No tocante às características físicas e etnográficas da Índia, dos vinte relatos portugueses que circulavam na França no século XVIII, nenhum mencionava uma única palavra sobre a região, concentrando-se apenas, e de forma obsessiva, em relacionar os ícones encontrados nos templos com a adoração ao diabo. Desentendimentos culturais tiveram origem na imposição da religião cristã ao outro, justificada pelo ideal cruzadístico, mas tendo como real finalidade tomar os bens alheios, pelos quais não tinham recursos suficientes para pagar. Diante da multiplicidade cultural, representada pela convivência pacífica de religiões díspares na Índia, os portugueses tentaram simplesmente aniquilar toda a fé que não fosse a sua própria e, com isso, destruir também a cultura do outro.

Diferente do que ocorreria na América, essa atitude só tornou a resistência nativa mais eficaz, pois, graças à intolerância religiosa portuguesa os habitantes tornaram-se ainda mais resistentes, e, para cada indiano morto, dois outros se insurgiam, acarretando pesadas perdas a Portugal. Em concordância com a política de destruir para conquistar, uma das primeiras providências tomadas quando os portugueses instalavam uma feitoria ou fortaleza era, justamente, erguer em seu interior um pequeno hospital, uma escola e uma igreja. Com isso, os lusos pretendiam criar condições semelhantes ao que era encontrado nas melhores cidades da Europa, demonstrando claramente a intenção de transformar os povos à sua volta em bons cristãos e súditos da Coroa, oferecendo saúde, educação e conforto espiritual aos indianos que estivessem dispostos a abandonar a própria cultura em prol dos desígnios de Portugal.

Templo indiano em gravura de 1595: a intolerância religiosa portuguesa fez os indianos tornarem-se ainda mais resistentes à exploração lusitana.

117

Apesar dos reiterados esforços dos portugueses, os poucos a se converterem foram indianos ligados ao mar e, portanto, tidos pela cultura local como pertencentes a castas inferiores, e impuros. Converter-se ao cristianismo representava, para esses, uma esperança de mobilidade social definitivamente descartada no interior da própria cultura indiana, rigidamente segmentada em castas impostas pelo nascimento, sem possibilidade de ascenção. A ideia de usar a conversão como aliada à imposição pelas armas era, de fato, muito boa, mas sofreu com a limitação dos padres portugueses, que não só desconheciam a cultura como também o idioma local, dificultando ao máximo as conversões. Somente com a chegada dos jesuítas, cuja corporação tornou-se juridicamente oficial em 1540, é que a política de conversões começou a ter algum sucesso. Em 1541, os padres dessa ordem foram responsáveis pela fundação do Colégio de São Paulo, em Goa, inaugurando o primeiro seminário de Teologia e Filosofia de toda a Ásia.

Embora estivessem inseridos em um contexto mais amplo que visava utilizar a fé como meio de dominação, os jesuítas foram responsáveis por uma das poucas tentativas de compreensão da cultura do outro no panorama da colonização. A estratégia consistia em instalarem-se no seio das comunidades, aprendendo a língua e os costumes, tentando convencer os nativos, por meio da persuasão pacífica, a converterem-se à fé cristã, o que resultou em um relativo sucesso. No entanto, todo o trabalho realizado pelos jesuítas no Oriente sofreu um retrocesso com o estabelecimento, em 1560, do Tribunal do Santo Ofício na Índia, sediado em Goa, quando portugueses passaram a fazer, cada vez mais, uso da força na conversão dos nativos.

Semelhante prática não só afastou novos adeptos como levou várias comunidades a abandonarem o cristianismo. Mesmo os nestorianos, cristãos que na época contavam com trinta mil famílias e únicos a verem com simpatia a chegada dos portugueses, não suportaram os cânones de Roma. Depois de terem descido da serra do Malabar para abrigarem-se nas fortalezas lusitanas, razão pela qual eram chamados cristãos da serra, a intolerância dos portugueses em relação a alguns hábitos fez com que retornassem para as montanhas.

A conduta dos portugueses não só tornou difícil a permanência de suas fortalezas na Índia como propiciou que, mediante a entrada de outros povos dominadores, os indianos preferissem combater ao lado dos novos invasores contra Portugal. Apesar de nações como a Inglaterra e a Holanda não possuírem qualquer respeito para com a cultura do outro, como protestantes tinham ao menos uma certa tolerância religiosa, facultando aos povos dominados uma liberdade espiritual maior do que a permitida pelos portugueses.

Fracassado o projeto de garantir a segurança e a soberania mediante a conversão dos nativos, os portugueses se viram acuados nas fortalezas, à mercê dos india-

A Carreira da Índia e a primazia da pimenta

nos, que eram em número muito superior, tornando-se particularmente vulneráveis quando os navios lusos retornavam ao reino. Percebendo essa fragilidade, a Coroa decidiu manter alguns navios patrulhando a costa, sobretudo o litoral malabar e a costa oriental da África, locais em que os efetivos militares nativos não podiam se equiparar ao poder das naus.

Ao mesmo tempo, os portugueses perceberam que a chave para garantir sua presença na Índia estava no estabelecimento de uma base avançada, destinando Goa para esse papel, que passou a dispor de uma armada de galés, especialmente construídas para esse fim. A estratégia surtiu efeito, pelo menos no que diz respeito ao controle das áreas produtoras de pimenta, até a chegada dos ingleses e holandeses.

Não possuindo recursos que fizessem frente ao poder de fogo das naus e fortalezas lusitanas, diante da intolerância cultural e religiosa cristã, alguns príncipes e sultões indianos procuraram se mostrar abertos a eventuais alianças, visando, sobretudo, aproveitar a força militar lusitana para galgar uma posição de destaque e derrotar os inimigos. Entretanto, mesmo entre os aliados, os lusos frequentemente eram vistos como presunçosos e perigosos, e ao menor desentendimento a aliança era facilmente desfeita, não raro com o massacre dos portugueses.

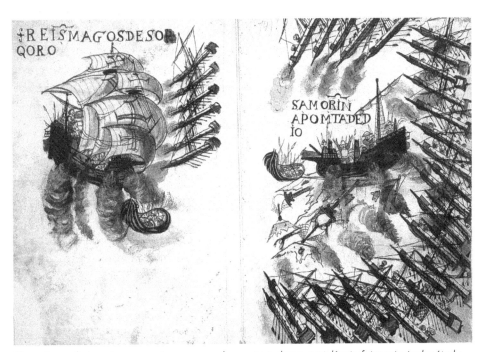

Cena de combate entre nau portuguesa e embarcação indiana: a violência foi o principal método de conquista empregado na Índia.

119

Sob o aspecto cultural, a chegada dos portugueses causou grande impacto entre os indianos, que os descreviam como uma gente bonita, de pele muito branca, usando botas e chapéus de ferro, incapazes de parar em parte alguma, estando sempre em movimento. Por desconhecerem o pão e o vinho, acreditavam que os estrangeiros alimentavam-se de sangue e pedras brancas. Segundo relatos da época, os lusos eram temidos sobretudo por dispararem armas com som de trovão – os canhões – capazes de destruir um castelo de mármore com uma única bala. A exemplo do que ocorreria com os nativos da América, muitos indianos viam os portugueses como seres místicos invencíveis, inimigos civilizacionais por excelência.

Sem preterir a violência como principal método de conquista empregado na Índia, Afonso de Albuquerque, ao assumir o cargo de vice-rei em 1509, promoveu casamentos inter-raciais entre soldados e mouras brancas e bonitas, capturadas e forçadas a aceitar o consorte, com a finalidade de integrar as culturas indiana e portuguesa. Com o tempo, aproveitando a disposição lusitana para assimilar a cultura local, algumas cidades indianas fingiram aceitar a amizade portuguesa, ao mesmo tempo em que incentivavam levantes rebeldes e puniam aqueles que colaboravam com os invasores.

Contra canhões e outras armas de fogo, os indianos combatiam com ousadia e coragem, utilizando como armas apenas lanças compridas de ferro, adagas e zarabatanas com que atiravam flechas envenenadas, usando arcos de corno de búfalo. Não obstante o uso de armas rudimentares, como ocorreu na África, a resistência local foi responsável pelo confinamento dos portugueses no interior das fortalezas. O poder de fogo das naus permitiu um controle eficiente das zonas litorâneas e também daquelas acessadas por via fluvial, possibilitando o domínio sobre as áreas produtoras de pimenta, mas nunca garantiu a segurança dos súditos da Coroa.

A viagem de Cabral, depois do Brasil

Com o retorno da combalida frota de Vasco Gama, em 1499, trazendo a notícia de ter finalmente encontrado o caminho para a Índia, somado ao significativo lucro obtido com a venda da carga de especiarias, Dom Manuel apressou-se a preparar nova armada, desta vez com número suficiente de navios para dar combate ao samorim. Para capitanear a frota, foi chamado um obscuro membro da baixa nobreza, que tinha se destacado pelos serviços prestados a D. João II, cuja escolha estava vinculada muito mais à habilidade política do que a conhecimentos náuticos ou militares. Tratava-se de Pedro Álvares Cabral, que, deixando Lisboa em nove de março de 1500, partiu liderando uma frota de dez naus e três caravelas, com mil e quinhentos homens, com destino à Índia. No caminho, como se sabe, ocorreu a "descoberta" do Brasil, tornada então oficial.

A armada de Cabral, que seguiu para as Índias em 1500: no caminho, o navegador português "descobriria" o Brasil.

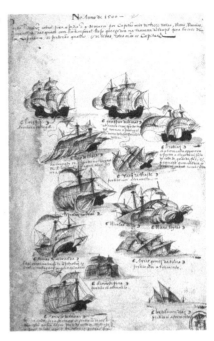

Mas aqui, por enquanto, nos interessa discorrer sobre o prosseguimento da viagem de Cabral, que, ao sair do Brasil, dirigiu-se para seu destino original, a Índia. Perto da cidade de Quiloa, na África oriental, a frota deparou-se com duas embarcações mouras carregadas de ouro, que foram imediatamente abordadas pelos portugueses. Contudo, por pertencerem a um dos primos do rei de Melinde, com quem Cabral pretendia firmar tratado de paz, foram salvas de serem saqueadas e incendiadas pela armada. Chegando a Quiloa, os lusos dispararam a artilharia contra a cidade antes de aportar, atemorizando os habitantes, para depois serem recebidos em terra, levando ao soberano uma carta de amizade, como tornara-se praxe nas chegadas de navios portugueses a novos portos. A estratégia consistia em intimidar o poder local, coagindo o governante a recebê-los e a cumprir as exigências dos portugueses, que incluíam aceitar um feitor da Coroa lusitana, em troca da promessa de cessar-fogo.

Prosseguindo viagem, Cabral aportou em Melinde, onde foi recebido com grande solenidade, acertando acordo comercial com o soberano e deixando em terra dois degredados, com a instrução de dirigirem-se ao interior do país e explorarem o terreno. Com a ajuda de um piloto nativo, seguiram para Calicute, parando antes em Anjediva, cidade em que, fazendo uso dos mesmos procedimentos, conseguiram a amizade do governante. Ao alcançar o porto de Calicute, Cabral optou por agir com cautela, incumbindo um tradutor de verter a carta de D. Manuel para o idioma local.

Acompanhada de ricos presentes, a mensagem obteve a simpatia do samorim, que permitiu aos portugueses estabelecer uma feitoria nas casas junto ao mar, região afastada e desprestigiada pelo povo local. Notando certo desdém do governante em relação aos portugueses, Cabral resolveu dar uma demonstração de força, capturando uma embarcação moura que passava ao largo da cidade, presenteando o samorim com a carga roubada. Semelhante atitude trouxe graves consequências aos portugueses que se dirigiram à Índia em viagens posteriores, pois o navio, vindo de Meca, pertencia aos turcos otomanos, que não demoraram em procurar por vingança.

Cochim foi a última cidade a ser visitada, quando, depois de selada amizade com o governante, a frota retornou para Portugal, levando os navios carregados de especiarias. Mas em relação aos propósitos da viagem, a excursão resultou em completo fracasso. Cabral usou todos os dotes diplomáticos de que dispunha, conseguindo, efetivamente, selar alguns acordos de amizade, mas perdeu seis navios da frota, entre a viagem de ida e a de volta; e, o mais grave, a feitoria estabelecida em Calicute foi destruída pelos habitantes assim que os portugueses deixaram a cidade. Devido aos resultados negativos, Cabral nunca mais tornou a comandar uma frota, ou mesmo um navio, a mando da Coroa.

Emboscadas, saques e violências sem fim

Para garantir o abastecimento dos navios que desbravavam os mares, além de servir de entrepostos fornecedores de produtos para o intenso comércio português, a Coroa empenhou-se em construir uma rede de fortalezas e feitorias ao longo da Carreira da Índia, servindo também ao intuito de garantir a segurança das embarcações e dos funcionários do reino. Com esse objetivo, desconhecendo a situação crítica que se instalara no Oriente, antes mesmo do regresso da frota de Cabral o rei enviou outra armada para a Índia, em 1501, com quatro naus comandadas por João da Nova.

Por sorte, ao parar para abastecer-se de água em São Brás, Nova encontrou uma carta de Pero de Ataíde, que partira com Cabral. Nela, havia a recomendação para que as armadas da Coroa com destino ao Oriente evitassem passar por Calicute, pois seriam tratadas como inimigas. De fato, os navios do samorim aguardavam em emboscada, e, não fosse o feliz acaso, toda a frota teria ido a pique. Nos anos seguintes, os portugueses concentraram esforços no sentido de desestruturar o poder do samorim, enviando, em 1502, uma armada de quinze navios, comandada por Vasco da Gama, para vingar-se do governante. Um mês mais tarde, mais cinco naus partiram com o mesmo intuito, comandadas por Estêvão da Gama, primo de Vasco.

A Carreira da Índia e a primazia da pimenta

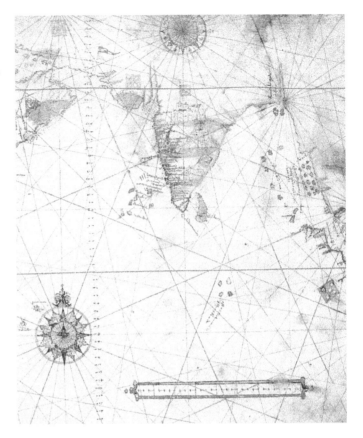

A Índia, no detalhe de um planisfério de 1545: Portugal construiria uma série de feitorias e fortalezas para garantir o domínio sobre a rota das especiarias.

Unidas, as armadas fundaram uma feitoria em Moçambique, para prestar apoio à Carreira da Índia, fazendo do rei de Quiloa tributário de D. Manuel. No Oceano Índico, destruíram uma frota otomana de trezentos navios de guerra, fundando ainda uma feitoria em Cochim e outra em Cananor. Instruídos para agir com violência, em Calicute os portugueses capturaram e enforcaram cinquenta pescadores; a seguir, cortaram-lhes os pés e as mãos, que foram postos em um barquinho e enviados ao samorim com uma carta, escrita em árabe. No conteúdo estava escrito que os "presentes" agora enviados serviam como paga pelas mentiras ditas pelo governante.

Naquele momento, o rei indiano encontrava-se indefeso, não tendo como reagir às ameaças ou à truculência dos invasores, pois a frota otomana que poderia defendê-lo já tinha sido afundada. Os portugueses bombardearam a cidade, que ficou cercada durante dias, padecendo de fome e outras privações. Partindo em direção a Cochim, Gama deixou seis navios na costa, com ordens para saquear as embarcações mercantis que tentassem entrar ou sair da barra.

Encontrar e, sobretudo, manter aliados na região foi tarefa extremamente árdua para os portugueses. De comum acordo, os soberanos locais comprometeram-se em fazer frente ao invasor. Embora, num primeiro momento, retrocedessem diante do poderio de fogo dos estrangeiros, tão logo esses partiam, voltavam a rebelarem-se. Não havia alternativa aos portugueses senão exercer pressão contínua sobre os pretensos aliados. Assim, diferente da África, onde bastavam algumas feitorias para "manter a ordem", na Índia foi preciso construir verdadeiras fortalezas para garantir aos portugueses a obtenção e remessa da pimenta, e, ao mesmo tempo, combater turcos e indianos, além dos piratas, que saqueavam os navios ancorados.

No ano de 1503, partiram três armadas de Lisboa, todas rumo à Índia, tamanho era o interesse do rei na região. À frente da segunda armada, Francisco de Albuquerque deixou o reino com ordens expressas de fundar a primeira fortaleza lusitana no Índico, além, claro, de retornar com o máximo de especiarias possível. António de Saldanha, comandante da terceira frota, foi incumbido de ampliar o cerco a Calicute, tomando de assalto as embarcações vindas de Meca. Cochim foi escolhida para abrigar a primeira fortificação, feita de madeira, a princípio, e mais tarde, em 1506, refeita em pedra, com muralhas e fortificações.

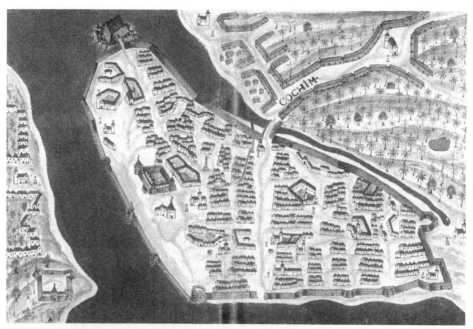

A fortaleza de Cochim, em gravura de 1636: no local, estratégico para o comércio das especiarias, os portugueses ergueriam a primeira de suas fortificações na Índia.

O fato dessa cidade ser cortada por um rio, com acesso a um dos centros produtores de pimenta, foi fundamental na definição da escolha, pois, por via fluvial, os lusos conseguiam entrar com embarcações no interior do território, exercendo melhor controle sobre a região. No interior das muralhas, habitavam trezentos casais brancos e duzentos casais negros, com homens muito bem armados e treinados para o combate. Cochim mostrou-se extremamente útil como fator de pressão sobre os outros reinos, servindo também como importante entreposto de abastecimento dos navios da Carreira da Índia, como a armada de 1504, além de carregar os navios com pimenta, principal produto importado na época. Outros gêneros também eram transportados, mas em menor quantidade.

Com o sucesso da empreitada, em 1505 foi enviado D. Francisco de Almeida, com o título de primeiro governador e vice-rei da Índia, iniciando, no mesmo ano, a construção da fortaleza de Cananor. Dali, os portugueses investiram contra Quiloa, destruindo a cidade e empossando novo rei, fiel aos portugueses. Mesmo destino teve Mombaça, onde foi erguida a fortaleza de Angediva, destruída pelos próprios lusos em 1506, por ser considerada de difícil defesa. Investiram ainda contra Ceilão e Batecala, fazendo dos regentes locais, tributários de D. Manuel. Em Chaul, atacaram e dispersaram a armada do sultão do Egito, que pretendia alcançar o Índico através do mar Vermelho.

Posicionados em Cananor, foi possível aos portugueses controlar a navegação e o comércio dos mouros, obrigados a passar pela costa ao fazer a travessia entre as ilhas Maldivas e a cidade de Meca, onde as mercadorias eram vendidas. As embarcações mouriscas eram abertas e pequenas, carregadas com pimenta, cardamomo, canela do mato, caurim e búzio, produtos que os mouros de Meca levavam em caravanas até a Itália. Depois de tomada a cidade, os barcos foram obrigados a portar um cartaz informando a carga e a procedência, entre outros, além de ter de passar pela alfândega da Coroa, que permitia a venda dos produtos apenas aos mercadores portugueses. Na fortaleza, estrategicamente posicionada, viviam quarenta casais, número bastante inferior ao de Cochim. No entanto, diante dos poderosos canhões, os indianos não tinham outra alternativa senão ceder, vendendo aos portugueses por preços inferiores aos praticados com os árabes.

Francisco de Almeida, embora realizasse um trabalho competente, foi destituído do cargo de vice-rei por desobediência a D. Manuel, sendo substituído em 1509 por Afonso de Albuquerque. Cumprindo ordens, Albuquerque intensificou a ocupação, tomando por duas vezes a cidade de Goa, principal base dos portugueses no Índico, além de Malaca e Ormuz, em que foi construída a fortaleza de Maldiva. Outra fortificação foi erguida na famosa Calicute, minando a autoridade do samorim.

Ponto de vital importância, em Goa, ao contrário das demais fortificações, os portugueses não padeciam de falta de alimentos, sendo a oferta tão ampla que permitia, inclusive, o abastecimento dos navios. Historicamente, a cidade centralizava o comércio de todo Oriente, pois para lá afluíam, tanto por terra como por mar, as mercadorias vindas das demais regiões, sendo dali distribuídas para o resto do mundo. Nova sede do vice-reinado português, a cidade tornou-se porto obrigatório de chegada e partida dos navios lusitanos, sendo ainda obrigado que cada reino vassalo de Portugal mantivesse um embaixador na "corte de Goa".

Tornada quase inexpugnável pelos portugueses, mediante a construção de um muro cercando toda a cidade, Goa, na verdade, é uma ilha fluvial, com ancoradouros naturais por todos os lados. Apesar de não haver artilharia nos muros, embarcações tomadas aos nativos ou construídas no estaleiro local vigiavam toda a costa. Dificultando ainda mais o acesso, nas ilhas circundantes foram erigidas as fortificações Reis Magos, Aguada, Momugão e Rachol; além dos fortes de Nossa Senhora do Cabo e de Gaspar Dias.

Cena do cotidiano numa rua de Goa, cidade que centralizava o comércio de todo o Oriente e onde os portugueses construiriam uma fortificação quase inexpugnável.

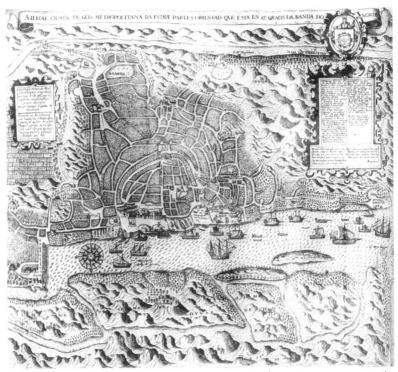

Goa, numa gravura de 1595, que prosperou nas mãos dos portugueses a ponto de rivalizar com a riqueza arquitetônica de Lisboa.

Garantida a segurança da cidade, Goa cresceu e prosperou, se tornando em pouco tempo a mais populosa povoação portuguesa fora do país, chegando a rivalizar, segundo alguns cronistas, com a riqueza arquitetônica de Lisboa. No interior das muralhas foram erguidas trinta e quatro edificações religiosas, entre igrejas e mosteiros; três colégios; três hospitais; o palácio do vice-rei; a casa dos ministros; diversos tribunais de justiça; a Casa dos Contos; uma ribeira das galés; a alfândega; a torre do tombo, e, como não podia faltar, o Tribunal do Santo Ofício da Inquisição.

Albuquerque foi o primeiro a perceber que a única maneira da Coroa estabelecer-se na Índia seria por meio de uma base consolidada, que irradiasse o poder da corte. Para tanto, apressou-se em reproduzir todas as instituições administrativas e religiosas do reino, além construir um estaleiro para armar navios de pequeno porte e combater os nativos, além dos saqueadores. De fato, com o estabelecimento de Goa, foi eliminada a constante ameaça de saques feitos pelos nativos enquanto as naus estavam ancoradas. Entretanto, não impediu a ação de piratas e de alguns portugueses em busca de enriquecimento rápido.

Com a morte de Albuquerque, em 1515, Lopo Soares assumiu o posto, dando continuidade à expansão, e também combatendo outras frotas, pertencentes aos turcos ou aos soberanos de outras regiões, reiterando, assim, o domínio de Portugal sobre a área. Consolidado o controle sobre o Oceano Índico na década de 1520, nem por isso os portugueses pararam de ampliar a zona de influência, erguendo uma série de fortificações ao longo da costa indiana e na saída do mar Vermelho, construindo um verdadeiro império da pimenta. Apesar do comércio com turcos e outros árabes não ter cessado de todo, os lusos conseguiram, ao menos, garantir o monopólio relativo sobre o produto. Outras especiarias, cultivadas no interior da Índia, conseguiram burlar o patrulhamento marítimo no Índico, atravessando por caravanas terrestres até o mar Vermelho ou o Mediterrâneo. De lá, continuaram a seguir para a Itália, líder na venda dessas mercadorias no mercado europeu.

Portugueses penetram na China e no Japão

É preciso esclarecer ao leitor de hoje que, nos séculos XVI e XVII, toda a região compreendida entre os Oriente próximo e o arquipélago australiano era chamada, indistintamente, de Índia. Assim, dando continuidade às explorações marítimas, os portugueses chegaram até o Oceano Índico e parte do Pacífico, alcançando a China e o Japão, países bem organizados e fortemente armados, que souberam impedir a entrada dos invasores. Antes disso, Vasco da Gama fizera uso da informação, obtida em Calicute, de que havia outra cidade ainda mais rica na região, localizada em algum lugar a leste, denominada Malabar. Em meio ao intenso esforço empregado para fixarem-se nos pontos da Índia a que tiveram acesso, os portugueses procuraram, simultaneamente, descobrir novas localidades que pudessem proporcionar maiores ganhos.

D. Francisco de Almeida foi enviado à Índia, em 1505, com o cargo de vice-rei e com a ordem expressa de localizar Malabar, ou, mais especificamente, a cidade de Malaca. Segundo informações posteriores à viagem de Vasco da Gama, a região, também conhecida como Malaia, na atual fronteira da ilha de Samatra, abrigava um pequeno império comercial vassalo da China, que controlava a entrada e saída de mercadorias, sendo Malaca o centro político, administrativo e militar desse império mercantil.

Um mandarim chinês, segundo a visão europeia da época: nos séculos XVI e XVII, toda a região a leste do Oriente próximo era conhecida, indistintamente, como Índia.

Inicialmente, Malaca era uma modesta aldeia que abrigava pescadores e piratas. Mas, por volta de 1414, com a conversão do rajá ao islamismo, a cidade adotou nova ideologia, decidindo-se por implantar um imperialismo marítimo, retirando o poder dos hegemônicos e estados hindus, particularmente o império javanês de Mojopahit, que dominavam a região. Utilizando-se da frota do almirante chinês Cheng Ho, atracada no porto da cidade, o rajá firmou um acordo com o imperador da China, declarando Malaca independente do Sião, tornando-se vassala do império chinês.

Quando o terceiro soberano após a independência subiu ao trono, trocando o título de rajá pelo de sultão, a cidade iniciou a construção de uma rede comercial marítima, detendo a exclusividade da entrada e saída de mercadorias no poderoso império chinês, servindo como intermediária nas trocas entre a Índia e a China. Esse artifício extremamente vantajoso foi possível graças ao isolamento voluntário dos chineses que, vale recordar, consideravam o comércio uma atividade indigna. Detendo tais informações, os portugueses tencionavam lograr participação nesse negócio lucrativo, mediante permissão do sultão de Malaca, ou simplesmente tomar a cidade pelas armas e apoderarem-se do comércio.

Diogo Lopes, em 1506, liderou a primeira tentativa de alcançar a região interior de Malabar, mas, devido ao mau tempo, foi desviado da rota, indo atracar em Cochim. A Coroa, então, determinou que o próprio vice-rei descobrisse o caminho, instalando uma fortaleza no local, ordem prontamente recusada por D. Francisco de Almeida. Foi quando, pomo punição pela desobediência, D. Manuel destituiu-o do cargo e ordenou-lhe que retornasse imediatamente a Portugal, a bordo da armada de 1509. Afonso de Albuquerque foi então nomeado para ocupar o posto, recebendo reforço de uma armada despachada de Portugal, em 1508, com a finalidade expressa de localizar e conquistar Malaca, apesar de, no mesmo ano, outra armada, composta por oito naus, já ter deixado o reino, o que revela a urgência de D. Manuel em ampliar seus domínios.

Ao chegar à Índia, a armada com os quatro navios, comandados por D. Diogo Lopes de Siqueira, recebeu o reforço de uma embarcação nativa, capitaneada e tripulada por portugueses degredados para Malaca, por ordem do vice-rei, com a missão de lá fixarem-se em nome da Coroa. Obtendo êxito na jornada, a expedição foi inicialmente bem recebida pelo sultão. Entretanto, devido a pressões de comerciantes guzarates radicados na cidade, os portugueses foram expulsos, depois de serem forçados a entregar os degredados como prisioneiros. Para dominar a região, foi preciso uma frota muito maior, composta de dezoito navios e liderada pelo próprio vice-rei, que, em 1511, conseguiu, enfim, tomar posse da cidade.

Depois de construídas as fortalezas, item fundamental na política de fixação lusitana, a carreira de Malaca serviu como importante ramificação do comércio português. As mercadorias seguiam da cidade até Goa, onde somavam-se às especiarias, embarcando para Lisboa através da Carreira da Índia. Entretanto, o posicionamento geográfico, que permitia aos portugueses o reconhecimento do golfo de Bengala, da Insulíndia e da península da Indochina, além do próprio controle de Malabar, incentivava a busca de um caminho para a China. Assim, não tardou para que D. Manuel ordenasse que Fernão Peres de Andrade fizesse contato com os chineses, que, ao menos desta vez, deveria ser cordial.

Sob o comando de Lopo Soares, foi despachada de Lisboa, em 1515, uma armada com treze naus, transportando mil e quinhentos homens, além dos tripulantes, em que viajavam Fernão Peres de Andrade e Jorge Mascarenhas. Chegando em Goa, a nau do embaixador foi nomeada capitânia da frota com destino à China, que, além desta, contava com outras três embarcações, armadas na Índia. Iniciada a viagem, a primeira escala foi na cidade de Pacem, onde buscaram mercadorias valiosas para oferecer ao imperador chinês. Por intermédio de portugueses que ali se encontravam, enviados pelo governante de Malaca para vender um lote de pimenta aos mercadores com destino a Bengala e à China, os emissários foram informados de ser justamente essa especiaria muito valorizada entre os chineses.

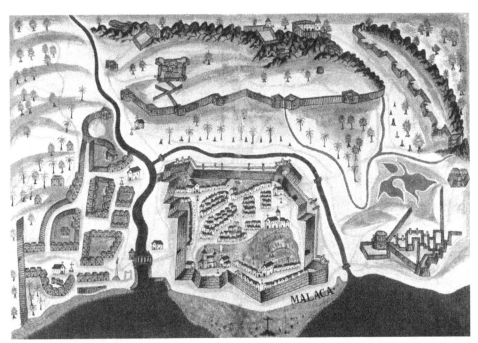

Vista de Malaca. Em primeiro plano está a grande fortaleza erguida pelos portugueses: antes, foi preciso uma frota de dezoito navios para tomar posse do local.

Nesse mesmo porto ocorreu o primeiro grande percalço da viagem, pois, devido ao descuido de um dos embarcados, uma candeia acesa nos porões ateou fogo a um dos navios, causando inúmeras baixas, além da perda de parte da mercadoria. Dali a frota partiu rumo ao Sião, tomando o porto de Patane, para, em seguida, percorrer todas as ilhas vizinhas, oferecendo um termo de paz e comércio com os governantes. Prosseguindo a viagem, o comandante deparou-se com Rafael Perestrelo, espião da Coroa portuguesa infiltrado nas embarcações chinesas, os juncos, a fim de investigar aquelas paragens. Perestrelo forneceu informações detalhadas sobre os ventos favoráveis à travessia para a China, induzindo Peres a adiar a viagem para junho do ano seguinte. Durante a espera, a frota sofreu mais uma perda, causada pelo naufrágio de um dos navios durante uma tempestade.

Finalmente, em 15 de agosto de 1516, a reduzida frota alcançou a ilha de Tamão rebatizada por Peres de Beniaga, palavra que na língua local significa mercadoria, pertencente à província de Cantão, zona marítima mais ocidental do reino da China. Desde ali ficou claro aos portugueses que aquele se tratava de um Estado poderoso, considerado por eles mesmos como semelhante à Europa, sendo inviável impor o domínio por força das armas, como de costume. No caso dos chineses, fazia-se imprescindível a busca por um entendimento pacífico. Tal impressão foi causada pela presença maciça de embarcações guardando as ilhas adjacentes, por onde os navios de Peres pretendiam entrar.

Representação de uma embarcação chinesa: a presença maciça de navios patrulhando a costa forçou os portugueses a buscarem um entendimento pacífico

A frota chinesa, composta por vinte e cinco juncos de guerra fortemente armados, tinha por função patrulhar a costa, impedindo que navios piratas saqueassem as embarcações mercantis. Durante toda a estadia, os navios portugueses seriam escoltados pela armada chinesa. Servindo como mediador, o comandante da frota promoveu o encontro entre Peres e o representante local do imperador, o pio da vila de Nato, que ordenou aos portugueses que permanecessem ancorados, à espera de pronunciamento superior. Na ocasião, ao serem bem recebidos pelo governador da cidade, os lusos não desconfiaram de que o solícito anfitrião tratava-se de um funcionário menor, e que os oficiais de alto escalão não seriam tão receptivos aos estrangeiros.

Passados alguns dias, sem obter respostas à sua solicitação para partir, Peres voltou a procurar o pio da cidade, recebendo apenas escusas como resposta. O comandante, então, aproveitando-se de uma tempestade que havia desorganizado a frota chinesa, recrutou pilotos nativos e prosseguiu viagem, mesmo sem autorização. Chegando à cidade de Cantão em setembro de 1517, os portugueses enviaram uma mensagem ao governador da província, propondo um acordo comercial, recebendo, como resposta, a ordem de retirarem-se imediatamente do país. Na China, o fluxo de informações era muito mais eficiente e organizado que na Europa ou em Portugal, e, assim, a notícia da desobediência do navegador em Nato havia antecipado sua chegada à Cantão.

Outras gafes diplomáticas foram cometidas pelos portugueses durante a viagem. Por exemplo, para anunciar sua chegada, os portugueses levantaram lanças e bandeiras, além de ter feito uso de artilharia leve, o que na Europa era tido como sinal de paz, mas na China denunciava intenções hostis. Essas e outras diferenças culturais logo ficaram evidentes, causando a ira dos chineses, tal como tinha acontecido com os africanos. Com a diferença de que, agora, tratava-se de um império fortemente centralizado, de complexa organização social e política. Habilmente, Peres justificou-se pelas faltas cometidas, aceitando pagar uma tarifa sobre as mercadorias que transportava e convencendo os chineses a aceitarem o desembarque de um embaixador, deixado no país com a missão de negociar o encontro entre o imperador e o rei de Portugal.

Tomé Pires foi o responsável por tal empreendimento, seguindo para Nanquim e, de lá, para Pequim, capital do vasto império, levando cartas de recomendação do governador da província. Desconfiado, Pires conseguiu, secretamente, traduzir as cartas, descobrindo que o conteúdo, na verdade, advertia os chineses quanto às verdadeiras intenções dos portugueses. Nos documentos, os estrangeiros eram descritos como falsos mercadores que tinham a secreta missão de espionar o território para, depois, enviar tropas armadas e dominar o país, saqueando o que encontrassem, tal como haviam feito na África e na Índia. Mais uma vez a fama de terríveis piratas havia precedido a chegada dos portugueses, custando caro, sobretudo, ao pobre embaixador.

Depois da partida dos navios de Peres, os portugueses só voltaram a ter notícias de Tomé Pires três anos mais tarde, quando, em 1520, Simão de Andrade navegou pela região. Segundo os relatos, o imperador, a princípio, recebera bem o emissário português, que, não obstante, foi mandado prender na masmorra, vindo a falecer três meses depois. Tal atitude deveu-se à crença de que portugueses raptavam os filhos de pessoas honradas, levando-os como escravos para depois comê-los assados, mito fundamentado no fato de que as pessoas capturadas na África nunca mais eram vistas. Simão de Andrade ficou profundamente indignado com a história, que, a seu ver, difundia uma visão completamente equivocada dos portugueses.

Em desagravo, sob o pretexto de combater corsários que navegavam pela costa da China, o comandante luso sequestrou muitos jovens, moços e moças, filhos de famílias simples, para serem vendidos como escravos. Puniu com a forca um marinheiro de sua própria frota que recusara obedecer-lhe e, para finalizar, impediu que os demais mercadores estrangeiros realizassem comércio antes dele ter concluído seus negócios na região. Essas atitudes causaram péssima impressão entre os chineses, reforçando ainda mais a imagem negativa dos portugueses, a ponto de, alguns anos após a morte do imperador Wu Tsung, os mandarins promulgarem uma ordem suspendendo toda e qualquer atividade comercial lusitana.

Tentando contornar a situação, em julho de 1522 a Coroa portuguesa enviou Martim Afonso de Mello Coutinho, liderando uma frota de quatro embarcações, com a tarefa de firmar com os chineses um acordo de paz e amizade. Sem sucesso, a comitiva permaneceu no porto chinês por duas semanas, quando foi expulsa por uma armada de juncos. Desde então, todas as viagens e trocas com a China foram feitas clandestinamente, e muitos missionários que tiveram o infortúnio de serem capturados sofreram martírio e morte nas mãos dos chineses.

Apenas em 1555 foi possível estabelecer um acordo com o imperador, que autorizou os lusos a se instalarem em um único ponto do território, a ilha de Lampacao, rebatizada pelos portugueses de Macau, em 1557. Imediatamente, exatos 1.557 colonos europeus correram a se instalar na região, em sua maioria comerciantes avidamente interessados no lucrativo comércio com os chineses. Restritos a Macau, que se converteu em porta de acesso ao império chinês, os portugueses nunca conseguiram penetrar o território.

Pequim, a cidade celeste

Os traumas sofridos pelos constantes e violentos ataques de africanos e, particularmente, de indianos nas terras já conquistadas serviram de lição aos portugueses que, ao chegarem na China em 1509, procuraram agir com muito mais

Vaso chinês datado de 1585, decorado com imagens do império português: a sofisticada cultura chinesa impressionaria os lusos em suas viagens ao Oriente.

cautela. Além disso, os chineses, que há mais de sessenta anos não eram vistos pelos ocidentais, foram confundidos com os povos gentios, devido à pele clara, fazendo com que os lusos se interessassem amplamente pela cultura local.

Em 1125, os chineses trocaram o comércio terrestre pelo marítimo, em um processo iniciado em 618, transferindo a capital do império do interior setentrional para o litoral meridional, construindo dessa forma uma talassocracia poderosa. Entretanto, depois que Kubilai Khan (1214-1294), neto de Gengis Khan, exterminou a dinastia Sung, iniciando a nova dinastia de imperadores estrangeiros, o comércio marítimo passou a ser visto como algo desonroso, sendo momentaneamente abandonado.

Expulsos os mongóis em 1368, o novo imperador chinês assumiu o trono, reiniciando o expansionismo naval pelo Índico. Nessa época, a China chegou a possuir uma frota naval de sessenta e três grandes juncos, tripulados por trinta mil marinheiros. Mais tarde, em 1433, quando a constante ameaça de invasões bárbaras pelas fronteiras terrestres absorveu todos os recursos disponíveis, o país interrompeu novamente a expansão marítima. Isso não significa que o mar da China tenha ficado desprotegido. Pelo contrário, apesar da atividade comercial marítima passar novamente a ser considerada desonrosa, quando os portugueses chegaram ao litoral chinês a marinha de guerra estava em franca expansão.

Cada província costeira, governada pelo mandarim, representante direto do imperador, possuía uma marinha de guerra, responsável pela patrulha de uma zona restrita, não tardando mais do quatro dias para que os navios retornassem ao porto de origem, em caso de perigo em terra. Esse sistema já funcionava há cinquenta anos, implementado como resposta aos avanços de piratas chineses e guzarates, que, aproveitando o deslocamento das forças para as fronteiras terrestres, passaram a atacar a costa. Para fazer frente a mais essa ameaça, o imperador foi obrigado a descentralizar a marinha, cabendo aos mandarins o controle das patrulhas costeiras.

O poder fortemente centralizado não só impedia ataques às cidades costeiras como também inviabilizava a obtenção de aliados no território, estratégias amplamente utilizadas na África, na Ásia e no Brasil. Por não existir uma marinha mercante chinesa, os lusos viram nisso uma oportunidade para penetrar na região. Entretanto, logo as diferenças culturais se fizeram sentir, impedindo que os portugueses substituíssem definitivamente os piratas chineses e guzerates na intermediação comercial da China com a Índia e, posteriormente, com o Japão.

Ao inverso do que aconteceu com outros povos encontrados, desde os primeiros contatos os lusos ficaram muito impressionados com a organização social e com a tecnologia chinesas. Relatos que chegavam até Portugal descreviam as obras de arquitetura como preciosas e engenhosas, fazendo notar que as ruas, nas cidades e aldeias, eram empedradas e pavimentadas, construídas de forma a ser possível enxergar o caminho do começo ao fim, graças à retidão do trajeto. As casas eram baixas e sem andares, com interior muito espaçoso e cheias de todo o gênero de curiosidades e ornamentos, rodeadas por imensos jardins para passeio.

O impacto provocado em Portugal pelas notícias da China revolucionaram a sociedade lusitana, sobretudo porque a própria capital portuguesa, em se tratando das condições de saneamento, moradia e do calçamento das ruas, não chegava nem perto de uma simples aldeia chinesa. Na época, Lisboa era um amontoado de ruas enlameadas, estreitas e tortuosas, apinhadas de casas apertadas de dois ou três pavimentos, aglomerando em cada casa várias famílias em condições de higiene precárias.

Diferente de Lisboa, Pequim, a capital chinesa, era conhecida como a cidade celeste: cercada por muralhas, a distância de uma porta a outra da cidade era tão grande que levava mais de uma dia a cavalo para ser percorrida. Quanto à organização interna, era tão sofisticada que serviu de parâmetro para as novas cidades portuguesas. No aspecto cultural, enquanto a maioria da população portuguesa era analfabeta, os chineses tinham fartura de livros, graças ao uso difundido da tipografia.

Era hábito entre os chineses fazer amplo uso também da escrita, relatando tanto memórias pessoais quanto a própria história do país, desenhos, poemas, além do uso oficial do registro de leis, decretos e ordenações civis. O número de letrados, mesmo que treinados somente nos rudimentos da escrita, era tão grande na China que, na opinião dos lusos, nesse quesito ultrapassavam os antigos gregos e romanos.

Encontrando um povo cuja civilização, em muitos aspectos, superava o que havia de melhor na Europa, os lusos tomaram a China como paradigma para uma análise crítica da própria realidade, ficando evidente a admiração pela cultura chinesa, o que influenciou decisivamente o modo de se relacionarem com povos diferentes. Essa admiração não era minimamente partilhada pelos chineses, que viam os estrangeiros como povos bárbaros e de classe inferior, por estarem em constante convívio com o mar.

Entretanto, apesar do tratamento dispensado ao primeiro embaixador português enviado à China, os contatos iniciais entre chineses e portugueses foram até certo ponto cordiais, embora a população, em si, tivesse recebido os estranhos com relativa desconfiança. A situação alterou-se depois que a armada de Simão de Andrade chegou ao Catão, em 1519, e, recebendo a notícia de que piratas asiáticos agiam na região, decidiu por conta própria edificar uma fortificação ali mesmo. Essa prática de construir à revelia em terra alheia era comum entre os portugueses, mas foi vista pelos chineses como uma ofensa à hegemonia do imperador. Foi durante esse episódio, como visto em outra parte, que o mesmo capitão enforcou um de seus marinheiros, cometendo a seguir novas e reiteradas barbaridades, desafiando abertamente a autoridade do imperador. A partir de então, as relações luso-chinesas entraram em declínio.

Não por acaso o título do imperador da China era "Rei e Senhor do Mundo e Filho do Céu". Ele era considerado um deus vivo pelos súditos, situação duplamente inaceitável para os portugueses, que só obedeciam as ordens do rei de Portugal, a quem cabia decidir os rumos do Oriente, e a Deus, que estava no céu guiando os lusos pelos mares até os confins da terra. Nessas condições, nada seria mais natural que um confronto direto entre chineses e portugueses que, certamente, teria culminado com a derrota dos últimos e talvez até mesmo com a expulsão das naus de Portugal do Índico. No entanto, quando Simão de Andrade cometeu seus desatinos, governava o imperador Wu-Tsung, homem velho e mais afeito à diplomacia do que à guerra.

O resultado foi o início de um entendimento pacífico, em que chineses permitiram o livre comércio em suas terras e portugueses passaram a respeitar a soberania chinesa representada pelos mandarins, frequentando o litoral da China sem tentarem fundar feitorias ou fortalezas. Mas Wu-Tsung faleceu, mudando a orientação oficial do governo chinês. O novo imperador proibiu os lusos de comercializarem, e, por maior que fosse a cordialidade e o respeito demonstrados dali em diante, graças a má fama adquirida na África e na Índia, confirmada por Simão de Andrade, os portugueses passaram a ser tratados sempre com descortesia.

Exatamente por este motivo, a Coroa resolveu entregar o comércio com a China aos particulares, situação que permaneceu até que o governo português tivesse conseguido reverter o quadro, obtendo, em 1557, permissão do imperador para constituir uma colônia em Macau. Antes disso, os aventureiros lusitanos conseguiam frequentar apenas três cidades: Sanchoão, Liampó e Lampacau, as únicas em que autoridades chinesas aceitavam suborno para manterem-se em silêncio, apesar da desconfiança.

Em certa ocasião, depois de fazer negócios e trocar especiarias por seda, o capitão Antônio de Faria foi ludibriado pelo madarim de Liampó, que, percebendo a extrema cobiça como ponto fraco dos portugueses, indicou o rumo de uma cidade de interesse comercial para os estrangeiros. O capitão português seguiu as indicações, navegando por dois meses até perceber que tinha sido enganado. A direção apontada os levara para águas perigosas, onde sofreram um naufrágio. Capturados, os sobreviventes foram levados para uma prisão nos arredores de Nanquim, carregando grilhões nos pés, algemas nas mãos e colares nos pescoço, onde foram maltratados e açoitados, padecendo de fome durante meses.

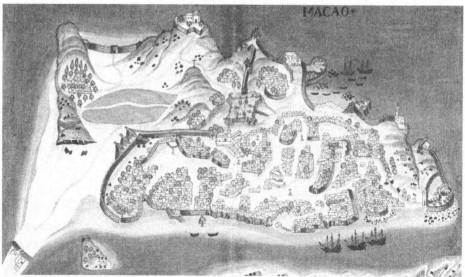

Estampa com a representação de Macau, onde os portugueses obtiveram permissão dos chineses para estabelecer uma colônia.

Após 1554, ano que marca a liberação do comércio na China aos portugueses, a imensa maioria dos piratas chineses, que antes saqueavam indistintamente o litoral de seu próprio país, passaram a priorizar a caça às naus lusitanas, atraídos não só pelo saque, mas também pelo senso de patriotismo em dar combate aos bárbaros. Procurando contornar o assédio, muitos contrabandistas portugueses deixaram de lado o uso de naus, passando a empregar embarcações nativas na tentativa de não serem notados, o que nem sempre funcionava.

Na metade do século XVI, Fernão Mendes Pinto, navegando em uma lanchara de remo, depois de ser atacado por piratas e sair vitorioso, encontrou na embarcação aprisionada quatro portugueses que não haviam tido a mesma sorte que ele quando atacados pelos mesmos piratas. Dias mais tarde, Pinto cruzou com destroços do naufrágio de um junco atacado por piratas, encontrando entre os sobreviventes catorze contrabandistas portugueses.

O assédio dos piratas nativos tornou-se um imenso problema para a Coroa. Diferenças civilizacionais fizeram com que os signos de amizade e cordialidade expressos pelos portugueses fossem interpretados como provocações ao patriotismo, descartando a possibilidade de alianças com os piratas. Nas poucas vezes em que os lusos conseguiram invadir o litoral da China, a vitória foi apenas momentânea, pois com a chegada de reforços sempre terminava-se expulsando os invasores. A desorganização portuguesa não era páreo para a disciplina dos chineses.

Segundo relato do soldado Francisco Rodrigues Silveira, os ataques dos lusos consistiam em correr todos em direção à praia, a um só tempo, estando os soldados divididos em duas ou três bandeiras, sob o comando dos respectivos cabos. Cada unidade deveria se reportar a um capitão, mas o comando era puramente nominal, nenhum soldado se importava com as ordens, rompendo avante, guiando-se pelos próprios impulsos.

Mesmo nos casos em que a hierarquia de comando era respeitada, quando um nobre de sangue estava à frente de uma companhia, exatamente por ser um fidalgo, a situação era tão caótica que parecia não haver comandante algum. Semelhante à nomeação para cargos de confiança a bordo das naus, o privilégio de liderar uma tropa era conseguido mediante relações de parentesco ou simplesmente através da compra do cargo, resultando em completo desastre.

Diferente dos portugueses, entre os chineses não havia senhores com títulos, tais como condes ou duques, nem vassalos, domínios, jurisdições ou propriedades, a não ser as ofertadas pelo imperador de sua livre vontade, conforme o merecimento, sendo que, quando seus titulares morriam, tudo voltava para o Estado. Tal método garantia uma cadeia de comando eficiente e fiel ao imperador, fornecendo líderes verdadeiramente respeitados pelos subordinados.

No detalhe da imagem de um típico biombo japonês, a cena de um batel sendo abastecido de mercadorias vindas da China e da Índia.

Além disso, enquanto os portugueses procuravam o lucro pessoal, servindo-se do falso pretexto da lealdade ao rei e a Deus, a imensa maioria dos chineses vivia realmente para servir ao imperador e à grandeza da China, sob um rígido código de conduta militar e moral. Estimuladas pelas notícias das crueldades praticadas pelos lusos, tais características incutiram na população chinesa um ódio mortal aos estranhos, incentivando alguns a criarem métodos sofisticados de tortura, como os piratas, que tinha predileção por arrancar miolos de portugueses com uma tranca.

Apesar das dificuldades, o comércio com a China foi um negócio lucrativo que diversificou os produtos transportados pela Carreira da Índia, e, quando do posterior declínio das especiarias, garantiu a sobrevivência da rota. No entanto, a oposição dos habitantes associada às restrições impostas pelo governo nunca permitiram explorar todas as potencialidades da China, situação que se repetiria com maior intensidade no Japão.

Nessa mesma época, as relações comerciais entre japoneses e chineses estavam interrompidas, situação que rendeu aos portugueses uma excelente oportunidade de negociar com mais esse país. Não demorou para que os lusos percebessem ser lucrativo trocar a seda e a porcelana chinesas pela abundante prata japonesa, o que, ao mesmo tempo, teoricamente resolveria a escassez de metais preciosos em Portugal.

No território dos shoguns

Numa de suas tentativas desatinadas para firmar carreira entre a China e Malaca, acidentalmente os portugueses foram parar no Japão, durante uma tempestade, em 1543, que desviou a rota do navio que fazia o percurso entre Sião e o litoral chinês. O encontro deu-se em 23 de setembro, numa praia de Tanegashima, intermediado por um embarcadiço chinês conhecedor do ideograma japonês, que, por meio de desenhos na areia, conseguiu fazer-se entender. Para os japoneses, à primeira vista, os cem tripulantes aparentavam ser gente inofensiva, de língua incompreensível e hábitos mal-educados.

Aos japoneses, os portugueses pareceram ser um povo errante, sem residência fixa; conhecedores, até certo ponto, da distinção entre senhor e servo; mascates que trocavam tudo o que tinham pelo que lhes faltava; gente grosseira que bebia em copos e comia com as mãos, sem oferecer nenhum alimento aos demais; em suma, não passavam de bárbaros do sudeste. Isolados em um território extremamente fragmentado, até certo ponto hostil, e altamente vulnerável às manifestações mais brutais da natureza, os japoneses formavam uma comunidade fechada em si mesma. Agravando o isolamento, há tempos as relações comerciais com a China haviam sido rompidas, tornando a nação, rica em prata, um grande atrativo para comerciantes portugueses.

Desembarque de uma nau portuguesa, segundo a imagem de um biombo da Arte Namban: tais biombos são o melhor documentário visual do contato entre lusos e japoneses.

Já naquela época o Japão, a exemplo da China, era formado por um império militarmente poderoso, tornado ainda mais forte depois que os portugueses introduziram espingardas, garantindo a superioridade dos japoneses frente aos demais povos da região. Em pouco tempo, os japoneses industrializaram a fabricação de espingardas no próprio país e, em 1560, quando Oda Nobunaga iniciou a reunificação política, o uso de armas de fogo estava amplamente difundido. Aproveitando-se, inicialmente, da divisão interna entre os japoneses, os portugueses circularam pelo território com relativa liberdade, apesar de sempre terem sido vistos com desconfiança pelos habitantes. Na primeira década, o contato ficou restrito a poucos portos para desembarque de mercadorias, em especial os de Bungo e da ilha de Hirado, no extremo noroeste de Kyushu.

De 1562 em diante, passaram a frequentar, especialmente, o território do daimio Omura Sumitada, senhor feudal japonês pertencente à nobreza, que cedeu aos mercadores o porto e Yokoseura. Tudo ia bem até a conversão do senhor de terras ao cristianismo, em 1563, provocando imensa indignação entre os súditos, que, como veremos, organizando uma grande revolta, depuseram o daimio e expulsaram os portugueses. Esse episódio não chegou a comprometer o comércio dos portugueses com o Japão, uma vez que a divisão do território em feudos proporcionava acordos com diferentes senhores ao mesmo tempo. Desse modo, quando não eram recebidos por um daimio, sempre havia outro disposto a colaborar, o que facilitou o estabelecimento de uma carreira entre Macau e o Japão.

Portugueses negociam mercadorias com os japoneses: a prata do Japão era levada para a Índia, onde era trocada por especiarias que depois seguiam para a Europa.

Da China, a prata japonesa era levada para a Índia e trocada por especiarias, que, junto com a porcelana e a seda chinesas, embarcavam com destino ao reino. Além da prata, o Japão fornecia o cobre, usado nos estaleiros portugueses montados na Índia e também vendido para o Brasil, depois de beneficiado, servindo aos estaleiros brasileiros, carentes dessa matéria-prima. Ao contrário da Carreira da Índia, o comércio com o Japão não era monopólio da Coroa, oferecendo excelente oportunidade de negócio a particulares, que, no século XVII, chegavam a obter, num único dia, um lucro de 100% sobre o capital investido na viagem, com risco de naufrágio quase inexistente.

Oficialmente, o Japão que os portugueses encontraram tinha um soberano, o príncipe Mikato, mas, na prática, o que se observava era um poder fragmentado, semelhante à Europa medieval, em que o rei era uma figura decorativa, não mais que um senhor feudal com poderes restritos ao âmbito das relações de suserania e vassalagem. Assim, o poder de fato era exercido pelo generalíssimo, o shogun, que manipulava o príncipe. Isso, porém, manteve o Japão unificado, pois os senhores locais eram forçados a respeitar a obrigação de servir e submeter a si mesmos e a seus súditos ao poder do generalíssimo, o que favorecia a manutenção da segurança frente a inimigos externos.

Cada senhor devia satisfazer as necessidades de distribuição de soldados pelos pontos estratégicos definidos pelo shogun. Em troca, tinham total autonomia sobre suas terras, podendo castigar, exilar ou mesmo matar qualquer um de seus vassalos. Apesar do poder irrestrito que cada senhor possuía dentro do próprio feudo, frente ao shogun eles não passavam de simples soldados, facilmente substituíveis, tornando frequentes as intrigas dentro das possessões. Eram comuns assassinatos entre pais e filhos, ou entre servidores e familiares, sendo igualmente comuns as disputas sangrentas em nome da honra entre dinastias e feudos. Guerras particulares eram toleradas desde que não interferissem na segurança do país, o que de certa forma facilitou o trânsito de naus portuguesas, embora tenha dificultado a fixação de entrepostos.

Devido à autonomia política dos senhores de terras, era fácil para os portugueses negociarem o trânsito de embarcações através dos domínios de alguns deles em troca do privilégio de poderem adquirir produtos chineses e indianos. Mesmo quando a mudança de comando sobre um feudo interditava o comércio, os portugueses podiam explorar as rivalidades internas e permissão para frequentar zonas próximas sem prejuízo algum, ou ainda incentivar intrigas familiares, levando ao poder um senhor mais condizente com os interesses da Coroa. Diferente da China, as costas do Japão não eram frequentadas por piratas, facilitando ainda mais a ação dos portugueses.

Segundo a lenda, havia na China antiga uma família grande e poderosa que, geração após geração, conspirava contra a vida dos imperadores. Como punição, foram exilados em ilhas remotas e desabitadas, hoje conhecidas como território japonês;

um castigo, para eles, muito pior que a morte. Embora o relato não tenha fundamento comprovado, reflete a imagem impregnada no imaginário chinês da época, revelando a inimizade entre esses dois povos orientais. Historicamente, as relações entre os dois rivais, China e Japão, tinham sido marcadas por mútuas tentativas de invasão e pilhagem.

Inicialmente, o comércio com o Japão esteve entregue a particulares, motivo pelo qual, durante as primeiras décadas, os lusos não frequentaram sistematicamente o mesmo porto, apesar de ser corriqueiro passar por Bungo ou pela ilha de Hirado. Em um desses primeiros contatos, aventureiros portugueses chegaram à ilha de Tanixuma, em uma cidade com vinte mil habitantes. Na ocasião, os europeus julgaram erroneamente que o local não possuía capacidade para defesa, ocupado por pessoas fracas e desarmadas. Contudo, nos conflitos que se seguiriam, os portugueses logo perceberam o engano, pois os homens, todos eles, eram muito bem treinados em armas, prezando muito mais uma espada bem forjada do que joias ou metais preciosos. Desde o início, ficou evidente para os lusos que, tal como na China, o caminho a seguir deveria ser o da diplomacia.

Em Portugal, os japoneses eram tidos como pessoas muito inteligentes e extremamente educadas nas artes da cortesia e do cerimonial. No Japão, a admiração não era recíproca, sendo os portugueses considerados como mendigos, devido ao estado em que se encontravam após viagens tão longas e penosas. Em certa ocasião, uma tripulação lusitana que passou por Tanixuma foi abordada por nativos que queriam ajudá-los com esmolas, como tinham por costume fazer aos pobres da terra. Tentando melhorar a impressão causada, os portugueses, ao aportarem numa localidade onde não eram conhecidos, faziam-se passar por ricos mercadores de Malaca, o que só aumentava a confusão. Apresentados como os odiados chineses, certa vez, em Pongor, alguns mercadores lusos ficaram detidos por dois meses até que o engano fosse desfeito.

Demorou algum tempo para que os súditos da Coroa passassem a ser identificados como mercadores europeus, e, nesse aspecto, as armas de fogo tiveram participação ativa na abertura das portas do Japão. Segundo relatos, quando aventureiros portugueses estiveram em Nautaquim, por volta de 1550, tendo estabelecido relações amigáveis depois de algumas confusões, o comerciante Diogo Zeimoto atirava por passatempo com uma espingarda. Desconhecida na região, a arma foi tida como uma espécie de feitiçaria e o atirador, levado à presença do senhor feudal, obteve o direito de transitar livremente em troca de uma única espingarda e do segredo de fabricação da pólvora.

De posse do invento, japoneses de Nautaquim desmontaram a espingarda, entendendo o funcionamento, aperfeiçoando e industrializando a fabricação a ponto de, cerca de cinco meses depois, já terem produzido seiscentas armas. Introduzida

Português é recebido pelo líder japonês: o comércio de armas de fogo, introduzidas pelos portugueses no Japão, ajudou nas negociações entre os dois povos.

no Japão, a nova arma aumentou o poder de alguns senhores feudais, melhorou as negociações entre portugueses e japoneses e, mais tarde, teve papel preponderante na unificação do território sob o poder do imperador. Entretanto, nunca foi possível à Coroa lusa estabelecer uma única base avançada em terras japonesas.

Não foram as autoridades que impediram a fixação dos portugueses. Pelo contrário, o Estado não opôs nenhum obstáculo à criação de entrepostos comerciais. No entanto, a insistência em converter outros povos à fé cristã mais uma vez provocou conflitos sangrentos, fazendo com que os lusos fossem repudiados pelas populações locais. Enquanto o ir e vir das naus portuguesas esteve restrito aos aventureiros, o pequeno número de missionários que tentaram converter os japoneses não causou dano. Contudo, quando se descobriu que além da prata o Japão tinha outros produtos a oferecer, como ferro, aço, chumbo e estanho, necessários para o reparo das naus da Índia e exportação para o Brasil, a situação mudou radicalmente.

As autoridades de Goa tornaram o comércio com o Japão um monopólio da Coroa em 1550, fundando uma carreira entre Malaca, Macau e o Japão em 1557, massificando a presença de religiosos. Seguindo uma estratégia amplamente praticada em outros locais, as autoridades portuguesas tentaram fazer com que os japoneses acreditassem na propagada magnificência e grandeza da Europa. Para tanto, seria imprescindível convertê-los ao cristianismo, garantindo maior penetração por meio da associação cultural. Para essa missão, foram enviados os jesuítas, os "soldados de Cristo", acostumados a persuadirem pacificamente povos estrangeiros a se converterem ao cristianismo, institucionalizando as relações em busca da lucratividade.

Um biombo Nambam completo, onde se vê a representação de um navio europeu chegando ao Japão: jesuítas também foram enviados para a conversão dos japoneses.

Além do povo mais simples, em 1562, os jesuítas conseguiram converter o daimio Omura Sumita, levando-o a ceder o porto de Yokoseura aos portugueses. No ano seguinte, veio a revolta dos próprios súditos, que acusavam o senhor feudal de traição aos princípios de honra e hegemonia japonesas. Destituiu-se então o daimio, destruiu-se o porto e expulsou-se os portugueses daquela região. Contudo, a Coroa interpretou que a missão tinha alcançado êxito, intensificando o envio de religiosos para o Japão. Depois de várias tentativas, em 1571 os jesuítas conseguiram se estabelecer em Nagasáqui, onde obtiveram a proteção do daimio e autorização para utilizar o porto.

Porém, na cultura japonesa, extremamente tradicional, a religião ocupa espaço fundamental, possuindo toda uma estrutura composta de ídolos, ministros – chamados bonzos – e preceitos budistas milenares que serviam de base para as relações sociais. Assim, quando alguns bonzos foram convertidos ao cristianismo, em vez de servir de estímulo o fato causou revolta entre a população. A situação agravou-se ainda mais quando membros dos estamentos sociais mais elevados também aderiram à nova fé, partindo, em 1582, para Portugal, seguindo depois para Roma, onde tiveram uma audiência com o papa. Ao retornarem, em 1587, as camadas populares promoveram um conflito sangrento, que serviu de estopim para que as autoridades, até então mais tolerantes que os próprios súditos, resolvessem tomar uma atitude em relação aos estrangeiros.

Quando Oda Nobunaga faleceu, em 1582, ascendeu ao poder Toyotomi Hideyoshi, que interpretou o retorno de nobres japoneses, completamente entregues a um fanatismo cristão em prol de Portugal, como ameaça à unificação política, decretando, em 1587, a expulsão dos religiosos portugueses do Japão, independentemente de qual ordem pertencessem. Quanto às naus lusitanas, continuaram autorizadas a transitar, embora o Estado se eximisse da responsabilidade por qualquer ataque da população. Com a expulsão dos clérigos cristãos, longe da influência dos jesuítas, inúmeros boatos a respeito da índole e dos hábitos portugueses começaram a ser difundidos no país, especialmente pelos bonzos.

Alguns descreviam os estrangeiros como cães mal cheirosos, pobres cobertos de piolhos, cuja alimentação incluía percevejos e cadáveres humanos, desenterrados ao anoitecer. Tais opiniões fundamentavam-se nos hábitos e aparência dos marujos, que estavam longe de observar o mínimo de etiqueta tão comum entre os japoneses. Como resultado da campanha, a fé cristã sofreu grande retrocesso, causando ainda mais problemas aos portugueses.

Em 1598, o imperador Hideyoshi faleceu, mergulhando o país em uma longa guerra civil, com duração até 1603. Durante os conflitos, Portugal aproveitou para introduzir no país, clandestinamente, alguns jesuítas, na tentativa de reverter a situação a favor da Coroa. Mas a intensa vigilância dos bonzos, empenhados em unir a população contra a ameaça de estrangeiros, e assim, terminar a guerra interna não permitiu o retorno dos religiosos. Em 1596, dezenove japoneses e sete franciscanos foram crucificados e cento e vinte igrejas foram queimadas, apesar dos europeus terem tentado resistir, permanecendo à frente dos edifícios.

Idêntico ao ocorrido na Índia e na África, a chegada dos holandeses, em 1600, e posteriormente a dos ingleses dificultou ainda mais a presença dos portugueses no Japão. Espiões já haviam alertado a respeito das atitudes e dos problemas decorrentes que os lusos vinham enfrentando. Por isso, os holandeses não trouxeram consigo nenhum clérigo, apresentando-se, inclusive, como inimigos dos portugueses. Rapidamente foi declinando a importância das naus portuguesas na região, e, depois que, em 1613, o inglês William Adams foi nomeado conselheiro do shogun, em substituição a um jesuíta, o governo publicou novo édito expulsando os missionários que haviam permanecido ilegalmente no país.

Com as novas medidas, as perseguições e os suplícios tornaram-se comuns, gerando uma onda de revoltas que culminou, em 1637, com o martírio de milhares de cristãos. Tais atos de violência serviram de pretexto para que o governo culpasse os portugueses pela desestabilização da ordem entre os camponeses, promulgando, em 1639, um édito de expulsão para todos os lusos, clérigos ou não. A perda do privilégio de comercializar com os japoneses, e, consequentemente, da prata obtida em troca, contribuiria para o declínio da Carreira da Índia.

Numa última tentativa, a Coroa enviou, em 1640, uma missão pacificadora composta por comerciantes que saíram de Macau com destino a Nagasáqui, onde foram cruelmente martirizados. Nesse mesmo ano, Portugal recuperou sua independência pelas mãos de D. João IV, selando o destino da primazia da pimenta, quando a recém-restaurada monarquia portuguesa optou por incrementar a rota do Brasil, em detrimento do império lusitano no Oriente.

Até os limites de um "novíssimo mundo"

Apesar de encontradas as rotas para a China e para o Japão, o expansionismo português parecia não conhecer limites, e tendo alcançado também a ilha de Java em suas andanças, os lusos continuaram a saga em busca de mais negócios lucrativos. Em detrimento da controvérsia envolvendo a primazia do descobrimento do arquipélago australiano e ilhas adjacentes, acredita-se que os portugueses tenham aportado na região entre 1541 e 1601. Independente de quem chegou primeiro, a distância entre a Índia e o chamado novíssimo mundo é bastante considerável, fato que, somado à pobreza do solo, fez com que os portugueses não tivessem interesse pela possessão. A exploração da nova terra ficou a cargo de holandeses e ingleses, tendo sido convertida, posteriormente, em colônia penal.

O cotidiano a bordo das naus

Apesar do gigantismo das naus da Carreira da Índia, o espaço destinado a cada pessoa a bordo era bastante exíguo, restrito a cerca de cinquenta centímetros quadrados, ficando a maior parte do navio reservada para as mercadorias pertencentes à Coroa, aos mercadores, aos tripulantes e aos passageiros. Era tão pouco o espaço livre que, entre os séculos XVI e XVII, os marinheiros só conseguiam se movimentar a bordo graças ao sistema de escala, em que trabalhavam em duplas ou trios, técnica comum em países de tradição marítima.

Assim, enquanto um homem atuava no convés, os outros descansavam, hábito que originou o termo *mattenoot*, ou companheiro do mesmo leito, para designar marujos holandeses, uma vez que, como seus semelhantes em outros países, todos compartilhavam os mesmos beliches, alternadamente. Na volta das viagens, as naus vinham tão sobrecarregadas que os passageiros não conseguiam caminhar da popa até a proa sem ter que subir em caixotes. Nos pavimentos inferiores, a carga ocupava quase todo o espaço, e mesmo luz e ar eram escassos, filtrados por frestas no casco, que também permitiam a entrada de água.

Gravura do século XVI mostra uma visão idealizada do convés de um navio: na verdade, eram tantos os tripulantes que estes tinham de se revezar num sistema de escala.

Para se ter uma ideia de quanto espaço estava destinado ao transporte de carga, basta considerar que a nau de três cobertas, enorme, reservava os dois pavimentos inferiores apenas para essa finalidade. Na terceira coberta havia ainda um espaço reservado, do mastro até um pouco além da escotilha, para armazenamento de água, vinho, madeira, além de pequenas coisas necessárias à manutenção. Sobre essa coberta, nos chamados castelos, encontravam-se, de ambos os lados, as câmaras dos oficiais: capitão, piloto, mestre, feitor e escrivão, além das acomodações dos marinheiros. Ali também eram armazenados biscoitos, pólvora, velas, panos e peças de reposição.

Aos passageiros era permitido levar um baú no porão. Quanto aos tripulantes, carregavam uma caixa pequena, guardada sob a cama. Independente da condição social do embarcado, as câmaras, localizadas no castelo de popa ou de proa, individuais ou coletivas, tinham espaço extremamente reduzido, não raro com camas dispostas umas sobre as outras, formando três ou quatro pavimentos. Quanto aos oficiais, o capitão dispunha de câmara individual, com terraço de quase um metro de comprimento; enquanto piloto e mestre ocupavam, individualmente, um camarote na rabada da nau a fim de vigiarem a mezena, ou seja, a vela do mastro de ré que garantia a capacidade de manobra do navio.

Meirinho, tanoeiro e dois despenseiros dormiam na mesma câmara, localizada no corredor da tolda dos bombardeiros, tendo o privilégio de ocuparem camas individuais. Marinheiros eram acomodados no castelo da proa, todos na mesma câmara, enquanto grumetes dormiam no convés, próximos aos armentilhos, os cabos que sustentam as velas, local também destinado aos víveres e ao abrigo de doentes. Tanto desconforto resultava prejudicial à saúde, fazendo com que indivíduos, não importa de qual estamento da sociedade, pensassem duas vezes antes de aventurarem-se no mar.

No cardápio, biscoitos podres, ratos e sola de sapato

Em conjunto com outras dificuldades inerentes ao cotidiano das naus, como o confinamento e os longos meses em alto-mar, a extrema insalubridade a bordo foi um dos motivos determinantes para a fuga de voluntários, levando a Coroa a lançar mão de degredados e crianças na rota do Oriente. Outro problema igualmente sério decorria da prioridade dada a bordo para o embarque de carga, em detrimento, inclusive, do transporte de víveres, o que, não raro, provocava grande mortandade simplesmente pela falta de comida. Portugal não dispunha de muitos alimentos, assim, as naus já deixavam o porto com menos que o necessário para o trajeto.

Além de insuficientes, os gêneros embarcados eram de péssima qualidade, e, com frequência, já se encontravam deteriorados antes mesmo do início da viagem,

Caravela se abastece no cabo Ghir, antes de prosseguir viagem: a falta de víveres a bordo, após longos meses de viagem, provocava uma série de doenças e mortes.

situação que se agravava ainda mais depois de armazenados nos porões úmidos dos navios, tornando o seu consumo praticamente inviável. Oficialmente, o rol de produtos embarcados consistia de carne e peixe secos e salgados, favas, lentilha, cebola, vinagre, banha, azeite, farinha, trigo, laranjas, biscoitos, açúcar, mel, uvas passas, ameixas, conservas, marmelada, queijos, azeitonas e, nas viagens de retorno, traziam-se arroz e alimentos de origem asiática mais exóticos, além de vinho, água, galinhas vivas, e, às vezes, porcos, cabras e carneiros.

Apesar das viagens de ida levarem pelo menos um ano só na travessia, era comum o Armazém Real de Lisboa, órgão encarregado pelo abastecimento das embarcações, simplesmente deixar de entregar algum produto, caso não o tivesse em estoque. Além disso, não obstante a variedade de gêneros, nem todos tinham-lhes acesso, sendo a distribuição rigidamente controlada pelo escrivão e pelo despenseiro, sob orientação do comandante. Restringir o controle de bens tão preciosos nas mãos de poucos oficiais teve como consequência a formação de um mercado negro a bordo, onde produtos melhor conservados e mais ricos em vitaminas eram reservados aos que pudessem pagar. Aos mais humildes, restava o consumo de biscoitos podres, fétidos, corroídos por baratas e mordidas de ratos.

Diariamente, os tripulantes recebiam em média uma libra e três quartos de biscoito, meia medida de vinho e uma medida de água, tudo dividido em três porções ao longo do dia. Por mês, recebiam uma arroba de carne salgada e algum peixe seco, além de cebola e alho, distribuídos no início da viagem. Açúcar, mel, uvas passas, ameixas, farinhas e algumas conservas ficavam reservados aos doentes e aos que pudessem pagar.

A situação piorava significativamente na viagem de volta, quando a superlotação ocasionada pela carga de pimenta reduzia ainda mais o espaço para os alimentos, chegando ao extremo de se distribuir apenas água e biscoitos, e isso apenas até alcançarem o cabo da Boa Esperança. A partir dali, cada um deveria responsabilizar-se pelo próprio consumo, determinação que forçou muitos navios a aportar na Bahia por falta de tripulantes, tamanha a mortandade causada por inanição.

Quando as calmarias, comuns em determinados trechos, retardavam demais a marcha dos navios, a situação a bordo tornava-se ainda mais dramática. Em 1557, a falta de víveres a bordo da nau Conceição tornou-se tão crítica que o capitão ordenou o racionamento extremo da ração, a ponto de cada homem receber por dia algo equivalente a um biscoito do tamanho de três castanhas, queijo na proporção de duas unhas, e um copinho de vinho diluído em três partes de água, isso dividido em duas vezes, uma pela manhã e outra à noite. Quando a situação chegava a extremos, mesmo os nobres que podiam pagar tinham que se sujeitar ao racionamento.

Surpreendidas pelas calmarias, as caravelas ficavam impedidas de prosseguir viagem, o que tornava ainda mais dramática a falta de alimentos.

Apesar disso, em alguns navios, em especial os da carreira do Brasil, chegou-se ao requinte de se produzir pão, daí a necessidade de farinha a bordo. Para cozer o pão, e, de vez em quando, aquecer a comida dos doentes ou cozinhar galinha com lentilhas, a maior parte das embarcações dispunha de um fogão suficiente para comportar duas panelas por vez. Investido da função de cozinheiro, um dos marinheiros ficava responsável por amassar e cozer o pão, além de preparar a carne salgada, que esporadicamente era distribuída entre passageiros e tripulação. A carne deveria ser muito bem temperada, a fim de disfarçar o cheiro e o gosto de podridão, sendo também função do cozinheiro preparar arroz, lentilhas e demais alimentos fritos em azeite ou banha, reservados à mesa dos mais ricos.

Mas cozinhar nem sempre era tarefa simples, pois não raro faltava lenha para o fogão, que por esse motivo tornava-se gênero tributável, disponível, mais uma vez, apenas para quem pudesse bancá-lo. Assim, quando dispunham de alguma carne ou peixe, os embarcados em sua maioria eram obrigados a consumi-los crus. A hierarquia era preponderante mesmo em relação ao preparo dos alimentos, sendo as refeições tomadas em mesas distintas: uma para passageiros, uma para militares e outra para tripulantes. Nessas, havia ainda subdivisões entre passageiros nobres e plebeus, oficiais e soldados, além dos diversos tipos de marinheiros.

Quando existia uma única mesa, as refeições era divididas em turnos, conforme a estratificação social, como no caso do navio comandado pelo capitão general de mar e terra Márquez e Valença, em que ao nascer do sol jantavam os marinheiros; antes do meio-dia era a vez de fidalgos e militares; e ao meio-dia em ponto serviam-se os oficiais mais graduados, junto com os membros da alta nobreza. Independente do número de mesas a bordo, todas eram guarnecidas com toalhas e guardanapos, medida importante levando-se em conta que não havia como tomar banho a bordo ou lavar as mãos, antes ou depois das refeições.

Mal das gengivas ou mal de Luanda eram os nomes dados à época para o escorbuto, a doença decorrente da carência de vitamina C, provocando dores e inchaço nas pernas e gengivas, acarretando na perda dos dentes. Hábitos de higiene não eram observados, agravando ainda mais a proliferação de doenças decorrentes do péssimo estado de conservação dos alimentos. Gamelas, pratos, copos e colheres passavam de mão em mão, sem serem lavados, situação a que ficavam sujeitos marujos e passageiros de baixa extração.

A bordo da nau São Paulo, que mais tarde, inclusive, sofreria um naufrágio, quase a totalidade dos tripulantes foi atingida por febres altas e delírios, decorrentes, segundo conclusão dos próprios embarcados, da falta de higiene, do consumo de carne apodrecida e do vinho avinagrado. Por se encontrarem em zona favorável à pesca, os embarcados passaram a se alimentar exclusivamente de peixe fresco, comendo com as mãos para não terem de compartilhar pratos e talheres, e com isso os doentes começaram a se recuperar.

Na tentativa de sanar o problema recorrente, a Coroa embarcava boa quantidade de laranjas, interceptadas a bordo pelos traficantes de víveres, que restringiam o acesso a elas. Em relação à falta de alimentos em bom estado, foi permitido aos mareantes usar parte do dia para a pesca, mas os resultados geralmente eram desapontadores. Restavam então os conhecidos alimentos deteriorados e quando as calmarias ultrapassavam o limite tolerável, ratos e baratas passavam a ser uma opção alternativa.

Em casos ainda mais drásticos, quando a falta de ventos estacionava os navios sob o sol inclemente do Equador, marujos delirantes de fome, febre e exaustão ingeriam tudo o que encontrassem: sola de sapato, couro de baú, papel, cartas de marear, animais putrefatos, biscoitos bolorentos repletos de larvas, água do mar e a carne dos próprios companheiros mortos. Ingerir ratos, nesses casos, acabava sendo uma boa alternativa, pois o roedor é um dos poucos animais a sintetizar a vitamina C a partir de alimentos ingeridos, evitando o aparecimento de escorbuto naqueles que se alimentavam dele.

Morrer de sede em pleno oceano

O armazenamento de água constituía um problema à parte. Em condições normais, depois de alguns dias de viagem a água armazenada em tonéis de madeira acondicionados nos porões, ao ser tirada com vasos chamados pincéis, próprios para extrair o líquido das pipas, mostrava-se muito quente e fétida. Entretanto, para os que já estavam acostumados, além de não terem outra escolha, o sabor era agradável. Isso explica a estranheza causada pela reação dos índios brasileiros, conforme narra a carta de Pero Vaz de Caminha, quando, ao tomarem da água oferecida pelo capitão-mor, cuspiram o líquido, demonstrando repulsa. Uma das causas da rápida deterioração do suprimento de água a bordo devia-se ao próprio manuseio dos marujos, que transmitiam micro-organismos nocivos, devido à falta de higiene.

Bem como os alimentos, o líquido era escasso a bordo e poder usufruir dele, ainda que contaminado, era considerado privilégio. Por outro lado, a desidratação causava o chamado mal da sede, cujos sintomas incluíam delírios, fraqueza e desespero extremado. Padecendo de sede incontrolável a bordo da nau Santiago, em 1585, dois embarcados, um soldado e um chinês que acompanhava a expedição, lançaram-se ao mar gritando por água, em completo estado de alucinação. A falta de água potável chegou a levar à morte tripulações inteiras, razão pela qual o seu racionamento era tão controlado quanto o da comida, apesar de ser observado, também, o favorecimento de alguns mediante pagamento.

Nesse sentido, as calmarias e mudanças de rota acarretavam outros problemas tão graves como a falta de alimento, pois exauriam também o estoque de água, substituída por vinho, quando havia. Em alguns casos, foram tentadas soluções desesperadas que só vieram a agravar o problema, como na ocasião em que, por falta de água, um capitão mandou cozer arroz com a água do mar, provocando a morte de vinte e quatro pessoas. Outro capitão ordenou que às três pipas de vinho que haviam restado fosse acrescentada água do mar, o que serviu para piorar ainda mais o quadro de desidratação de alguns marinheiros. Contudo, graças à estratégia o suprimento durou exatos três meses e quinze dias, tempo suficiente para a embarcação aportar onde houvesse água fresca. Antes disso, na mesma nau, que já sofria pela falta de alimentos e pela ínfima quantidade de líquidos disponíveis, que se resumia a um copinho de água por dia, além de outro com vinho e água salgada, os marujos desesperados começaram a beber a própria urina, iniciativa que resultou na morte de quatro pessoas.

Na verdade, a tripulação sempre contava com a possibilidade de reabastecer-se nos entrepostos, mas a manobra não era assim tão simples, dependendo do regime de ventos verificado no trajeto. De acordo com as monções, às vezes não era possível aportar nas ilhas do Atlântico, ou sequer encontrá-las. Em outros casos, pilotos inexperientes não conseguiam traçar uma rota segura até as ilhas com base na carta de navegação, deixando simplesmente passar a oportunidade da escala. Mesmo quando tudo dava certo e os navios conseguiam encontrar e atracar nos portos habituais de reabastecimento da ilha da Madeira, Açores e Brasil, o tamanho exagerado das naus, associado ao número exorbitante de embarcados, exauria os recursos locais.

A tripulação contava com a possibilidade de restabelecer-se nos entrepostos, localizados na ilha da Madeira, Açores e Brasil.

Conforme o lugar e a situação em que se encontravam, o aporte das naus em busca de víveres e água provocava protestos dos súditos da Coroa residentes nas colônias. Mas, algumas vezes, as embarcações eram bem-vindas, especialmente no Brasil, onde os residentes aproveitavam a ocasião para se livrarem de alimentos prestes a estragar, vendendo-os a preços exorbitantes aos oficiais, embora, em contrapartida, nem sempre a Coroa estivesse disposta a honrar compromissos financeiros assumidos pelos capitães durante as viagens. Mesmo assim, o montante requerido dificilmente era obtido, e os navios, mais uma vez, partiam com quantidade insuficiente de víveres para a viagem. Ao mesmo tempo, muitos marinheiros aproveitavam para desertar, levando os capitães da Carreira da Índia a evitarem a região. Mais tarde, o próprio rei proibiu que essas naus atracassem em terras brasileiras.

Piolhos, pulgas e percevejos

Outra situação penosa vivida a bordo diz respeito às condições de higiene – que, contrariando a crença de alguns, quando em terra costumava ser observada, ainda que só até certo ponto, pelos portugueses da época. Diferente dos demais povos da Europa, que viam na água um mal capaz de causar as mais terríveis doenças, entre os portugueses o banho era uma coisa natural. Naquela época estava difundida a crença entre os europeus de que a água, sobretudo quando aquecida, abria os poros para ares malsãos.

A limpeza diária do corpo limitava-se à lavagem do rosto e das mãos, e, de vez em quando, à fricção das axilas com pano embebido em perfumes, para aliviar os odores do suor. Os cuidados com a higiene limitavam-se ao que podia ser visto em público e sentido pelo olfato, sendo o uso de roupas brancas símbolo de limpeza pessoal. Seguindo esses princípios, os europeus costumavam trocar de roupa todos os dias, em lugar do banho, considerando grosseria o uso contínuo da mesma camisa.

Homem português, em desenho de 1529: ao contrário de outros povos europeus, os lusos faziam dos banhos um hábito quase diário, o que, porém, era impossível para os embarcados.

Portugal tinha outros valores, considerando o contato diário com a água – tido como repulsivo pelos outros povos – um hábito muito natural. Essa conduta foi herdada dos greco-romanos, acostumados a longos banhos e saunas revigorantes, instituindo a lavagem cuidadosa e prolongada como um ritual cultivado há séculos. Favorecidos ainda pelo clima quente da região e pela influência da cultura muçulmana, os portugueses não só perpetuaram como aperfeiçoaram esse hábito, tanto no âmbito individual como coletivamente. Por outro lado, o banho diário prescindia a troca de roupas, sendo comum o uso reiterado da mesma vestimenta, chegando mesmo a casos extremos, como o da princesa Joana, que usou a mesma camisa durante meses e meses, sofrendo terrivelmente com a legião de piolhos que ia aumentando.

Diante disso, é possível imaginar o que significava, para os embarcados, o martírio de ficar semanas, ou meses, sem poder lavarem-se, apesar da pouca possibilidade de troca de roupas limpas ser encarada com naturalidade. Durante a viagem, não havia meios para uma pessoa banhar-se, nem tanto pela evidente falta de privacidade, pois a vida íntima, tal como é conhecida hoje, ainda estava em formação, sendo praxe no reino os banhos públicos, em que homens, e às vezes também mulheres, compartilhavam a mesma banheira. O fator impeditivo era mesmo a falta de água doce, como era de se supor.

Sem a possibilidade de lavar o corpo, nem mesmo as partes visíveis, e com o hábito de usar sempre a mesma roupa, criavam-se condições propícias para a proliferação de pragas como piolhos, pulgas, percevejos e outros insetos. Por vezes, inclusive, eram atribuídas algumas mortes a esses males, como ocorreu a uma senhora a bordo da nau São Tomé, que veio a falecer com o corpo coberto de piolhos. Na época, acreditava-se que o próprio corpo criava piolhos por meio da umidade do chão e do suor decorrente dos trabalhos pesados.

Tornando a situação intolerável ao extremo, a convivência absurdamente próxima resultava em situações escatológicas, em que uns eram obrigados a presenciar outros urinando e evacuando, ao mesmo tempo em que arrotar, vomitar, soltar flatulências fétidas e escarrar próximo às refeições eram atos corriqueiros. Nesse ambiente abafado, sujeira e mau cheiro iam se acumulando ao longo da viagem, motivo pelo qual era comum embarcar, junto com os víveres, água de flor e ervas aromáticas para perfumar o corpo e incensar o ambiente. Necessidades fisiológicas, dada a ausência de instalações sanitárias, eram feitas na borda do navio, de forma que os dejetos caíssem no mar, enquanto os mais abastados faziam uso de bacias, deixando a cargo dos criados livrarem-se do conteúdo desagradável.

Não obstante, diante da impossibilidade de deixar os aposentos, como na vigência de tempestades ou por estarem adoentados, os menos favorecidos precisavam improvisar, por vezes causando problemas que superavam os anteriores. Certa vez, em 1552, numa determinada embarcação com grande número de doentes a bordo que simplesmente não conseguiam subir aos convés para evacuar, alguém teve a ideia de utilizar um barril vazio para acondicionar os dejetos. Em ambiente tão abafado, o cheiro intensificado pelo calor provocou uma onda de vômitos entre os enfermos, acelerando a mortandade. Vômitos, aliás, eram uma constante, ocasionados pelo fedor a bordo, pelo balanço do navio ou por tudo junto.

Durante as viagens mais longas, particularmente, não havia um que escapasse de adoecer durante a travessia, sem contar que, não raro, a situação fugia ao controle. Exemplo trágico foi uma das viagens em que estava embarcado o vice-rei Rui Loureiro de Távora, além de 1.100 homens, dos quais novecentos morreram de doenças decorrentes da falta de higiene. Era quase impossível impedir que a peste se alastrasse, pois não só a água como os alimentos servidos eram antes manipulados por portadores dos mais diversos parasitas e verminoses, infectando todos os demais. Uma das causas mais frequentes de morte era a disenteria, que na época não conhecia cura, levando o indivíduo já debilitado e desnutrido a perecer por desidratação.

Na verdade, ninguém sabia ao certo o que fazer com as doenças, muito menos que destino dar aos doentes. Enquanto alguns capitães optavam por confinar os enfermos nos aposentos, outros preferiam estendê-los no convés, entre o grande mastro e o traquete, onde a insolação vinha agravar o estado da vítima. Outros ainda, num misto de previdência e crueldade, simplesmente abandonavam os enfermos na primeira ilha que encontrassem, entregando-os à própria sorte com a justificativa de impedir que o mal se proliferasse. Além de vômito e diarreia, a febre era outra presença constante durante as viagens.

Mas, do mesmo jeito que a sujeira era a disseminadora, e não propriamente a causadora das doenças a bordo, esses males eram sintomas de doenças contraídas no reino e nas colônias, e não a origem dessas. As más condições a que eram submetidos durante a viagem serviam apenas para aflorar uma enfermidade que já se encontrava encubada no portador. Entre as doenças mais comuns estavam febre tifoide, varíola, sarampo, rubéola, difteria, escarlatina, caxumba, coqueluche, tétano, tuberculose, cólera, lepra e a famosa e temida peste negra. Em 1545, uma grande epidemia de varíola, na época chamada de mal da bexiga, atingiu Goa, matando oito mil crianças em apenas três meses, além de contaminar grande número de passageiros e tripulantes embarcados na Carreira da Índia. Estes se encarregaram em propagar a peste pela rota do Brasil, por meio de contatos com o reino e na Terra de Santa Cruz.

Instalada a doença a bordo, ninguém sabia como proceder, pois, embora fosse comum encontrar médicos na carreira do Brasil, sobretudo depois da formação da Companhia Geral do Comércio, em 1649, na Carreira da Índia eles raramente eram encontrados. Fazia-se uso, então, de barbeiros, que, para todo e qualquer mal aplicavam sangrias no enfermo, pois acreditava-se que, junto com o sangue que se esvaía pelos cortes, a doença também abandonava o corpo. Essa prática, muito comum na época, vinha acompanhada do uso de canjas de arroz ou milho; uvas passas, utilizadas para combater os males peitorais; maçãs, tidas como calmantes; além de laranjas. Contudo, devido ao câmbio negro de alimentos a bordo, era difícil conseguir esses alimentos, mesmo para os doentes. De qualquer modo, as sangrias não serviam para outra coisa a não ser agravar o estado dos doentes, aumentando o sofrimento e apressando a morte.

Na tentativa de combater uma simples febre, foram aplicadas quatro sangrias consecutivas em um embarcado da nau Santiago, em 1585, que só não morreu por sorte, pois o quadro evoluiu para uma anemia, aumentando o tempo de recuperação. Mesmo nos raros casos em que havia um cirurgião a bordo, as técnicas não eram mais eficientes, nem menos dolorosas, pois, na falta de boticas com unguentos, eram aplicadas ventosas nas costas, em substituição às sangrias, que também não surtiam efeito algum. Dependendo do caso, utilizava-se o temido clísteres, aparelho com o qual eram introduzidos líquidos no intestino através do ânus, servindo unicamente para aumentar a diarreia, além de, claro, piorar ainda mais as condições de higiene.

Os que tinham a sorte de sobreviver a tais terapias eram deixados no Brasil, desde que fosse possível fazer escala na região, e levados para os hospitais, onde finalmente conseguiam cuidados melhores. Todavia, internar-se num hospital, no reino ou na colônia, não era de grande ajuda, pois o Tribunal do Santo Ofício e a Inquisição condenaram a medicina ibérica ao atraso, proibindo o acesso a livros com os avanços da medicina, os estudos a partir da dissecação de cadáveres, além da intensa perseguição aos judeus, o que privava os hospitais dos melhores médicos.

Estupros, sodomias, violações

No ambiente do navio, repleto de conflitos internos e privações, onde a morte espreitava todos a bordo, a questão da sexualidade assumia papel preponderante nas relações humanas, sendo encarada, a um só tempo, como tabu e, paradoxalmente, tolerando-se uma liberdade, ou libertinagem, quase nunca permitida em terra. Até a implacável Inquisição relevava atos de sodomia entre os embarcados, considerando que a falta prolongada de mulheres justificava uma "ação desesperada".

Em Portugal, mesmo em relação aos atos de sodomia praticados em terra, a impiedosa Inquisição procurava ser mais branda, motivo pelo qual era constantemente criticada por inquisidores de outras nacionalidades, como França, Suíça e Alemanha. Nesses países, os condenados por cometerem "crimes contra a natureza" eram queima-

Até mesmo a Inquisição via com maior benevolência os excessos sexuais típicos dos marinheiros e demais tripulantes das embarcações.

dos vivos, enquanto em Portugal esse tipo de punição cabia apenas aos reincidentes. Muitos eclesiásticos, inclusive, defendiam a isenção de inquisições para os praticantes de sodomia, ou, pelo menos, que a esses não fossem atribuídos castigos muito severos. Isso porque, como era sabido, em algumas casas religiosas que recebiam jovens para instrução, tais práticas eram mais corriqueiras que o ensino do latim.

Também nas possessões de além-mar, a Inquisição portuguesa agia com certa benevolência para com os acusados, apesar de as ordenações manuelinas, no século XVI, terem fixado pena de morte na fogueira para os sodomitas. Em Goa, os inquisidores recomendavam que se evitasse punição pública, imputando aos implicados penitências ocultas, que, somente em casos de reincidência, eram condenados secretamente ao degredo. Enquanto nas colônias as penas para esse comportamento eram extremamente leves se comparadas às do reino, a bordo dos navios elas virtualmente inexistiam, sendo prática comum os mais fortes tomarem os mais fracos à força.

Grumetes, em geral crianças entre nove e dezesseis anos, hierarquicamente abaixo dos marinheiros, eram as maiores vítimas, uma vez que, devido à fragilidade infantil, viam-se obrigados a recorrer à proteção de um adulto, entregando-se à sodomia. Ainda que tentassem resistir, sofriam violências, e, por medo ou vergonha, dificilmente queixavam-se aos oficias, mesmo porque não raro eram eles próprios quem praticavam tal ato.

No mar – ao contrário da vida em terra, em que a nudez era considerada tabu –, os marujos conviviam com nativos das novas terras, habituados a expor o corpo e a encarar o sexo de outra forma, tornando as relações a bordo ainda mais libertinas. Além do mais, marinheiros sempre foram considerados adúlteros, maldosos, fofoqueiros e ladrões capazes de matar por dinheiro. Esse caráter não era muito distinto do dos soldados e demais passageiros embarcados, sendo os últimos ainda piores, pois não temiam nenhum tipo de punição, não respeitavam nem acatavam ordens de ninguém, eram pessoas miseráveis, descalças, famintas, desarmadas e sem posses, desesperados que não tinham nada a perder.

Muitos marinheiros embarcavam prostitutas clandestinamente, enganando-as ou simplesmente forçando-as a entrar nos navios, sendo, desde o início da Carreira da Índia, muito comum encontrar essas mulheres a bordo. Quando os padres descobriam a presença de uma delas, exigiam que ficassem presas, isoladas do resto da tripulação, devendo ser desembarcadas no porto mais próximo. Mesmo assim, todos sabiam que a presença de mulheres para tal finalidade servia para acalmar os ânimos a bordo, de modo que muitos capitães optavam por manter as clandestinas, obrigando-as a pagarem pela passagem com trabalho sexual.

Alguns marinheiros chegavam a embarcar prostitutas clandestinamente: a permissividade era causa frequente de doenças venéreas que agravavam o estado de saúde coletiva a bordo.

Devido à falta de cuidados e de higiene, além da promiscuidade, o contato com essas mulheres costumava transmitir penosas doenças venéreas, piorando em muito a situação de alguns embarcados. E ainda que as prostitutas desviassem um pouco a atenção dos marinheiros, sua presença não impedia o assédio às outras passageiras. Pelo contrário, essas representavam um atrativo ainda maior, por serem castas e livres de contaminação. Caçar órfãs, noivas e esposas era um esporte muito praticado nas embarcações, em que o proibido adquiria gosto especial. Por esse motivo, diante de um contingente quase que exclusivamente masculino, em que a proporção ficava em torno de cinquenta homens para cada mulher, a presença feminina tornava-se inevitável foco de tensão.

Ciente disso, a Coroa desestimulou a ida de mulheres "de bem" para a Índia, legislando, inclusive, contra a presença de moças solteiras, com exceção de parentes de imigrantes e de funcionários reais locados nas colônias, além das criadas que acompanhavam a família. Contudo, não era difícil burlar a lei, pois nada impedia que um chefe de família, além de esposa e filhas, levasse também sobrinhas, primas e quem mais houvesse; ou que uma meretriz com recursos, em busca de marido nas colônias, se fizesse passar por criada de um dos passageiros.

Com relação aos crimes sexuais, apesar das autoridades procurarem proteger a honra das moças solteiras, não existiam leis protegendo celibatárias e casadas das investidas masculinas, sendo a única defesa dessas mulheres suas condições sociais. As de poucas posses ficavam, então, extremamente vulneráveis, uma vez que, segundo os costumes observados na Idade Média, o estupro de mulheres de baixa extração nunca era punido, exceto no caso de vítimas com menos de catorze anos. Pelo contrário, a punição recaía sobre a própria vítima, a partir de então excluída do comércio matrimonial, sendo entregue pelas próprias autoridades aos cuidados de um bordel.

Quando a vítima pertencia a estamentos mais altos também sofria depreciação no mercado de matrimônios, e, sendo casada, na maior parte das vezes era repudiada pelo marido. Contudo, sendo possível identificar os violadores, visto que estupros eram praticados sempre por um grupo, os culpados recebiam punição exemplar. Assim, o simples fato de uma mulher pertencente à nobreza viajar acompanhada do marido, ou de outra figura masculina, bastava para intimidar as investidas.

Dentre as que não tinham mesmo a quem recorrer, a ciganas eram as mais desprotegidas. Embarcadas compulsoriamente na condição de degredadas, eram estupradas por grupos de homens, sem a menor chance de intervenção por parte de oficiais ou dos religiosos a bordo. A despeito da maneira como as autoridades classificavam as vítimas, segundo a condição social de cada uma, marinheiros iletrados não eram dados a diferenciações, atacando, indistintamente, todas as mulheres que podiam. Certa vez, durante o século XVII, uma freira vestiu-se de homem na tentativa de passar despercebida, e, em 1601, quando Ventura da Mota, meirinho geral da frota da Índia, precisou levar esposa e filhos no navio, teve que ficar confinado com a família durante toda a viagem em um compartimento trancado, do qual ninguém podia se aproximar mais de cinco palmos da porta.

Tamanha cautela não se estendia às chamadas órfãs do rei, cuja idade variava entre catorze e dezessete anos, enviadas à Índia para casarem-se com portugueses. Eram jovens arrancadas pelos magistrados do convívio do pai ou da mãe viúvos, e confinadas em orfanatos; podiam também ser prostitutas retiradas dos bordéis. Indefesas, acabavam por atrair ainda mais a atenção dos homens, graças à beleza conferida à juventude, tornando-se alvos frequentes de estupros coletivos. Mesmo com a supervisão direta dos religiosos embarcados, tais violências também não eram impedidas e nem punidas.

Mulheres violadas temiam contar sobre o crime, que, mesmo sendo de conhecimento de todos, se revelado resultaria no repúdio dos futuros maridos que as esperavam na colônia, restando às jovens regressarem, sofrerem novas e reiteradas violências pelo caminho e, chegando a Portugal, ficarem confinadas num prostíbulo. Devido à pouca idade, grumetes e órfãs do rei eram os mais cobiçados, mas ninguém estava livre: viúvas, religiosas, senhoras de idade, esposas acompanhadas ou não dos maridos, ninguém estava completamente a salvo.

Parte do problema pode ser imputado ao extremo confinamento em que viviam esses homens, sobretudo os degredados, chegando a passar anos sem pisar em solo firme. Temendo deserções, o grosso da tripulação era impedida de descer à terra, ainda que o navio ficasse aportado por longo período. Soldados e voluntários, pelo mesmo motivo, também eram proibidos de desembarcar, especialmente nos portos brasileiros, e qualquer um que tentasse sair sem permissão poderia ser exilado por toda a vida.

Com isso ficavam impossibilitados de se relacionarem com as prostitutas dos portos, aumentando drasticamente o isolamento e a ausência de contato com uma companhia feminina, tornando irresistível cada oportunidade de violação. A preferência por estupros em grupos garantia o anonimato e a impunidade, dissolvendo a responsabilidade pela violência e seus efeitos, além de reforçar os laços de companheirismo e cumplicidade entre marujos e soldados.

Popularmente, marinheiros carregavam fama de devassos, praticantes de uma sexualidade depravada, vivendo em um mundo à parte, em alto-mar. Além dos relatos conhecidos sobre os inúmeros casos de violações coletivas, que horrorizavam as pessoas em terra, os trajes utilizados por grumetes e marinheiros por si só sugeriam um comportamento libertino. Devido ao clima que costumavam enfrentar nas viagens, de muito calor e poucos ventos, e também a pobreza em que viviam, os homens vestiam apenas camisas e calções, tipo de roupa considerada íntima, utilizada apenas para dormir.

Disciplina mantida na base da espada e da adaga

Passageiros costumavam escandalizarem-se nas viagens, ao depararem-se com marujos e soldados circulando maltrapilhos, com roupas rasgadas, descalços e quase nus. As desigualdades sociais, abertamente expostas nessas situações, criavam focos de tensão que resultavam em conflitos individuais ou coletivos muitos mais escandalosos que os atentados à moral vigente. Na tentativa de conter os ânimos e afastar a constante ameaça de revolta, procurava-se manter no mar a rigorosa hierarquia social observada no reino, submetendo-se grumetes e marinheiros a uma rígida disciplina militar. Por vezes isso servia apenas para agravar a pressão psicológica, aprofundando o abismo que dividia fidalgos de plebeus, tornando os motins episódios extremamente comuns.

Ciente dos perigos, a Coroa procurava indicar nobres para o posto de capitão, como dito anteriormente, para que se impusessem pela condição social, o que, naturalmente, não era o bastante. Para garantir a própria segurança, capitães deviam portar, por lei, adaga, espada e duas peças de artilharia. A legislação imputava pesados castigos aos amotinados, suspendia o pagamento do soldo aos suspeitos de tentativas de insubordinação, e aqueles que desobedeciam qualquer ordem do capitão tinham os nomes anotados no livro do escrivão, nunca mais sendo admitidos em qualquer navio.

Apesar de todas as medidas e ameaças, manter a ordem era uma tarefa delicada, tanto que, é curioso notar, alguns homens embarcavam justamente com o propósito de vingarem-se de algum desafeto que fugia para a Índia. É importante recordar, uma vez mais, que com frequência a tripulação era composta por condenados ao degredo, por crimes como assassinato.

Nesse ambiente conturbado, a violência era o método recorrente na resolução de conflitos, como fez o capitão João Pereira Corte Real, que, para conter um princípio de motim, em 1615, enforcou dois homens, matando outros dois a facadas, feito pelo qual foi promovido a almirante. Anos antes, em 1561, o capitão da nau São Paulo, então prestes a naufragar, teve de desembainhar a espada para que suas ordens fossem cumpridas. Mas nem sempre a revolta era coletiva, muitas vezes as desavenças eram de ordem particular, por divergência de opiniões entre um oficial inexperiente e um marujo veterano, por alguma mulher e muitos outros.

Para manterem-se informados, os oficiais criavam um sistema de delação, que consistia em escolher, no início de cada viagem, dois acusadores e dois síndicos de cada tipo de função, para que marinheiros e soldados acusassem seus pares. Como não se sabia quem eram os escolhidos, a ação trazia cautela aos conspiradores, ao manter os oficiais informados dos conflitos internos e do que se tramava entre os grupos. Durante a viagem da nau São Paulo, a escassez de alimentos deu origem a uma conspiração que planejava assassinar e jogar no oceano todas as mulheres a bordo, fazendo depois correr o boato de que a crueldade ficaria impune devido a falta de comando do capitão. Descoberta a tempo, graças aos informantes, os líderes foram castigados antes de perpetrarem a ação.

Missas e procissões para controlar os marujos

Estando proibidas quaisquer atividades de lazer a bordo, era preciso usar de criatividade para manter ocupada a tripulação. Esse papel ficava reservado aos religiosos, que se encarregavam de apaziguar ânimos mais exaltados, usando comemorações de fé, procissões e representações da vida dos santos para canalizar as atenções e tentar infligir uma vida espiritual austera. Desde sempre as comemorações em torno de uma data ou de uma personalidade serviram para socializar a comunidade, estreitando laços e promovendo o entrosamento entre as pessoas. Nos séculos XVI e XVII, no mundo ibérico, as dicotomias cristãs entre bem e mal, paraíso e inferno se confundiam com o mundo real, sendo amplamente utilizadas para controlar os fiéis, tanto na terra quanto no mar.

Iluminura de um missal do século XVI: as práticas religiosas eram uma forma de controlar os marujos em alto-mar.

Prova desse sincretismo e do respeito que os navegantes devotavam aos santos eram as frequentes festas realizadas a bordo, sobretudo as em homenagem a São Frei Pêro Gonçalves, responsável por defender os marinheiros durante as tormentas. Em alto-mar, completamente à mercê da natureza, era importante ter-se a crença sobre o controle do oceano e dos ventos, intermediado pelos santos, que acorriam em favor dos devotos nas horas difíceis. Festejar os santos era uma forma de obter-lhes a simpatia, por meio de encenações carregadas de simbolismos, embora nem sempre as festas terminassem da forma desejada pela Coroa.

Episódio bastante ilustrativo ocorreu em 1583, a bordo da nau São Salvador, em que estava viajando um arcebispo. Por ser dia de Pentecostes, o religioso sugeriu ao capitão-mor da armada de seis navios que se realizasse uma grande festa naquele domingo, em comemoração à data. Segundo a tradição, devia-se substituir todos os oficiais presentes, e nomear um imperador fictício. Escolhido entre os marujos, o novo imperador tomou seu posto, iniciando os festejos. No entanto, em virtude de certas divergências e de palavras mal colocadas, surgiu um tumulto, em que mesas foram derrubadas e cerca de cem pessoas armaram-se de espadas. No meio da confusão, acreditando não haver mais hierarquia, as pessoas pisavam o oficial, que tinha caído no chão, e teriam se matado uns aos outros se o arcebispo não intercedesse.

Saindo de seu camarote aos gritos e gesticulando muito, meteu-se por entre as gentes e conseguiu, enfim, que se acalmassem. Sob pena de excomunhão, ordenou que todas as espadas, adagas e punhais fossem levadas para seus aposentos, no que foi prontamente obedecido. Controlada a situação, os principais amotinados sofreram castigos e foram aprisionados. Apesar de arriscadas, tais comemorações eram necessárias para extravasar tensões reprimidas, manter o controle social sobre os embarcados e difundir a crença de que, com isso, era possível obter controle sobre a natureza.

Participar ativamente dos festejos era uma honra, reservada pelo capitão aos marujos mais disciplinados. Para que o ritual fosse o mais completo possível, os padres traziam consigo altares desmontáveis, e também imagens de santos e relíquias, atiradas ao mar em caso de perigo, a fim de obter a valiosa proteção. Escolhidos criteriosamente os participantes da solenidade, o navio era todo enfeitado, dispunham-se os objetos sagrados em seus devidos lugares, e então era celebrada a missa.

Em seguida vinha a procissão, percorrendo solenemente todo o navio. No cerimonial, a cruz era levada à frente, entre duas tochas, por um jovem vestido de sobrepeliz; atrás vinha uma folia, seguida pela dança, festejando a memória do santo sacramento. Por fim vinham os religiosos e os cantores; e, depois, o padre que rezara a missa reaparecia sob um pálio, feito exclusivamente para a ocasião, acompanhado por dois meninos com figuras de anjos, que traziam lanternas nas mãos.

Depois de percorrer todo o navio, a cruz era posta em outro altar, posicionado na proa, em frente ao qual realizavam-se danças ao som de música cantada em prosa. Terminada a procissão, eram encenadas peças teatrais representando a vida dos santos ou passagens do novo testamento, como a tentação de Cristo no deserto, exibida a bordo da nau de Santiago em 1585. Na ocasião, foi utilizado um fogão junto do toldo, representando o inferno, onde um marujo fazia as vezes de diabo.

Ataques de corsários e piratas

Contrariando as expectativas, a calmaria nos navios era sinal de mau presságio. Silêncio era sinônimo de conspiração, quando tramavam-se estupros, motins ou mesmo vinganças contra desafetos. Não são poucos os casos de pessoas que, inexplicavelmente, caíram dos navios, mesmo dos atracados, afogando-se no mar. Em geral, as testemunhas do acidente eram os próprios assassinos, mas esses casos nunca eram investigados, muito menos punidos. Os raros momentos de tranquilidade também podiam preceder ataques de piratas, holandeses ou ingleses, extremamente temidos pela ferocidade e por ocorrerem quando se menos esperava.

O ataque repentino de piratas, holandeses ou ingleses, era outra tragédia que se abatia sobre as embarcações portuguesas na Carreira da Índia.

O destino das embarcações atacadas era sempre o naufrágio, e, com frequência, tripulantes e passageiros eram abandonados no navio em chamas, em alto-mar. Em outras ocasiões eram aprisionados, e depois de sofrer múltiplas humilhações, abandonados em terra hostil. Quando o galeão Santiago foi pilhado por holandeses, os quarenta sobreviventes foram agregados ao navio inimigo, sendo tratados cruelmente durante vinte e dois dias até alcançarem a ilha de Fernando de Noronha. Lá, foram desembarcados, não sem antes uma revista completa das roupas e dos corpos dos prisioneiros em busca de riquezas ocultas, situação na qual os portugueses foram obrigados a despirem-se, e muitos homens e crianças foram sodomizados, ao mesmo tempo em que as mulheres eram estupradas por grupos de piratas.

Nobres e pessoas em posições mais elevadas tinham outro destino: depois de aprisionados, eram levados para o país de origem dos sequestradores, que pediam alto resgate em troca da liberdade. Quando a nau Chagas foi atacada por ingleses, tripulação e passageiros sem recursos foram abandonados no navio em chamas, enquanto fidalgos foram poupados e levados para a Inglaterra como prisioneiros do conde Chiumber Land. Permaneceram no país por um ano, muito bem tratados pelo sequestrador que, após o pagamento do resgate, liberou-os sem maiores problemas.

Os frequentes naufrágios eram também uma ameaça constante, apesar das orações e promessas aos santos.

Naufrágios: desespero em alto-mar

O silêncio também podia ser o prelúdio de uma tragédia. Em 1555, no momento em que a nau Conceição cruzava o baixios de Pero dos Banhos conduzida por um piloto inexperiente e arrogante, que desconhecia a topografia da região, tudo era paz e tranquilidade a bordo do navio, com o vento soprando à popa, velas abertas e mar calmo. De repente, ouviu-se um grande baque, parecendo que o navio se despedaçava; com a batida, todos os que dormiam nos catres caíram uns sobre os outros, causando pânico. Sem saber que atitude tomar, as pessoas simplesmente berravam o nome de Nossa Senhora, chorando e pedindo misericórdia pelos pecados cometidos.

Naufrágios eram uma ameaça constante na Carreira da Índia, tanto que, supostamente passado o perigo, eram feitas grandes comemorações. Em 1585, transpostas as águas potencialmente arriscadas, os embarcados da nau Santiago, que saíra do reino com destino ao Oriente, festejaram muito, agradeceram aos céus e baixaram a guarda, o que culminou num desastre, levando navio, passageiros e tripulação para o fundo do mar. Nas viagens, o oceano sempre surpreendia, simplesmente por não se comportar da maneira esperada, apesar das orações, festas e promessas aos santos.

Na iminência de um naufrágio, quando a morte era inevitável, as reações eram variadas, dependendo do caráter de cada um, mas geralmente eram observados dois tipos de atitude: a paralisia inoperante ou a tentativa de salvar-se a todo custo. Os conformistas se ocupavam em chorar, fazer orações, pedir perdão a Deus, aos familiares, aos amigos; atitudes que tinham por consequência a morte certa de quem as adotava. Assim foi durante o naufrágio da nau São Bento, em 1554, quando todos resolveram a um só tempo confessar os pecados aos clérigos presentes, despedirem-se dos parentes e amigos, pedir perdão uns aos outros, com muita lástima e choros compulsivos, pois acreditavam serem essas as últimas palavras ditas neste mundo. Nisso desperdiçaram o tempo precioso que poderiam ter utilizado para salvarem as próprias vidas.

Outros escolhiam resistir até o fim, atitude que, se não impedia o naufrágio, pelo menos poupava vidas. Foi o que ocorreu quando a nau Patifa, em que ia o governador-geral do Brasil Francisco Barreto, abriu-se ao meio devido à podridão dos cascos. Por ordem do governador, os homens recorreram às bombas, tentando retirar a água que entrava por todos os lados. Em meio ao esforço desesperado para aliviar o peso e manter a nau flutuando até alcançarem um porto, foram lançadas ao mar as preciosas cargas de tecidos, fardos de anil, caixas de seda e muitos outros produtos chineses, mas, nesse caso, nada pôde impedir que o barco afundasse.

Ser socorrido por outros em semelhantes ocasiões era bastante improvável, pois as naus viajavam distante da costa, em geral sozinhas. Quando pertenciam a uma frota, estando em perigo longe das vistas dos demais, costumava-se lançar um tiro de canhão em busca de resgate. De qualquer forma, eram poucos os que sabiam nadar, e mesmo entre esses, a violência das ondas não permitia que sobrevivessem por muito tempo, daí a busca desesperada por terra firme, ainda que fosse hostil, pois, segundo a crença, era muito melhor morrer em solo do que ser devorado pelos peixes.

Salve-se quem puder

Como alternativa, cada embarcação dispunha de apenas um batel, para abrigar os sobreviventes, provocando mais conflitos e disputas, não raro violentas, por um lugar a bordo. Nessas ocasiões, os oficiais ordenavam que se procurassem por mantimentos, em especial água e biscoitos, para serem levados junto com os escolhidos. Também eram trazidas armas e munições, para enfrentar os perigos em terra e para impedir que alguém embarcasse sem permissão. Batel era um grande bote a remo, às vezes também impulsionado por velas, que ficava alojado sobre a coberta da nau ou vinha atracado à embarcação, utilizado normalmente para transportar os passageiros da nau até a praia, e, naturalmente, como salva-vidas em caso de naufrágio. Não obstante, a capacidade era extremamente reduzida se comparada ao contingente da nau, podendo transportar pouco mais de sessenta pessoas.

Por isso, era comum serem salvos apenas os nobres e alguns técnicos indispensáveis para a sobrevivência em terra. No entanto, em casos raros, havia embarcações da Carreira da Índia que, além do grande batel, viajavam com outros dois, menores, e com um esquife, pequeno bote estreito e comprido, com capacidade para transportar de dez a vinte pessoas. Mesmo assim, só era possível acomodar cerca de um quarto dos que estavam a bordo, dentre os que conseguiam escapar de cair no mar ou de serem atingidos por pedaços do navio que se desmanchava. Como exemplo, um entre inúmeros, podemos citar o de Manuel de Castro, passageiro da nau São Bento, em 1554, que teve uma perna amputada quando parte do mastro se desprendeu. Além desses, havia outros perigos, como o de ser ferido ou morto pelos próprios companheiros, que procuravam diminuir o número de candidatos ao resgate.

Cabia ao capitão selecionar quem seria salvo, uma vez que ele mesmo, contrariando o mito, nunca afundava com a embarcação. Nessas horas, a autoridade prevalecia mediante o uso da força, como no naufrágio da nau Santa Maria da Barca, em que o capitão, já a bordo do batel, impediu com a espada que qualquer um, exceto piloto, mestre e alguns outros de confiança, entrassem na embarcação. Como foi dito, a precedência era de nobres e técnicos graduados, tanto que, das cinquenta e sete pessoas que se salvaram do naufrágio da nau Santiago, em 1585, havia dezenove fidalgos, nove religiosos, piloto, contramestre, guardião, cirurgião, condestável, feitor, um único soldado, dois carpinteiros, três criados do piloto, o criado de um dos fidalgos, sete passageiros e nove marinheiros, necessários para remar a embarcação.

A despeito do mais comum ser a prevalência da lei do mais forte, alguns poucos capitães, fiéis aos preceitos do cavalheirismo, faziam embarcar primeiro mulheres e crianças, independentemente da classe social a que pertenciam. Um desses escassos exemplos ocorreu em 1561, quando o capitão da nau São Paulo postou-se armado de espada na frente do esquife, não permitindo o embarque de ninguém até que as trinta e três mulheres e crianças presentes tivessem entrado. Procedimento bastante raro, pois o hábito era justamente o inverso: deixar mulheres e crianças para trás.

Muitas vezes, mesmo o limitado uso do batel era inviável, pois certos capitães, movidos pela extrema ganância, carregavam esse barco com especiarias, trazendo-o a reboque amarrado à nau, dificultando e por vezes impossibilitando o embarque. Outras vezes, o salva-vidas estava tão desgastado quanto a nau, permitindo a entrada da água por vários lugares. A bordo, carpinteiros tentavam tapar os buracos, enquanto o capitão arremessava algumas pessoas ao mar, mas, nesses casos, nada impedia os sobreviventes de sofrerem um segundo naufrágio.

Geralmente os batéis, grandes barcos a remo, eram poucos, o que limitava o número de sobreviventes em caso de naufrágio: valia a lei do mais forte.

Os de melhor sorte, que conseguiam não só embarcar no batel como encontrá-lo em boas condições, tentavam, o mais rápido possível, afastarem-se da grande embarcação, pois o empuxo provocado levava para o fundo tudo que estivesse ao redor. Nessas horas, o cenário era deprimente: por todo lado viam-se, boiando, vários caixotes, pedaços do navio, lanças, barris, pessoas e mais pessoas se debatendo, tentando se agarrar em qualquer coisa, outras sendo arrastadas pela correnteza, algumas simplesmente se afogando, além dos incontáveis cadáveres flutuando à superfície d'água.

Os que conseguiam boiar segurando tábuas soltas eram esmagados em meio aos escombros, vítimas das enormes caixas atiradas pelas ondas ou por pedaços da embarcação; dilacerados por pregos; perfurados por lanças ou pontaletes, espalhando parte de corpos e tingindo o mar com sangue. Histórias de naufrágios são sempre trágicas, umas mais que outras, como a da nau Santiago, que afundou em meio a escuridão, reforçando ainda mais a ideia de perdição do corpo e da alma. Naquele momento, com mar agitado e o navio emitindo sons aterrorizantes, decorrentes das partes que se quebravam, não era possível ver sequer quem estava ao lado, generalizando o desespero comum nessas horas.

Algumas pessoas tentaram se aproveitar do fato de estarem em um baixio, atirando-se no mar; entretanto, andar pelo recife coberto por corais e musgo era algo semelhante a pisar em vidros cortantes, causando feridas profundas. Como acontecia com frequência, o batel estava avariado, tendo que ser consertado antes de ser lançado ao mar. Havia, entretanto, na nau Santiago, um esquife de reserva, que, com a justificativa de procurar socorro, partiu levando a bordo apenas o mestre da nau, o mestre dos calafates, dois fidalgos e alguns marinheiros. Entre os dezenove escolhidos, percebeu-se mais tarde a presença de uma criança que fora escondida pelo pai, pois este, apesar da promessa feita pelo capitão de retornar trazendo ajuda, não acreditou que os remanescentes seriam resgatados.

Nem os padres, preteridos no esquife, acreditaram na salvação; um deles, inclusive, tentou embarcar levando nas mãos uma agulha de marear como desculpa, mas foi expulso com uma espada pelo capitão. Como previsto, nem esquife nem capitão nunca mais foram vistos pelos que ficaram; não houve tentativa de resgate, apesar da curta distância que separava os náufragos da costa. A bordo, depois de perceberem o quão tolos tinham sido ao permitirem a partida dos oficiais, os sobreviventes puseram-se a reparar o batel. Aproveitando a confusão, além do fato de seu senhor ter morrido no desastre, um escravo cativo fazia muita festa, comendo os vários doces espalhados por toda parte, mergulhando no tanque formado pela nau encalhada, zombando de todos dizendo-se forro, e por isso não devia mais nada a ninguém.

Quando os reparos permitiram que o batel flutuasse, ainda que de forma precária, alguns sobreviventes aproveitaram a subida da maré, cobrindo os recifes, para tentar alcançar a costa. Os que não conseguiram lugar ataram com cordas partes do navio, construindo toscas jangadas. Seguiu-se um espetáculo trágico, pois, com receio de que a jangada não alcançasse a praia, muitos homens amarraram pedaços de madeira ao próprio corpo, na intenção de flutuarem, dando muitas voltas com a corda em torno da cintura e pescoço. Com a alta das ondas, foram arrastados da jangada, afundando com facilidade devido ao peso extra. Com relação ao batel, foi preciso continuar os consertos na travessia, pois eram tantas as avarias que, apesar da costa estar o tempo todo visível, não conseguiam movimentar a embarcação ou mesmo direcioná-la, passando fome e sede durante os dias que ficaram à deriva.

Quarenta pessoas saíram no batel, e, na primeira noite, a água dentro do barco alcançava a altura dos quadris. Para aliviar o peso, muitos passaram para o lado de fora, segurando na lateral do barco, quase submersos. Ainda assim não parava de entrar água, sendo preciso tomar uma atitude drástica: armados de espadas, os líderes lançaram algumas pessoas ao mar, ao que os religiosos presentes não se opuseram, talvez por temerem serem mortos também. Depois de oito dias à base de vinho, uma fatia de queijo e outra de marmelada, sofrendo calor durante o dia e frio à noite, os dezessete restantes conseguiram alcançar a costa.

Outra história diz respeito à nau São Tomé, perdida em 1589, que, diferente do encalhe da Santiago, chegou a naufragar, efetivamente. Por sorte, o batel estava em boas condições, tendo sido lançado ao mar depois de muito custo e em meio a ameaças, porque os marinheiros recusavam-se a liberar o bote. Como de costume, foi preciso o capitão desembainhar a espada para ser obedecido, embarcando apenas senhoras bem-nascidas, religiosos e fidalgos. A nau balançava com força, obrigando o batel a afastar-se o mais rápido possível, mas, quando este já estava a alguma distância, uma das senhoras presentes lembrou-se da filha de dois anos, deixada a bordo sob os cuidados da ama de leite. Entre prantos e súplicas desesperadas, a senhora conseguiu convencer o capitão a retornar, contudo, a ama recusou-se a entregar a criança sem que ela mesma tivesse o direito de ser salva.

Irredutível a bordo da nau que oscilava violentamente, a ama continuou segurando a criança enquanto o batel se afastava novamente, uma vez que a mãe da menina preferiu vê-la ser engolida pelas ondas a levar consigo a escrava negra. Aproveitando o retorno da embarcação, um padre que não quis deixar o navio sem antes consolar e ouvir a confissão de todos, absolvendo os pecados de grupos que gritavam por perdão, atirou-se ao mar e, nadando, conseguiu alcançar o barco, onde foi recebido com honras pela atitude e exemplo. Já distantes da nau, oficiais examinaram o batel, notando que a maior parte da quilha estava submersa, razão pela qual decidiram atirar alguns homens no oceano, a fim de aliviar o peso, restando, no final, cento e quatro sobreviventes.

Nadar e morrer na praia

Contudo, ser admitido no bote salva-vidas estava longe de significar salvamento. Quando em alto-mar, os náufragos morriam de fome e sede antes de alcançarem um porto. Ainda que conseguissem, atracar em terras hostis era o mesmo que encontrar a morte adiada. Quando os mais afortunados encontravam terra firme, livre da presença imediata de inimigos, muitas vezes era preciso caminhar durante dias até chegar a uma feitoria portuguesa, e muitos ficavam pelo caminho. Outros optavam por construir uma jangada e enfrentar o mar mais uma vez. Desses, poucos eram vistos novamente.

O dia seguinte à tragédia era sempre o mais difícil. Atingindo a costa, os sobreviventes saíam em busca de parentes, comemorando os poucos encontrados vivos, lastimando a perda da maioria. Reagrupados, ficavam dias e dias sentados à beira mar, sem ter ideia do que fazer. Logo a maré trazia o rescaldo da tragédia, enchendo a praia de destroços, caixas e corpos amontoados, cobertos de areia, trazendo nos rostos retorcidos e inchados as marcas de uma morte violenta, além de pedaços de pernas, braços e outras partes diaceradas. Dentre as preciosas mercadorias espalhadas entre caixas e caixas de especiarias, tecidos, fazendas, porcelanas destroçadas, famílias disputavam os biscoitos encharcados encontrados com os mortos.

Após o naufrágio, chegar à terra firme não era garantia de sobrevivência: o problema passava a ser escapar das garras das feras e das lanças dos nativos.

Quando tinham a sorte de encontrar um ribeirão, podiam saciar a sede e limpar o corpo do sal, porém, em se tratando de terra despovoada e estéril, como certas partes dos litorais africano e asiático, optavam por comer a sola dos próprios sapatos. Alguns saíam em buscas de ossos de animais, depois torrados e consumidos em forma de carvão; outros comiam as favas do mato junto à areia, provocando vômitos e mal-estar. Passado o trauma do naufrágio, os sobreviventes passavam a considerar uma desgraça o fato de terem escapado, julgando terem pecado gravemente contra Deus, pois nessas condições a vida representava um grande castigo e não uma dádiva.

No litoral africano, espreitados por tigres, leões e por tribos hostis, os náufragos não tinham outra alternativa senão aventurarem-se pela selva, queimando a pele sob o sol abrasador, padecendo de frio à noite, disputando insetos para comer, arrastando-se em meio a um território desconhecido e selvagem. Os que morriam logo eram considerados bem-aventurados, pois teriam quem os enterrasse. À noite a jornada era ainda mais penosa, com alguns se perdendo na escuridão da mata para sempre. Em casos raros, os remanescentes tinham a graça de encontrar portugueses que sobreviveram a naufrágios anteriores, já integrados na região, como ocorreu aos sobreviventes da nau São Bento.

Depois de passarem por inúmeras dificuldades na costa ocidental da África, os sobreviventes da São Bento viram sair da mata um grupo de negros e dentre eles um homem branco, nu, trazendo às costas um molho de zagaias, tal como os demais. Pela fala e tipo de cabelo, foi identificado como sendo português, e, interpelado, disse ter sobrevivido a um naufrágio ocorrido três anos antes. Graças a ele, que os levou até a tribo, receberam cuidados e alimentos, o que lhes permitiu continuar a caminhada até a feitoria mais próxima. Casos como esse eram extremamente raros, pois, como na rota da Índia os navios anuais não costumavam fazer escalas regulares, levava anos até que reencontrassem, por acaso, algum sobrevivente. Expedições de busca e salvamento enviadas pela Coroa eram exclusividade dos casos em que, entre os perdidos, constavam pessoas de muita importância.

Na costa africana, além dos perigos inerentes à natureza da região, havia ainda as tribos nativas, que demonstravam reações variadas diante dos estranhos. Na costa ocidental, a maioria, ao encontrar pessoas brancas, armadas e vestidas de forma estranha, fugia com medo. Outros, conhecedores da fama dos portugueses de serem piratas saqueadores e assassinos brutais, armavam-se de paus e lanças, dizimando os pequenos e combalidos grupos. Também havia os que simplesmente despiam os estranhos, igualando-os a eles próprios, além dos temidos caçadores de cabeças e dos praticantes de canibalismo.

Em boa parte da África oriental e por toda a Ásia, dominada pelos potentados muçulmanos, era costume aprisionar os sobreviventes, libertados em troca de resgate, como ocorreu com os náufragos da nau Santiago. Estes, ao depararem-se com um negro usando um chapéu de tafetá preto, que, em língua portuguesa, informou ser sobrinho do xeique de Luranga, sentiram-se seguros para informar sua condição e pedir auxílio. Os portugueses foram então aprisionados e postos nus em um curral apertado, dentro de uma choupana, obrigados a permanecerem em pé, arranhando as costas nas paredes de pedra, até caírem de fraqueza. Ficaram nessas condições até que os parentes enviassem um resgate de Portugal.

Na Carreira do Brasil, as condições eram bem menos hostis. Apesar dos índios canibais também representarem um perigo à parte, a possibilidade de encontrar com uma tribo aliada dos portugueses e receber socorro era bem mais viável que na África. A isso somava-se a riqueza do litoral em matéria de água e víveres, além da intensa navegação de cabotagem, permitindo aos náufragos serem facilmente resgatados por um dos inúmeros navios que transitavam pela costa. Esses elementos, aliados à facilidade de penetração observada na Terra de Santa Cruz, aliviou a condição dos sobreviventes. Mas é importante observar que isso só foi possível depois da intensificação do trânsito marítimo na região, a partir do século XVII. Antes disso, as privações enfrentadas eram semelhantes às dos seus pares, perdidos em terras africanas e asiáticas.

Também não era raro irem parar numa ilha em meio a lugar nenhum, por isso a presença de carpinteiros e calafates nos barcos de resgate, uma vez que, nesses casos, a solução era construir uma jangada e lançar-se de novo ao mar, com pouquíssimas chances de sobrevivência. Naufragar, episódio comum, sobretudo na Carreira da Índia, sempre foi sinônimo indubitável de morte e desgraça, sendo extremamente raros os que retornavam ao reino para contar a história. Os relatos passavam então de boca em boca, registrados em cordéis como novelas assustadoras, afastando ainda mais os potenciais aspirantes à vida no mar.

O colapso do império da pimenta

Portugal estabeleceu e manteve seu império financiado pelo comércio da pimenta, iniciado com o lote trazido por Vasco da Gama em sua primeira viagem ao Oriente. Mesmo com os lucros astronômicos verificados pelos investidores, a remessa não chegou a alterar os preços então praticados pelo mercado europeu. Pelo contrário, devido a fatores externos, a cotação da pimenta chegou a aumentar em 150% naquele ano. Em compensação, outros produtos, utilizados em menores quantidades, como o gengibre e o cravo, verificaram queda nos preços.

Com a viagem de Cabral, o lucro líquido sobre os investimentos atingiu 5.000%, superando o anterior, apesar da absurda quantidade trazida (cerca de 517 toneladas de especiarias, dentre as quais 34 toneladas só de pimenta) ter derrubado em 25% a cotação da pimenta; em 10% a do cravo e do gengibre; e em 37% a da noz-moscada, que, daí por diante, estabilizou o preço nesse patamar. Fica evidente o prejuízo causado aos italianos pela abertura e consolidação da Carreira da Índia, agravado ainda mais ao longo do século XVI, quando portugueses traziam a mercadoria direto do fornecedor enquanto os concorrentes a obtinham por vias indiretas.

Mapa do Oceano Índico e alguns territórios que englobavam a Carreira da Índia: apesar dos lucros astronômicos, a rota das especiarias começava a mostrar sinais de exaustão.

A despeito do monopólio forçado pelos portugueses, a importação de especiarias por outros canais nunca cessou por completo. O que aconteceu, na verdade, foi um reposicionamento estratégico do mercado. Disseminada a oferta de pimenta, os italianos concentraram-se no comércio das outras especiarias, não abandonando de todo o antigo "carro-chefe", que passou a ter o preço condicionado à sua disponibilidade no mercado paralelo, quando navios otomanos eventualmente conseguiam furar o bloqueio português no mar Vermelho.

Por exemplo, no Cairo, o preço da pimenta manteve-se sem grandes oscilações de 1501 a 1533, abrindo exceção para o ano de 1513, quando uma armada turca conseguiu romper o bloqueio, derrubando a cotação. Essas "interferências" afetavam o lucro da Carreira da Índia, razão pela qual era primordial aos lusos garantirem a exclusividade do comércio, mediante a construção de fortalezas e o posicionamento de navios-patrulha, que, mais do que garantir a posse da região e segurança das naus, procuravam manter longe os concorrentes da Coroa. Curiosamente, os maiores beneficiados com o esforço dos portugueses foram os italianos, que ficavam com nada menos que 79% dos lucros obtidos pelas armadas. Ao rei cabia 15%, ficando os 6% restantes com os tripulantes das naus e funcionários do reino fixados na Índia.

Essa aparente distorção desvia-se ao tipo de contrato imposto pela Coroa aos investidores, fossem eles portugueses ou estrangeiros. Firmava-se entre o interessado e o rei um contrato de risco ou câmbio marítimo, segundo o qual o investidor deveria responsabilizar-se pelos custos de construção e manutenção do navio, no todo ou em parte, recebendo em troca porcentagem equivalente da carga trazida pela embarcação. Em caso de naufrágio, não havia indenizações. Além disso, só era permitido à Coroa dispor da mercadoria no mercado, criando uma situação absurda, pois, ao receber a carga, era entregue a porcentagem do investidor, que era obrigado a vendê-la ao Estado. Depois, o rei oferecia a mercadoria no mercado, que era comprada pelo mesmo investidor, mas a um preço ligeiramente mais alto do que recebera pela venda, além de ter que pagar um imposto de 5% sobre o lote. "Legalizada" a transação, o comerciante estava livre para revender a quem quisesse.

Ainda assim, devido aos altos preços praticados no mercado, a maior parte dos lucros ficava nas mãos de estrangeiros. Não demorou muito para que Portugal se visse, mais uma vez, em dificuldades financeiras, pois, mesmo com os montantes nada desprezíveis conseguidos por esse processo, os gastos para manter a nobreza dispendiosa e parasitária, além de um sem-número de burocratas espalhados pelo reino e nas possessões da África e da Índia, exauriram facilmente os cofres públicos. Ao longo do século XVI, a Coroa foi forçada a desistir do lucrativo processo de intermediação, retribuindo os investidores com mercadorias licenciadas para venda direta no mercado, pois raramente dispunha de capital para comprá-las primeiro.

Mesmo controlando cidades estratégicas para obtenção e transporte da pimenta, foi necessário aos portugueses, além da truculência peculiar, fazer amplo uso de diplomacia para garantir um suprimento regular do produto. Quando as negociações com os fornecedores não eram satisfatórias, estes simplesmente deixavam de produzir, trazendo prejuízos ao negócio. Ao contrário, havendo entendimento mútuo, a oferta crescia sensivelmente, como ocorreu em 1514, em que o acordo fechado com o rei mercador de uma das cidades produtoras elevou a média anual de 248 toneladas de pimenta exportada para 752 toneladas, em 1517.

Outros fatores também influenciam o fluxo de remessa da pimenta para o reino, dentre eles a disponibilidade de navios para realizar o transporte, pois, além dos naufrágios, da capacidade da carga e de outros fatores relacionados, muitas embarcações eram requisitadas para permanecer no continente, dando cobertura às fortalezas ou combatendo os mouros. Como exemplo, podemos citar o caso ocorrido em 1519, ano em que houve queda da tonelagem do produto importado, apesar do reino ter enviado uma frota com nove naus. Dessas, cinco ficaram retidas na Índia, para servir de armada, uma perdeu-se em Melinde, tendo sido a tripulação trucidada, e apenas três retornaram com mercadorias.

Já em 1523, ano em que a quantidade de pimenta transportada para o reino não passou de 128 toneladas, a responsabilidade pela baixa recaiu sobre o naufrágio de uma das naus, justamente a maior delas, perdida em Moçambique. A perda foi considerada um presságio do que aconteceria nos anos seguintes, devido ao aumento sucessivo da tonelagem das embarcações. Contemporâneos hoje chegam a atribuir ao gigantismo das naus, e aos consequentes naufrágios, um dos fatores que causaram a ruína da carreira. Ainda assim, a média oficial de pimenta transportada para Portugal entre 1525 e 1530 estabilizou-se em torno de 372 toneladas.

Com a tomada de Malaca, alguns investidores preferiram aplicar o capital na rota que partia dessa cidade com destino à China, pois o rendimento imediato e seguro de 400% parecia muito mais tentador que os lucros oferecidos pela outra rota, que, apesar de muito superiores, eram incertos. Associado ao crescente interesse pela exploração da Carreira do Brasil, esse fator provocou queda no movimento de navios que percorriam o trajeto entre Goa e Lisboa. Ainda assim, o império da pimenta manteve-se forte, uma vez que o importante até então era manter alta a oferta do produto.

Abastecido o mercado, os compradores tornaram-se mais seletivos, e, em 1569, a qualidade da pimenta, ou seja, a espécie, passou a ter valor primordial no mercado europeu. Visando manter a lucratividade, D. Sebastião, rei de Portugal, decretou uma lei proibindo a construção de naus superiores a 450 toneladas, preferindo distribuir a carga em embarcações menores e assim minimizar as perdas.

Além disso, incentivou o transporte de pimenta indiana em detrimento da malagueta, por ser de melhor qualidade e maior aceitação.

Tais medidas impedindo a superlotação, aliadas ao prosseguimento da implantação de fortalezas ao longo do litoral africano oriental e ocidental, foram responsáveis pela redução do número de naufrágios. Tudo indicava que o país conseguiria recuperar a lucratividade do negócio que, ao longo de todos esses anos, havia sustentado não só o reino como todas as possessões ultramarinas. Entretanto, como veremos a seguir, um ato impensado de D. Sebastião colocou em xeque a soberania do povo lusitano, pondo a perder a base da economia e da sociedade do reino de Portugal.

O destino – e o desatino – de D. Sebastião

Com a morte do avô, D. João III, D. Sebastião foi proclamado rei em 1557, quando tinha apenas três anos de idade, ficando o governo aos cuidados de um regente. Este pouco fez para manter a alta lucratividade da Carreira da Índia, força motriz do Estado, e diante da falta de pulso do regente as Cortes forçaram a emancipação do novo rei, que assumiu o trono efetivamente aos catorze anos de idade. D. Sebastião mostrou-se preparado para governar, a despeito da pouca idade, implementando medidas que, na década de 1570, indicaram que o império da pimenta ainda permaneceria por muito tempo sustentando o reino.

Destinado a ser rei desde pequeno, a mesma educação que permitiu ao monarca tomar decisões maduras e acertadas incutiu em D. Sebastião o culto ao heroísmo militar, representado pelas cruzadas, enraizando no jovem a convicção de que Portugal tinha por missão divina salvar a cristandade da ameaça representada pelos "inimigos da fé". Imbuído de crenças religiosas, em 1572 o regente organizou uma armada para dar combate aos mouros, porém, ainda ancorada no Tejo, uma grande tempestade afortunadamente destruiu toda a frota. O que poderia ter sido considerado como mau presságio, levando-o a abandonar o projeto, teve efeito contrário, obstinando ainda mais o monarca.

Nada, nem mesmo os conselhos dos ministros da corte e dos outros nobres, conseguiu demover D. Sebastião, que, em 1574, partiu em segredo para conquistar o norte da África, deixando instruções claras para que todos os súditos pegassem em armas e o seguissem. Nobres e camponeses não se sensibilizaram com o chamado, forçando o rei a retornar a Portugal. O pretexto para a guerra veio em 1576, quando um mouro, apoiado pelos turcos, subiu ao poder em Alcácer Quibir, tornando-se o novo sultão da Turquia. Sob o argumento de que o novo soberano pretendia ameaçar a liberdade da Península Ibérica e toda a cristandade, D. Sebastião finalmente obteve apoio para sua cruzada particular.

Com vinte e quatro anos, em 1578, o monarca embarcou rumo à África com todas as forças que conseguira reunir, o que, na verdade, se resumia a dezessete mil combatentes, dentre eles cinco mil mercenários estrangeiros. Apoiado na crença de que portugueses cristãos estavam predestinados à vitória contra os "infiéis", D. Sebastião recusou-se, como em vezes anteriores, a ouvir os conselhos dos comandantes mais experientes, e, num arroubo de heroísmo tolo, afastou-se da costa provocando confronto direto com o inimigo. Numericamente muito superior às tropas portuguesas, o exército do sultão de Marrocos venceu com facilidade a batalha em Alcácer Quibir, matando metade dos soldados e aprisionando os restantes.

Tamanho desatino custou a vida de D. Sebastião, trazendo um enorme problema ligado à sucessão ao trono, pois o rei não possuía nem irmãos, nem filhos. Estudadas as possibilidades, restou empossar o tio-avô, infante D. Henrique (não confundir com D. Henrique, o Navegador), filho de D. Manuel, cardeal e inquisidor-mor do reino. Ele assumiu o trono em 1578, aos sessenta e oito anos de idade, já com a saúde bastante debilitada, vindo a falecer dois anos mais tarde. Por fazer parte do clero, o cardeal não possuía herdeiros legítimos, causando um problema ainda mais grave que o anterior, pois, pela linha sucessória, caberia a um dos netos de D. Manuel subir ao trono.

Cerco às tropas de D. Sebastião em Alcácer Quibir, no qual o rei D. Sebastião perderia a vida, deixando vago o trono de Portugal.

D. Manuel teve cinco filhos: D. João, avô de D. Sebastião; Dona Isabel, que havia casado como rei da Espanha; D. Luís, que não tivera filhos legítimos; D. Henrique e D. Duarte, todos já falecidos na época. Dessa forma, os possíveis herdeiros ao trono português eram: D. Felipe II, filho de Dona Isabel e rei da Espanha; D. Antônio, Prior do Crato, filho bastardo de D. Luís com uma cristã nova, nome dado aos judeus convertidos ao cristianismo; e Dona Catarina, duquesa de Bragança, filha de D. Duarte. No entanto, do ponto de vista da época, todos os pretendentes traziam problemas que os desqualificavam ao trono: D. Felipe II, por ser rei da Espanha, representava o perigo de Portugal voltar a ser de domínio espanhol; D. Antônio, por ser de ascendência judia, não seria aceito como rei pela nobreza de sangue; e Dona Catarina, simplesmente por ser mulher, não era considerada apta para governar a nação.

A questão dividiu o país. De um lado, a nobreza e a alta burguesia, apoiando o nome de D. Henrique para a sucessão; de outro, camponeses, pescadores, pequenos comerciantes, artesãos da cidade e toda a sorte de gente humilde defendiam a continuidade da soberania portuguesa, apoiando Dona Catarina e, particularmente, D. Antônio, que representava a esperança de reformas sociais. Explica-se a escolha da nobreza e da alta burguesia pelo domínio espanhol por motivos práticos e de ordem muito particular: para os nobres, representava a manutenção do atual *status quo*, além de, possivelmente, afastar o perigo de revolta popular.

Com relação aos grandes burgueses da Península Ibérica, unir-se à Espanha oferecia excelente oportunidade de negócios, pois traria a abertura da fronteira terrestre entre Portugal e o território espanhol, possibilitando trânsito livre para outros mercados. Além disso, a poderosa frota naval espanhola daria cobertura ao vantajoso comércio com o Oriente e o Brasil, e, melhor de tudo, havia a expectativa de acessar as ricas regiões fornecedoras de prata na América Central.

Contando com o apoio popular, e, portanto, da maioria, assim que D. Henrique morreu, D. Antônio entrou em Lisboa aclamado rei pelos citadinos, provocando a fuga dos nobres, que consideraram o episódio como um levante popular. Aproveitando a situação, D. Felipe II invadiu Portugal com tropas armadas, não enfrentando qualquer tipo de resistência. D. Antônio ainda tentou expulsar os invasores apelando àqueles que o haviam defendido, mas tudo o que conseguiu foi um exército de escravos, dispostos a lutar pela promessa de alforria, e de criminosos comuns, libertos da cadeia para esse fim. Derrotado, o prior foi obrigado a fugir do país em 1581, buscando apoio junto à França e à Inglaterra, tradicionais inimigos da Espanha.

Aclamado pela nobreza e pela alta burguesia, D. Felipe II tornou-se rei de Portugal nas Cortes reunidas em Tomar, em abril de 1581, formando assim a União Ibérica.

Com isso, a Inglaterra se viu no direito de estender os ataques também aos navios portugueses, fato que, entre 1580 e 1640, foi o maior responsável pelos naufrágios da Carreira da Índia, intensificados mais tarde pelas investidas dos holandeses. É verdade que com relação ao comércio da pimenta nem tudo corria bem antes da União, mas D. Sebastião ao menos demonstrara vontade política de solucionar certos problemas, tendo conseguido manter o lucro bruto da Coroa de 700% sobre a intermediação do produto. Mas, com a perda da soberania lusa, ingleses encontraram o pretexto ideal para atacar os cobiçados navios mercantes, o que acabou por desestruturar a Carreira da Índia.

O começo do fim

Outras graves questões, que já pareciam ter sido sanadas, voltaram a provocar grandes perdas no comércio da rota, como o excesso de carga e de gente a bordo dos navios, levando à prática comum do contrabando. Suspensa a ordem de D. Sebastião, restringindo o tamanho das naus, estas voltaram a ser armadas com dimensões desproporcionais, enquanto o reparo da frota existente foi praticamente abandonado. Enormes, os novos navios eram construídos de forma descuidada por profissionais pouco qualificados, e, postas em combate, não ofereciam defesa, devido sobretudo ao gigantismo, que dificultava a capacidade de manobra; à superlotação; à pouca artilharia disponível e também ao desgaste, decorrente da falta de manutenção.

As perdas constantes de embarcações, provocadas pela superlotação e pela falta de manutenção, contribuíram para o declínio da outrora milionária Carreira da Índia.

Ao apoiarem a subida do rei espanhol ao trono português, nobres e grandes burgueses sabiam que, a partir de então, as naus seriam assediadas por corsários e piratas, em especial pelos ingleses, mas tinham a esperança de que a poderosa armada espanhola protegesse as embarcações. Isso ocorreu, de fato, com os navios da rota para o Brasil, que foi abertamente incrementada, entretanto, ao contrário do esperado, as naus com destino ao Oriente nunca mais contaram com escolta, servindo a presença dos espanhóis apenas para intimidar um pouco a ação dos piratas, que poderia ter sido ainda mais intensa.

Mesmo essa extremamente reduzida garantia de segurança desapareceu em 1588, quando Felipe II tentou conquistar os ingleses. Composta por cerca de duzentos navios de guerra, dentre eles trinta e uma embarcações portuguesas de alto bordo, transportando mais de vinte mil soldados, além de dez mil marinheiros, a frota partiu em direção à Inglaterra, buscando unir-se à outra que sairia de Flandres sob o comando do duque de Parma. Porém, apesar de considerada invencível, a armada apresentava uma série de deficiências técnicas, além de faltarem homens e, dentre os disponíveis, vários esquadrões estavam mal equipados. Acima de tudo, a estratégia fora mal elaborada, não levando em consideração a topografia costeira do canal da Mancha, que impedia que os galeões dessem cobertura ao desembarque dos soldados, feito em barcaças, tornando-os vulneráveis ao ataque inimigo.

Vencidos por uma grande tempestade de verão, dos duzentos navios que partiram, apenas cinquenta e três foram vistos novamente. O naufrágio da armada destruiu qualquer esperança que porventura os portugueses ainda alimentassem de serem socorridos pelos espanhóis. Mais que isso, eliminada a ameaça dos castelhanos, os oceanos estavam, a partir de então, definitivamente entregues aos aventureiros ingleses, aos corsários e aos piratas. Os efeitos disso não tardaram a aparecer: na década de 1570, com os implementos de D. Sebastião, as perdas por naufrágio estabilizaram-se em 10%, índice razoável para o empreendimento.

No entanto, com as mudanças e desastres, na década de 1590 os piratas levaram a pique 43,64% dos navios mercantes lusos, aumentando enormemente as perdas tanto de mercadorias quanto de vidas humanas. No início do século XVI, tentando conter a sangria, as naus voltaram a ser escoltadas por embarcações menores e mais ágeis, mas, ainda assim, 41,89% dos navios foram perdidos. Essa quantidade é ainda maior que a da década anterior, se levarmos em consideração que nesses anos posteriores havia mais navios circulando na rota, e os sucessivos prejuízos entre os anos de 1590 a 1609 levaram muitos mercadores italianos à falência.

O dramaturgo William Shakespeare, contemporâneo ao processo, retratou na peça *O mercador de Veneza*, escrita em 1596, as inquietações que atormentavam até os aplicadores mais ricos, que, atraídos pelos lucros de 700%, arriscavam investir na rota, mesmo sabendo que o risco de perda total era em torno de 40%. O trecho seguinte, extraído da obra, ilustra a paranoia e a incerteza em que viviam esses mercadores:

> Meu sopro, ao esfriar minha sopa, produzir-me-ia uma febre, quando me surgisse o pensamento dos danos que um ciclone poderia fazer no mar. Não me atreveria a ver escoar-se a areia da ampulheta, sem pensar nos baixios e nos bancos de areia, sem ver meu rico Santo André encalhado e inclinando o grande mastro abaixo dos costados, para beijar seu sepulcro. Se fosse à igreja, não poderia contemplar o santo edifício de pedra sem pensar imediatamente nos escolhos perigosos, que bastariam tocar o flanco de minha formosa nave para dispersar minhas especiarias pelo oceano, vestindo as ondas bramantes com minhas sedas; e, numa palavra, sem pensar que eu, agora opulento, posso ficar reduzido a nada num instante? (William Shakespeare. *O mercador de Veneza*. In: *Obra Completa*. Rio de Janeiro, Nova Aguiar, 1995.

Riscos tão elevados, apesar dos lucros, causaram a debandada de investidores, que optavam pela Carreira do Brasil, menos lucrativa, contudo mais segura, decretando o que parecia ser o fim da rota do oriente. Numa atitude desesperada, em 1613 os portugueses decidiram tomar à força a pimenta dos indianos, vendendo o produto na Europa por um preço irrisório mas, ainda assim, obtendo lucro de 3.200%, mediante o custo zero da mercadoria. A competição desleal eliminou da Europa a concorrência com a pimenta importada pelas cidades italianas, de qualidade e preços muito superiores, atraindo, com isso, alguns mercadores italianos dispostos a apostar tudo o que possuíam.

Tentativa de salvamento de um galeão afundado na Carreira das Índias: os inúmeros riscos logo afugentariam os grandes investidores.

Nos anos seguintes, constantemente ameaçados de ter a produção tomada pelos portugueses, os indianos concordaram em praticar preços bem abaixo do mercado, vantagem que os lusos não repassaram na Europa, o que, em 1614, elevou a margem de lucro para 1.900%. Mas a estratégia durou pouco; nos dois anos seguintes houve queda de preço no mercado europeu, reduzindo os lucros para respectivamente 67% e 900%, cotações que não pararam mais de oscilar. Em 1620 os portugueses voltaram a saquear a pimenta produzida nas regiões da Índia por eles controladas e graças a uma série de outros fatores concomitantes, naquele ano foi verificado um lucro bruto de 24.000%, valor extraordinário, nunca visto anteriormente.

Depois da pilhagem praticada pelos lusos em 1622, não foi mais possível recorrer a esse expediente. Com a chegada de ingleses e holandeses no Índico, Portugal perdeu várias possessões para os adversários, que, entre outras coisas, apoiaram os nativos na luta contra os lusos. A partir de 1623, os ingleses suspenderam os ataques aos navios mercantes portugueses; entretanto, piratas holandeses continuaram assediando as embarcações durante toda a década de 1620, contribuindo para aumentar mais uma vez o risco de perdas. Ataques bem-sucedidos de piratas, dessa vez orientais, também comprometiam a lucratividade de outra rota, a que ia da Índia até a China.

Generalizado o problema das perdas, que compreendia a Carreira da Índia, as possessões na África e na Índia e agora também a Carreira de Malaca até Macau, escassearam os mercadores estrangeiros dispostos a aportar recursos no comércio das especiarias, preferindo unirem-se àqueles que já há algum tempo apostavam na rota do Brasil. Esta, apesar de também sofrer o ataque de piratas, ainda mostrava-se mais segura e de retorno financeiro mais rápido, embora com lucratividade inferior.

Para se ter uma ideia do tempo necessário para o retorno do capital aplicado em pimenta, a média do tempo transcorrido numa viagem bem-sucedida era de dois anos, entre a ida e a volta. Contudo, depois de instalada a crise na carreira, nem sempre o produto era entregue prontamente ao investidor assim que o navio aportava. Lisboa ainda detinha o monopólio sobre o comércio, assim, com a escassez de recursos vivida desde o estabelecimento da União Ibérica, tornou-se praxe restituir capital ao investidor em suaves prestações mensais fixas, distendendo consideravelmente o prazo de retorno.

Tantos reveses e dificuldades desestimularam de uma vez por todas os investimentos no negócio, decretando o declínio irreversível da poderosa Carreira da Índia. Percebendo que o feitiço virara-se contra o feiticeiro, nobreza e alta burguesia, que antes aclamaram a subida de D. Felipe II ao trono, iniciaram uma guerra contra a Espanha em 1640, apoiados pela Inglaterra.

Na verdade, o interesse daquele país pela destituição do rei espanhol não era novidade. Já em 1589, tropas inglesas desembarcaram em Peniche, ao norte de Lisboa, tendo à frente D. Antônio, que, erroneamente, esperava obter apoio da população local para empreender uma revolta. Contudo, chegando à capital, foi expulso pelos próprios compatriotas, dando origem à expressão "amigos de Peniche", ainda hoje fortemente empregada como sinônimo de traição.

Foi preciso que o reino perdesse parte da África e do Brasil, e ainda várias possessões na Índia, além de desmantelar a generosa rota que sustentava a nação, para que nobreza e alta burguesia se dessem conta de que era preciso tomar a frente da batalha e restituir a soberania portuguesa. A revolta de 1637, quando o neto de Dona Catarina, duquesa de Bragança, foi aclamado rei de Portugal, recebendo o título de D. João IV, serviu de estopim para a luta generalizada contra os castelhanos, que culminou, em 1640, com a restauração da monarquia portuguesa. Expulsos os espanhóis, o novo governo assinou, em 1641, um tratado de paz com os holandeses, e outro, em 1642, com os ingleses, buscando com isso cessar os constantes ataques aos navios mercantes.

O tratado funcionou com relação aos ingleses. Contudo, as hostilidades entre portugueses e holandeses continuaram por mais tempo, e, apesar do acordo de paz de 1641 ter sido ratificado um ano mais tarde, só entrou em vigor na Ásia em novembro de 1644. Rompida a União Ibérica, foram afastados também os piratas, causa notória da maioria dos naufrágios, mas era tarde demais. Mesmo com a queda vertiginosa das perdas, que estacionaram em torno de 11,90%, a Carreira da Índia estava irremediavelmente perdida, transferindo sua antiga importância para a nova rota emergente. Não só aplicadores, mas também marinheiros, aventureiros e toda sorte de voluntários haviam migrado para a Carreira do Brasil, dispostos a servirem tanto no mar quanto na terra.

A falência da Carreira da Índia

Ao assumir o trono, D. João IV deparou-se com uma frota naval sucateada pelos longos anos de domínio espanhol. No episódio do grande naufrágio de 1588, muitas naus se perderam; outras tantas sucumbiram na rota para o Oriente, dado o descaso com a segurança. Contudo, o mais preocupante é que já não havia nem madeira nem profissionais qualificados disponíveis para a criação de uma nova frota militar e mercante a curto e médio prazos. Não existe registro de quantos navios compunham a frota antes e durante a União Ibérica, mas sabe-se que era bastante numerosa.

Além das embarcações integradas à Carreira da Índia e à rota do Brasil, havia uma armada patrulhando a costa portuguesa; uma estacionada no arquipélago dos Açores; outra na Índia; inúmeros navios ligando o reino às ilhas atlânticas; e muitos outros servindo ao tráfico de escravos da África para as diversas possessões ultramarinas de Portugal e Espanha. Acredita-se que, clandestinamente, os escravos negros também eram levados para a América do Norte e para as colônias francesas e inglesas nas ilhas do Caribe.

Todavia, quando os espanhóis foram expulsos, D. Felipe II levou consigo as numerosas armadas que tinham sido construídas em Goa e em Lisboa, tanto as pertencentes à Coroa quanto as de particulares, que estavam ancoradas nos portos portugueses ou ao alcance dos castelhanos. Apesar de muitos navios particulares terem escapado do confisco, sobretudo os que estavam na Índia ou no Brasil, oficialmente D. João IV encontrou apenas onze embarcações disponíveis: as naus S. Baltazar e S. Pantaleão, esta ultima desartilhada; Santa Margarida, S. Pedro, Santo André e Santo Antônio, confiscadas dos franceses; os galeões S. Bento, Santo Milagre e S. Nicolau; e mais duas urcas tomadas dos holandeses.

Havia outro problema, representado pela absoluta falta de tripulantes, qualificados ou não, para as embarcações. O mínimo requerido para pôr em marcha a reduzida frota somava 803 mareantes, divididos entre oficiais, marinheiros, grumetes e pajens, entretanto só foi possível recrutar 418, na maioria crianças e adolescentes. Diante dessa situação crítica, foi preciso optar entre a oscilante rota para o Oriente e a do Brasil, que naquele momento apresentava-se muito mais vantajosa. Somam-se a isso os holandeses, que nos dois lados do mundo procuraram eliminar de vez a presença dos portugueses. Considerados prós e contras, D. João IV, o primeiro rei da dinastia de Bragança, decidiu-se por Pernambuco, na época a região mais próspera do Brasil, que apesar de já estar ocupada por holandeses, oferecia mais atrativos que todo o Estado da Índia.

Nas palavras do novo rei, o Brasil era a "vaca leiteira" de Portugal, e ele não escondia o interesse de livrar-se de uma vez por todas da Índia portuguesa, que trazia muito mais problemas do que soluções. Mas a questão não era tão simples assim, o reino, além de ter de encontrar uma forma digna de liberar-se das possessões, segundo a ética da nobreza reinante, não podia abandonar à própria sorte alguns nobres que ainda se encontravam intimamente ligados à região. Além desses fatores, havia também a questão econômica, pois, apesar do trono ter sido restaurado logo no começo da luta, a guerra pela independência de Portugal durou de 1640 até 1668, consumindo todos os recursos de que o Estado dispunha. Assim, o monarca não se via à vontade para dispensar qualquer fonte de renda adicional, por mais penosa e improvável que fosse.

Outro elemento de grande importância foi responsável pela sobrevida da Carreira da Índia: "a incapacidade congênita [de D. João IV] para tomar decisões", mantendo "todas as suas opções em aberto até o último minuto", segundo observou Charles Ralph Boxer em *A Índia portuguesa em meados do século XVII*. Por isso, apesar de logo no início o rei ter optado por desistir da Carreira da Índia, demonstrou ser extremamente sensível às pressões, continuando a enviar anualmente para a região todas as embarcações e homens que conseguia recrutar para esse fim, desde que isso não prejudicasse demais a Carreira do Brasil.

Em 1640, a Coroa chegou a ponto de legislar para evitar o esvaziamento completo da rota, desde há muito abandonada por investidores estrangeiros e trabalhadores voluntários, fazendo valer como lei a sugestão que o almirante João Pereira Corte Leal dera vinte anos antes: limitar o tamanho das embarcações, obrigando os estaleiros do reino de Goa a construírem naus de no máximo três cobertas em vez das quatro comumente usadas. Com isso, procurava-se diminuir o número necessário de tripulantes a bordo, sendo possível, já nessa década, manter a quantidade de navios circulando na rota nos mesmos patamares da década anterior, quando então quarenta embarcações ligavam Portugal à Índia.

Não obstante todos os esforços empreendidos, o número de naufrágios voltou a aumentar, chegando a 22,50%, recaindo a responsabilidade sobre a imperícia dos tripulantes, desde os mais simples até pilotos e capitães. Como fatores determinantes, devem ser levados em consideração também antigos problemas estruturais anteriormente mencionados, como a baixa qualidade das embarcações, a falta de manutenção, o excesso de carga devido ao contrabando, a antiguidade da frota, o assédio de piratas holandeses, entre tantos outros. A situação ficou mesmo insustentável quando, não bastassem os inimigos estrangeiros, Goa e Macau foram dilaceradas por lutas civis entre os próprios portugueses, opondo leigos e eclesiásticos numa batalha sangrenta.

Em 1646, o governador da Cidade do Nome de Deus, na China, foi assassinado por uma multidão enfurecida; em 1653, uma revolução palaciana destituiu o conde de Óbidos, vice-rei da Índia, mas dessa vez sem derramamento de sangue. Tais acontecimentos serviram para reforçar a ideia, já profundamente arraigada em Portugal, de que a Carreira da Índia, e tudo o mais que ela envolvia, era um abismo sem fim onde não cessavam de desaparecer dinheiro e gente. Um episódio envolvendo Richard Flecknoe, padre inglês da Igreja Romana, poeta e músico protegido de D. João IV, que viveu na corte portuguesa entre 1640 e 1656, ilustra significativamente como os contemporâneos reagiam à ideia de embarcar para a Índia.

Retornando do Brasil em 1650, onde flutuando a bordo de um navio português tinha conhecido a bela cidade do Rio de Janeiro, Flecknoe foi convidado por João da Silva Tello de Meneses, conde de Aveiras e novo vice-rei da Índia, a embarcarem juntos com destino àquelas paragens, oferta prontamente recusada pelo inglês. Anos mais tarde, Flecknoe explicou suas razões em *A Relation of Ten Years Travels*, livro impresso em Londres em 1656:

> Nem um barco português em cada três regressava ileso da viagem[,] enquanto nem um em cada dez dos holandeses alguma vez falha, sendo a passagem do cabo da Boa Esperança apenas perigosa em algumas épocas do ano, que eles [portugueses] nunca [evitavam] (segundo a sua própria confissão), [por serem] homens tão imprudentes ou marinheiros tão ruins que [...] não [...] [sabiam] programar as suas viagens [...] [e muito menos] aparelhar os seus navios.

Na década de 1650, a decadência da rota tornou-se ainda mais evidente quando, durante todo o período, apenas 34 naus circularam pelo trajeto, número insignificante se comparado com o auge do comércio ou mesmo em relação ao movimento de embarcações na rota do Brasil na mesma época. Não só aos frutos da Terra de Santa Cruz deve-se a redução ainda maior do fluxo em direção ao Oriente, a mudança do governo português importou bastante nessa decisão. Com a morte de D. João IV, em 1656, a viúva, Dona Luísa de Gusmão, espanhola de nascimento, assumiu o trono como regente, em nome do filho D. Afonso VI, então com treze anos, que sofria de espasmos e era considerado como provável deficiente mental.

De caráter mais enérgico que o ultracauteloso marido, a rainha regente não tinha dúvidas quanto a que decisões tomar, entretanto, devido às condições desfavoráveis de ser mulher e estrangeira, precisou usar de muita cautela para cultivar a boa vontade da alta nobreza, cujo apoio era essencial para garantir o trono a D. Afonso. Isso não a impediu, no entanto, de favorecer abertamente a Carreira do Brasil em detrimento da Índia. Apesar da necessidade de continuar a atender a parcela mais conservadora da nobreza, enviando navios para aqueles lados, ainda que esporadicamente, foi tamanho o descaso da rainha com relação às possessões orientais que, em 1659, Dona Luísa confidenciou ao embaixador francês em Portugal ter chegado a ficar três anos sem receber notícias daquelas colônias, fato que, para ela, não teve a menor importância.

Uma vista de Macau, a colônia portuguesa na costa da China: na segunda metade do século XVII, a decadência da rota ficaria evidente com a diminuição no envio de naus à Carreira da Índia.

A mudança de comando explica, ainda que parcialmente, a completa falta de interesse em se retomar a antiga rota, mesmo quando o índice de naufrágios caiu para 8,82%, enquanto na Carreira do Brasil, pela mesma época, as perdas alcançavam 23,98%. Investidores, voluntários e a própria Coroa finalmente perceberam, acertadamente, a impossibilidade de manter um império ultramarino tão vasto, dividido por enormes distâncias. Mesmo com a maioridade de D. Afonso VI, em 1660, o poder continuou indiretamente nas mãos da rainha, prevalecendo a iniciativa de reduzir até o fim as embarcações da rota oriental. Com isso, o movimento despencou para dezenove navios no período todo, o que reflete a média de apenas um ou dois navios enviados a cada ano.

Essa política, em conjunto com outros fatores, foi responsável pela deposição de D. Afonso VI em 1667, mediante o golpe que levou D. Pedro II ao poder. Diante da fuga de homens livres ao trabalho no Oriente, o novo governante se viu obrigado a reutilizar a antiga técnica de enviar degredados, tanto para tripular os navios como para servir nas fortalezas, numa tentativa de manter o que restava do império decadente. Tal iniciativa serviu para afugentar ainda mais os possíveis candidatos, pois o ambiente interno às fortalezas tornou-se intolerável, situação agravada pelo aumento de naufrágios, decorrente da falta de capacitação dos tripulantes.

Simultaneamente, o maior perigo a rondar as naus do Oriente, representado pelos piratas holandeses, foi afastado devido ao acordo de paz, dessa vez definitivo, firmado entre Portugal e Holanda. Na década de 1660, o índice de perdas estabilizou-se em torno de 10,53%, bastante alto se comparado ao da rota do Brasil no mesmo período, selando o destino da carreira indiana como definitivamente de menor importância dentro da talassocracia lusitana. No Oriente, anos de contratempos e a falta de recursos humanos e financeiros para a defesa do território fizeram com que, das 24 fortalezas existentes em 1640, restassem apenas 17 quando o conde de São Vicente, novo vice-rei de Goa, assumiu o cargo em 1666.

Na contingência de ceder às pressões daqueles que o haviam ajudado no golpe, D. João II se viu obrigado a incrementar, ao menos parcialmente, o fluxo de embarcações da rota, conseguindo elevar para 29 o número de navios em circulação na década de 1670. Esse período foi beneficiado com a redução das perdas para 6,9%, número ainda elevado perante as inovações técnicas das embarcações, da ausência de piratas e, particularmente, quando comparado às outras rotas portuguesas e estrangeiras.

Assim, as possessões orientais foram mantidas, apesar de já não possuírem utilidade estratégica, trazendo à Coroa mais prejuízos que benefícios, pois a Ásia começava a ser partilhada por ingleses, holandeses e franceses, encarecendo ainda mais a proteção do território. Os que continuavam a defender a manutenção da rota, em detrimento de todas as posições em contrário, eram justamente aqueles nobres que permaneciam lucrando individualmente com a intermediação de especiarias e artigos de luxo provenientes da região.

Novas iniciativas voltaram a alterar o cenário quando, em 1683, o plantio de canela e pimenta foi introduzido com sucesso no Brasil, obtendo ótimos resultados em vários trechos do litoral, com destaque maior para o interior da Bahia. Tanto que, em 1690, o provedor de uma das fazendas produtoras mandava informar ao rei que em apenas sete anos as oito mudas plantadas haviam se multiplicado em mais de quatro mil pés de canela e pimenta, somente na Bahia. Tornou-se inútil a manutenção de feitorias e fortalezas na Índia, pois não havia mais necessidade de controlar as zonas produtoras, muito menos de importar as especiarias de local tão distante.

Elementos na nobreza ainda envolvidos com o comércio desses produtos migraram os investimentos para o Brasil, permanecendo no Oriente os que tinham interesse por seda e porcelana, especialmente as importadas da China. Mas para tanto era preciso manter somente a possessão de duas cidades na Ásia, Goa e Macau, além de Timor, as únicas que continuaram ligadas a Portugal por via marítima. Esses três entrepostos comerciais localizados no Índico justificaram a sobrevivência da Carreira da Índia por mais alguns anos. Nas décadas de 1680 e 1690, 19 e 27 embarcações, respectivamente, fizeram a ligação entre esses pontos, e, apesar do retorno ser insignificante dos pontos de vista social e econômico, a Carreira da Índia manteve-se até 1822, tendo sido, inclusive, revitalizada em 1822, diante da independência do Brasil.

Como bem observou Willem Bosnam, autor da clássica descrição da Guiné no fim do século XVII, o "papel dos descobridores e conquistadores portugueses no mundo colonial foi o de lançarem cães para espantarem a caça que foi depois apanhada por outros". Essa postura ficou clara desde a primeira guerra entre ingleses e holandeses, travada de 1652 a 1654, em que o que estava em disputa eram espólios das possessões portuguesas na Ásia.

Os holandeses foram os primeiros a serem beneficiados com as conquistas portuguesas, que abriram caminho dentro do continente; em seguida vieram os ingleses, apoderando-se da maior parte do que pertencera ao império marítimo português. Assim terminava o domínio dos poderosos e temidos portugueses sobre a Ásia, que, apesar dos tantos percalços, venceram obstáculos considerados intransponíveis, para, com inegável coragem e empreendedorismo, ampliar definitivamente as fronteiras do mundo conhecido.

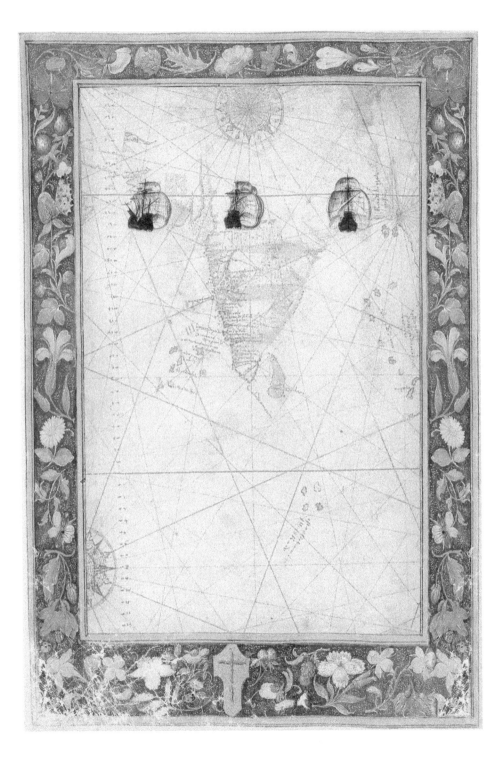

Mapa do Brasil, datado de 1586, onde se vê a divisão do território em Capitanias Hereditárias.

A Carreira do Brasil
e a primazia do açúcar

O Novo Mundo: o paraíso ou o inferno na terra?

Na época em que os portugueses chegaram ao Brasil, a Europa vivia imersa na dicotomia entre céu e inferno. O velho continente estava dividido num universo maniqueísta onde tudo, necessariamente, era separado entre bem e mal, não havendo nenhum espaço para a aceitação das diferenças. Assim, diante do "descobrimento" de novas terras habitadas por povos desnudos e pagãos, os europeus se sentiram diante de uma ameaça contra a qual era preciso lutar, até converter os habitantes do chamado Novo Mundo aos conceitos cristãos de "mundo civilizado".

Porém, quando surgiu a necessidade política e econômica de conquistar e colonizar tais terras, os mapas produzidos com detalhes do Novo Mundo passaram a salientar o exotismo da sua fauna e flora, chamando a atenção também para riquezas minerais como o ouro, a fim de que a cobiça atraísse a atenção de possíveis aventureiros. Mas mesmo fazendo uso de imagens opulentas, conquistar voluntários para a colonização não era tarefa simples. Os que se dispunham a deixar o reino preferiam ir em direção à Índia ou à África, locais que, apesar do exotismo, eram relativamente conhecidos dos europeus há séculos, ainda que apenas por meio de lendas e relatos. Era preciso alterar, portanto, e de modo radical, a imagem que popularmente se fazia das terras de além-mar, que o senso comum acreditava povoadas por seres maravilhosos e monstros sanguinários.

Monstros marinhos e marés impetuosas devoram as embarcações que se aventuram ao oceano, segundo gravura de 1539.

Dessa forma, cronistas e viajantes foram encarregados de descrever o Brasil – a então Terra de Santa Cruz – ressaltando a beleza da mata, a riqueza das cores encontradas na fauna e na flora nativas, a abundância de água e de alimentos. Aos cartógrafos, que somente a partir de 1502 adotaram o nome de Brasil em lugar de Terra de Santa Cruz, coube ilustrar mapas e livros com alegorias e estampas abundantes em cores e detalhes, procurando abertamente identificar o lugar com o próprio paraíso.

Entretanto, tais descrições não passaram ilesas ao maniqueísmo cristão, e, em alguns mapas e representações, o Novo Mundo podia ser igualmente associado ao inferno, até mesmo em alegorias encontradas em manuais técnicos, destinados a pilotos formados e, em tese, mais esclarecidos. Um exemplo disso pode ser encontrado no frontispício do manuscrito de Manuel Gaspar, datado de 1594, destinado a orientar oficiais portugueses no mar. Nesse documento vemos representado, logo no topo da página, o rosto de um homem barbado com grandes chifres atados à cabeça por um laço cruzado, enquanto dois querubins sopram-lhe aos ouvidos os desígnios contidos em pergaminhos. O querubim da direita tem ao lado uma pena; o da esquerda traz um ramo vegetal. Ao pé da página, vemos um carneiro, simbolizando o Cordeiro de Deus.

Interpretando a alegoria, temos que o Novo Mundo – designação cunhada originalmente em 1510 por Pietro Martine D'Anghiera na obra *De Orbe Novo* – estava sob a influência do demônio, ou, mais propriamente, de um Pã medieval, astuto e libidinoso. Mas poderia ser mantido perfeitamente sob controle pelos anjos celestes, cujos representantes na Terra seriam os próprios portugueses, segundo eles mesmos assim se arvoravam. Desse modo, se as terras desconhecidas, em vez de serem o propagado paraíso, fossem na verdade o inferno, cabia aos bons cristãos tutelarem o lugar, para que também lá o Cordeiro de Deus reinasse.

Em outra estampa, esta pertencente à família De Bry, cuja legenda original dizia "Magalhães penetra no Pacífico", representava-se a travessia marítima repleta de monstros e alegorias míticas atormentando o viajante solitário. Acima vemos uma figura angelical, que parece proteger e encorajar o aventureiro. Simbolicamente, está representada a predestinação portuguesa de fazer-se campeã da cristandade, levando a fé católica a todos os cantos do mundo, apesar dos riscos e assombrações enfrentados, em mais um esforço para incutir nos súditos os desígnios da Coroa.

A mensagem que circulou amplamente nas estampas dos séculos XVI e XVII era clara, mesmo para os mais humildes da época: a América podia ser tanto o inferno quanto o paraíso, dependeria apenas de levar-se ou não a fé cristã aos chamados gentios, missão destinada, particularmente, aos portugueses. Assim, no caso específico do Brasil, o estranhamento causado pelas plantas e animais encontrados, e, acima de tudo, pelos hábitos dos povos nativos, fez com que europeus decidissem que era urgente e necessário "salvar" aquela gente, moldando o território e os habitantes à imagem e semelhança da Europa.

Criaturas lendárias e monstruosas, em uma gravura da época, revelam a ideia que os europeus tinham dos habitantes do Novo Mundo.

Portanto, para os que queriam ou eram obrigados a deixar o reino, havia duas opções. De um lado, uma terra nova, onde as gentes viviam nuas, passeando entre uma paisagem idílica, mas também habitada por monstros indescritíveis e outros terrores. De outro, o Oriente, terra das cobiçadas mercadorias, da riqueza fácil, ao alcance das mãos. Era inevitável que a escolha da maioria, inicialmente, acabasse recaindo sobre a segunda opção. Mesmo com todo o empenho da Coroa, dos nobres e de todos aqueles que tinham interesses no Brasil, o apego excessivo aos referenciais transmitidos pelos clérigos, associado ao medo descontrolado do desconhecido, comprometia a imagem de paraíso, classificando assim o Novo Mundo como, no mínimo, um misto de inferno e purgatório.

O inferno revelava-se nas pessoas que viviam desnudas, nos costumes diferentes, no território inexplorado e por isso mesmo hostil, nos animais "demoníacos" que andavam livremente pela mata. O purgatório estava na condição dos portugueses exilados, deportados, obrigados a conviverem com o outro, na terra do outro. Somente na Europa era possível estar mais perto do Céu, receber diretamente a palavra divina, claramente inteligível, graças à eficiente tradução dos clérigos. Na colônia, tudo se confundia, os preceitos tornavam-se difusos, esfumaçados, quase perdidos em meio a costumes tão distintos. Mas, exatamente por isso, a América-purgatório tinha que ser convertida, condição básica para torná-la um paraíso cristão.

Índios dançam e comem nus: para os portugueses, era preciso "salvar aquela gente do pecado e das artes do demônio".

Terra de Santa Cruz, aliás, não foi um nome escolhido ao acaso, quando o usual, ao se batizar uma nova localidade era homenagear-se o santo do dia. Santa Cruz representava o ideal das cruzadas marítimas e terrestres contra os infiéis. E, também, o signo do martírio de Cristo. Pelo mesmo motivo, depois de consagrado o nome Brasil, Pero Magalhães Gândavo, no livro *História da Província de Santa Cruz*, de 1576, defendeu o retorno ao nome de Santa Cruz para designar a colônia. Como justificativa, dizia que era preciso nomear as terras, que tanto se assemelhavam ao purgatório, com o símbolo pelo qual os homens eram redimidos e livrados da tirania do demônio.

Seguindo a mesma linha, e sobretudo para suprir a carência de voluntários, o século XVI foi o período em que mais se enviaram degredados para o Brasil, a terra dos monstros e do desconhecido. Levas e levas de condenados foram despejados na colônia, sob o pretexto de serem purificados. Na época, o degredo assumia o papel de depurador do caráter moral, ao mesmo tempo em que as colônias portuguesas representavam o lugar propício para se cumprir penas, de onde era possível regressar, depois de ter todas as culpas devidamente purgadas.

Nessa época, quando ainda eram abundantes os voluntários para a Carreira da Índia, ir para o Brasil era a perdição, castigo último reservado aos inimigos da fé. Ironicamente, os que vieram para a nova colônia não só sobreviveram, apesar de muitas das primeiras povoações terem sido chacinadas, como, com o tempo, chegaram a prosperar. Enquanto isso, os aspirantes às riquezas incalculáveis da Carreira da Índia perdiam-se no oceano, em meio aos incontáveis naufrágios rumo ao Oriente, vítimas das condições miseráveis em alto-mar, do descaso da Coroa e da exploração pela nobreza.

Ocorreu então, na verdade, justamente o contrário do que se podia esperar: camponeses que migraram para a Índia, terra de abundância, com intuito de construir uma nova sociedade com maior mobilidade social, terminaram inseridos num cenário que refletia a mesma e miserável realidade vivida no reino, às vezes com mais dureza e limitações. Quanto aos infelizes degredados para o Brasil, esses sim tiveram a oportunidade de praticamente reinventar as relações sociais, renascendo e reinserindo-se na sociedade como nobres da terra.

A exemplo do que ocorreu no Oriente, na América também procurou-se reconstruir o ambiente europeu, com as mesmas relações sociais. O grande diferencial residia em que, entre a população subjugada e escravizada, composta por índios e negros, quaisquer brancos, de camponeses a assassinos, assumiram automaticamente o *status* de senhores da terra. Essa característica, típica do Novo Mundo, não só foi retratada pela iconografia da época como divulgada amplamente nas histórias que corriam o reino, relatando as imensas oportunidades oferecidas do outro lado do oceano, o que fez da América-purgatório o lugar em que qualquer um, independentemente do estamento social, ou mesmo dos crimes cometidos, poderia alcançar o paraíso.

Tudo indica que os portugueses, ao longo da convivência próxima com os índios, acabaram assimilando alguns traços dos valores e da organização social dos nativos do Brasil, em que a ascensão e o reconhecimento eram baseados no mérito pessoal e não herdada por nascimento. Situação bastante diversa da encontrada na Índia, onde o rígido e inflexível sistema de castas fazia a organização social lusitana parecer até bastante maleável, o que estimulou ainda mais a reprodução, entre os portugueses, do sistema de estamentos verificado no reino.

Em relação ao Brasil, a resistência dos voluntários foi vencida aos poucos, à medida em que as histórias de sucesso começaram a suplantar o paradigma negativo em relação ao território selvagem. No começo, quando o primeiro governador-geral do Brasil chegou à Bahia, em 1549, trouxe consigo quatrocentos degredados, escolhidos entre os párias da sociedade portuguesa, que, a partir de então, começaram a ser enviados em contingentes cada vez maiores. Eram assassinos, arruaceiros, perturbadores da ordem e ladrões. Entre as mulheres, estavam judias, prostitutas, órfãs e ciganas, pessoas consideradas da pior espécie, condenadas ao exílio, ao purgatório. Justamente esses atingiram o paraíso na colônia, tornando-se opulentos em sua maioria, reconhecidos como gente de sociedade. No reino, comentavam-se que, se criminosos conseguiam prosperar por lá, "que dirá dos homens honestos".

Assim, no final do século XVI, quando voluntários da Carreira da Índia começaram a escassear, na rota do Brasil a oferta de mão de obra tornou-se abundante. Por esse tempo, o purgatório transformara-se em paraíso, e o antigo paraíso das riquezas orientais vertera-se em inferno. Entre os portugueses, o degredo para o Brasil passou a ser considerado uma pena leve; em compensação, ser exilado na África ou na Índia equivalia à pena de morte. Durante o século XVII, o Brasil passou então a ser visto como o paraíso na terra, reputação confirmada e devidamente consolidada com o desmoronamento do império do Oriente.

Em carta escrita na Bahia, em 15 de setembro de 1560, o padre Rui de Pereira, por exemplo, afirmou que, se houvesse paraíso terreno, esse lugar era o Brasil, pois ali "não havia melancolia". Note-se que, anos antes, em 1552, o padre Simão Rodrigues escrevera ao bispo de Salvador, D. Pedro Fernandes, informando exatamente o contrário. Na carta, o Brasil era retratado como lugar onde os brancos eram pervertidos, enquanto clérigos preocupavam-se apenas em catequizar negros e índios. Exortando a experiência adquirida na Índia, o clérigo sugeria ao bispo que enviasse apenas padres mais velhos para a catequese, pois, sendo os atuais jovens e pouco experimentados, caíam facilmente em tentação. No final, Simão Rodrigues dizia rezar por força e graça, encerrando a missiva com súplicas ao superior para que o tirasse de lá.

Como atestam os relatos, a opinião dos que viviam na colônia não era unânime. Para o bispo D. Pedro Fernandes, a quem a carta citada no parágrafo anterior fora enviada, o Brasil era uma terra com grande potencial, mas também um lugar de perdição e martírio, um calvário a ser suplantado depois do qual a recompensa seria o retorno ao reino, onde realmente era possível estar próximo ao paraíso.

Relatos de clérigos e viajantes que passaram pelas novas terras foram os grandes responsáveis pela construção da imagem de purgatório, tão difundida no século XVI. Tanto que, mesmo pessoas que nunca estiveram no Brasil, confirmavam veementemente ser aquele um lugar de martírio e provações. É o caso do padre Diego Laynes, em carta escrita em Roma, em 1º de dezembro de 1558, dirigida a seus pares, em que exaltava o trabalho da Companhia de Jesus na América. Segundo o autor da carta, era um privilégio atuar na conversão dos gentios, uma vez que as provações a que estavam sujeitos os doutrinadores eram similares àquelas vividas pelos apóstolos de Cristo. Ir para a América, do ponto de vista do clero, era uma forma do religioso envolvido com a conversão dos nativos purificar a própria alma.

Carijós, tupinambás e potiguares

Estima-se que quando os portugueses chegaram, o território posteriormente chamado Brasil possuía cerca de dois ou três milhões de habitantes, isso apenas na faixa litorânea, divididos em três grandes grupos. Os carijós, também chamados guaranis, viviam nas proximidades, e também ao sul, da capitania de São Vicente. Os tupis ou tupinambás ocupavam a região do atual estado do Rio de Janeiro e a costa do Nordeste, entre o rio São Francisco e o atual Rio Grande do Norte, além do território entre a foz do Amazonas e a ilha de São Luís. O restante do litoral, onde encontra-se hoje o estado do Rio Grande do Norte, era ocupado por grupos de poderosos guerreiros, chamados potiguares. Grupos menores, os caetés e os tabajaras, vivam no atual estado de Pernambuco.

Embora exista grande confusão quanto à real localização de cada grande ramo indígena no território durante os anos de 1500, há consenso entre historiadores e antropólogos em considerar a grande maioria pertencente ao grupo tupi-guarani. Independente de se tratarem de guaranis, tupinambás, tupiniquins, potiguares ou pertencentes a qualquer outro dos inúmeros grupos espalhados pelo interior da América do Sul, o fato é que a cultura, estacionada no período neolítico, era mais ou menos homogênea. Para os índios, a aldeia representava o centro do universo, a base que diferenciava uns dos outros; nela, as casas não apenas eram equidistantes entre si, como estavam à mesma distância do centro da aldeia, denotando claramente tratar-se de uma sociedade igualitária. Nessa sociedade estavam presentes diversos clãs, grupos domésticos e linhagens distintas, unidos numa relação em que as diferenças se completavam.

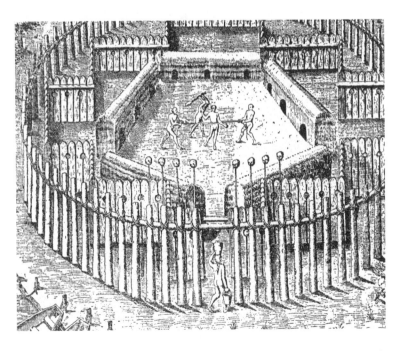

Aldeia dos índios tupinambás, com suas ocas equidistantes entre si e o centro da aldeia: uma sociedade igualitária

Com a chegada dos portugueses, o centro do universo perdeu o foco, tornando todo o resto confuso. Nas lendas nativas, preservadas e transmitidas pelos pajés, falava-se de uma terra sem males, em que todos poderiam se refugiar quando chegasse o fim do mundo. Diante de homens chegados do mar, e, portanto, de muito além dos limites conhecidos, os indígenas os receberam com reverências, mas também com desconfiança. No início, os estrangeiros foram vistos como deuses; porém, com o tempo e o convívio, foram rebaixados a demônios. Com a confusão psicológica resultante do deslocamento do universo indígena do centro da tribo para o exterior, representado pela chegada da figura do homem branco, o fim do mundo começou a parecer mais próximo do que nunca.

Diante da perspectiva da morte, os tupis passaram a situar, no interior do Brasil, o lugar de que falavam as lendas ancestrais: seria ali, bem próximo aliás, a tão sonhada terra sem mal, lugar de abundância, de descanso, da imortalidade, e, sobretudo, onde não haveria guerra nem a ameaça dos inimigos canibais. Seria aquele o destino particular dos corajosos, dos que deixavam histórias de façanhas na guerra, o lugar a ser atingido após a morte. Seguindo-se na direção oeste estaria o paraíso na terra, que poderia ser coletivamente alcançado ainda em vida. Mas na visão dos clérigos europeus, a terra em que os índios procuravam se refugiar a fim de continuarem mantendo as mesmas práticas condenadas pela Igreja só poderia ser o inferno, nunca o paraíso. Para efeitos de catequização, religiosos procuraram associar a ideia do paraíso indígena com a de paraíso cristão, confundindo os nativos ao dizer que apenas com a aceitação da nova fé seria possível alcançá-lo.

Assim, quando pajés, tidos como perfeitos feiticeiros, começaram a incitar as tribos a buscar refúgios adentrando no território, a iniciativa foi tida como prova patente de ligação com o demônio, que fugia da salvação. Mesmo com as acirradas perseguições, alguns pajés conseguiram liderar seu povo, levando populações inteiras a abandonar os territórios em busca de outras terras, da imortalidade e do descanso perpétuo. Nessa época, o padre Fernão Cardim relatou a dificuldade de se encontrar nativos na região entre São Vicente e Pernambuco, locais em que antes eles eram numerosos. Nas palavras do religioso, "quando os portugueses iam buscá-los para servirem-se deles", os que conseguiam escapar "fugiam para muito longe, não tornando a voltar".

Fugir para o interior era a melhor forma de escapar à ameaça dos invasores. Ainda assim, em apenas cinquenta anos, a população inicial de oitenta milhões foi reduzida drasticamente para quinze milhões. Além dos assassinatos, a maior causa de mortandade deveu-se ao imenso choque biológico entre europeus e silvícolas, quando as doenças transmitidas, para as quais os nativos não possuíam nenhum tipo de imunidade, dizimaram populações inteiras. Involuntariamente, a migração em massa dos índios para o norte e para oeste facilitou a penetração dos portugueses no território, outro fator a incentivar a vinda de mais colonizadores. Contrariando a imagem que se tem hoje, de um povo dócil e ingênuo apesar de forte e destemido, para os europeus do século XVI, com exceção dos jesuítas que lutaram contra a escravização, índios eram criaturas demoníacas e animalescas, e nada mais natural do que persegui-los e caçá-los como animais.

Dentre eles, os canibais, naturalmente, eram considerados os da pior espécie, tidos como predadores vorazes que em caso de fome extrema não se importavam em comer os semelhantes. Mesmo a gênese do termo canibal denota perfeitamente a imagem negativa que se fazia dos ameríndios: o termo foi criado por Colombo com base no original *caniba*, da língua arawak, palavra por sua vez derivada de *cariba*, forma como os nativos de Cuba chamavam os oponentes. Significava originalmente *ousado*, no sentido de *feroz, bárbaro*, quase sinônimo de *inimigo*.

Uma legião de demônios

Em terra era comum o imaginário europeu classificar o desconhecido como feitiçaria, obra de inumeráveis práticas tidas como magia de bruxos, que, junto a uma série de seres míticos, eram considerados indistintamente como inimigos. No mar a realidade vivida era bem diferente e muito mais propensa a ser confundida com práticas sobrenaturais. Por essa razão, a maior parte das desgraças e dos fenômenos da natureza era considerada obra do demônio. No desespero, a situação saía do controle, como o episódio ocorrido em 1554, durante o naufrágio da nau São Bento.

Demônios aparecem aos nativos: para os portugueses, o desconhecido estava associado à feitiçaria.

O desastre fora provocado por um maremoto, no entanto, quando os embarcados viram crescer uma onda muito maior que as outras, vindo a estibordo do navio, identificaram diante dela uma legião de vultos negros, representando demônios dançando em folia. Provavelmente, levando em consideração o imaginário religioso e altamente supersticioso profundamente enraizado na época, na hora em que a morte se aproximava todos a bordo viram exatamente o que queriam ver. Não encontrando explicações para aquilo que o limitado referencial cultural lhes permitia compreender, homens e mulheres da época adequavam o observado ao que mais se aproximava daquilo que eles conheciam e podiam decodificar, mesmo que para isso fosse preciso recorrer a um mundo inteiramente imaginário.

Mergulhados nesse universo mítico e conturbado, os que chegaram ao Brasil no início do século XVI encontraram na América uma realidade inteiramente diversa de tudo aquilo que conheciam até então, para a qual não possuíam referências. Diante da incompreensão do outro, a primeira atitude foi readequar o observado segundo parâmetros da cultura europeia. Crenças populares, junto com todo o folclore português, foram trazidas a reboque para a América. Os mesmos seres míticos que povoavam o universo mental dos europeus pouco esclarecidos foram retratados na literatura e na iconografia sobre o Novo Mundo.

Apesar da imensa maioria dos europeus não acreditar que o diabo fosse capaz de estender sua influência tão longe, legiões de demônios foram transpostas para a Terra de Santa Cruz, especialmente trazidas pelos marinheiros. Talvez por esse mesmo motivo um século mais tarde, no início de 1600, o Brasil foi tido como o lugar de degredo por excelência das feiticeiras lusitanas, como demonstra o fato de dezesseis portuguesas condenadas por feitiçaria terem sido exiladas em terras brasileiras.

Sempre relacionado à sexualidade, o demônio pôde ser facilmente identificado entre os índios que caminhavam nus, facilitando a associação com o maléfico e, portanto, com o inimigo. Segundo a crença europeia, nos *Sabbats*, a missa negra das bruxas, as participantes ficavam despidas, mantinham relações sexuais com o demônio e banqueteavam-se com carne humana. Tudo muito parecido, segundo os europeus da época, com as supostas práticas indígenas.

Com base no *Malleus Maleficarum* documento escrito pelos beneditinos Heinrich Kramer e James Sprenger, publicado com o aval da bula do papa Inocêncio VIII, de 8 de dezembro de 1484 e amplamente utilizado pela Inquisição nos mais diversos países acreditava-se que entre os pagãos os espíritos do mal agiam como se tivessem uma espécie de domínio legítimo sobre eles. Obviamente essa e outras afirmações não passavam de criações dos autores tendo por referência crenças populares, mas, naquele tempo, serviam como indício de que, sendo os indígenas notadamente pagãos, a influência do mal sobre eles deveria ser bem grande.

Textos da época chamavam os índios de gentios, termo que originalmente se referia a todas as nações que não eram hebreias (do latim, *gens*). Eram os povos pagãos, ou seja, não convertidos ao cristianismo. Por associação, os ameríndios deveriam ser os povos gentios descritos na Bíblia, e, portanto, precisavam ser convertidos. Nessa ótica, ser índio era melhor que ser herege ou infiel, como eram considerados judeus e mouros, uma vez que o "pecado" atribuído aos gentios consistia em desconhecer a doutrina cristã.

Semelhante associação era necessária para justificar o esforço da catequese, ainda mais premente na vigência de bruxaria, "crime" também muito comum entre os índios, como informaram os religiosos que estiveram na colônia. Em 1550, por exemplo, o padre João de Azpilcueta relata em carta o horror que sentiu ao presenciar seis ou sete indígenas idosas dançando em volta de uma panela enquanto atiçavam o fogo "como demônios no inferno". Identificadas com feiticeiras europeias, as índias eram acusadas de instigar o sexo com sua nudez atiçando, em especial, a libido dos religiosos sendo também creditada a elas a culpa por induzir os homens ao canibalismo, acusações decorrentes do estereótipo feminino em vigor da Europa daqueles dias, em que a mulher era agente do mau por excelência, legítima seguidora de Satã, ao lado de idólatras, judeus e muçulmanos.

Europeus atacam tribo indígena: como era impossível sujeitar os índios à escravidão, optou-se pela extinção deles

Em carta escrita na Bahia, em 6 de julho de 1555, o padre Ambrósio Pires denunciava ao padre Diego Mirón, em Lisboa, a indubitável ligação das mulheres da terra com o demônio. Segundo ele, por andarem despidas, as mulheres punham a perder todos os homens, inclusive os clérigos, e em especial os mais moços, incapazes de resistirem às tentações. Na América, as ameríndias desfilando com corpos esbeltos adequavam-se com perfeição à imagem da bruxa, inserindo o canibalismo feminino no estereótipo da feiticeira encantadora, que utilizava a proximidade com o demônio para seduzir os homens. Sendo assim, podemos nos perguntar sobre o porquê de não serem simplesmente condenadas por heresia, como as europeias. A resposta encontra-se no *Maleus Maleficarum*, que define o herege como aquele que, batizado, traiu a fé. Não era, obviamente, o caso das índias que por esse motivo ficaram livres da Inquisição, mas não da associação com o demoníaco.

Prática comum na Europa, e mesmo nos dias de hoje, a demonização do adversário político foi largamente aplicada na América para facilitar a penetração lusa e a conversão forçada. Isso não significa necessariamente que tenha feito parte de uma grande estratégia cuidadosamente elaborada. Antes de tudo, foi o reflexo previsível da cultura judaico-cristã diante do inclassificável, do novo que, de alguma forma, poderia corromper estruturas ancestrais. No repúdio ao diferente, os ameríndios chegaram mesmo a ser comparados aos mouros, inimigos mortais da cristandade, como revela a carta que Pero Correia enviou de São Vicente ao irmão João Nunes Barreto, que estava na África. Na mensagem, com data de 20 de junho de 1551, os índios, chamados por ele de gentios, são descritos como parecidos com os mouros em muitos aspectos, em especial pelas "harmonias diabólicas".

Na ânsia de submeter o outro, índios foram identificados com inimigos notórios dos portugueses, ou seja, mouros e demônios. Mesmos as feições dos rostos ameríndios foram apresentadas como provas cabais da inferioridade perante os brancos e da ligação incontestável com o mal. Rituais antropofágicos foram descritos acrescidos de detalhes sangrentos, abertamente inventados com o intuito de causar horror e repulsa. Alguns europeus que presenciaram os ritos ainda tentaram reverter a falsa imagem, desmistificando o processo, mas não foram ouvidos. Cartas, relatos e iconografia com ideias equivocadas sobre o Novo Mundo acabaram, pelo menos inicialmente, afugentando a mão de obra voluntária no século XVI, em favor da Carreira da Índia. Por outro lado, apesar dos protestos dos jesuítas, a demonização dos nativos continuou sendo amplamente divulgada, servindo de pretexto para a escravização e o extermínio, facilitando, no século XVII, a penetração lusitana no Brasil.

Um genocídio em terras brasileiras

Mesmo havendo certa integração entre algumas tribos e os portugueses, sobretudo no início, em que era preciso buscar aliados entre os habitantes locais, os lusos perceberam que não seria fácil converter os nativos e com isso garantir o domínio sobre eles. Índios adultos, afeitos a costumes antigos como nudez, poligamia, nomadismo, guerras e práticas rituais, não se sujeitavam ao batismo, num esforço de manter viva e coesa a estrutura tribal no confronto com outra cultura. Daí a decisão por sujeitá-los com uso de armas ou simplesmente exterminá-los.

Mesmo para o padre Manoel da Nóbrega, conhecido por defender o direito de liberdade dos índios cristianizados, o gentio deveria ser senhoriado ou despejado de sua terra, atitude que garantiria "grossas rendas" para a Coroa. Ainda segundo ele, seria necessário reduzir os índios à vassalagem, a fim de evitar que continuassem a matar e comer os cristãos, posições abertamente defendidas em carta escrita na Bahia, em 8 de maio de 1558, endereçada ao padre Miguel Torres, em Lisboa.

Na metade do século XVI, depois de muitos índios terem sido atraídos pelos jesuítas para os arredores das fortificações lusitanas, os portugueses decidiram tornarem-se os únicos donos da terra, perseguindo os nativos que encontravam. Tribos inteiras foram dizimadas de uma só vez, ainda assim, muitos conseguiram escapar da carnificina. Para os colonos, promover uma caçada aos nativos solucionava dois problemas: ocupar mais terras para o cultivo sem a ameaça de ataques indígenas e arrecadar recursos com a venda dos escravos cativos. A nova política, implantada gradualmente ao longo da segunda metade do século XVI, contribuiu para a consolidação do poder e do controle dos lusos nessa parte da América, mas, ao mesmo tempo, afastou irremediavelmente os ameríndios do cristianismo, arruinando o projeto de catequização.

No depoimento do padre António Blázquez, o ataque aos índios, posterior às promessas de paz, abalou profundamente a relação entre os padres evangelizadores e os índios, catequizados ou não, que viram nisso um ato de traição. Espalhou-se rapidamente a notícia de que religiosos católicos eram mentirosos, e por extensão toda a doutrina cristã foi desacreditada. Frente aos ataques, muitos índios ainda tentaram ferozmente resistir ao invasor, guerreando até o fim. A maioria, no entanto, escolheu partir, seguindo cada vez mais para o interior do continente, deixando com isso o caminho livre para os conquistadores.

Foi assim que mesmo estando em um ambiente hostil, desconhecido, combatendo um povo numericamente superior não apenas aos portugueses da colônia mas também a todos os homens, mulheres e crianças de Portugal, os lusos conseguiram não só se manter como prosperar no Brasil, enquanto o império no Oriente declinava.

Semelhante ao verificado na conquista da América espanhola, as armas de fogo possibilitaram aos lusos uma grande vantagem sobre os índios, não só devido à dianteira tecnológica militar europeia frente aos rudimentares armamentos indígenas mas também por essas armas desconhecidas terem sido associadas a instrumentos mágicos, que amedrontavam muito mais do que feriam. A grande desvantagem numérica dos europeus foi equilibrada pelo potencial das escassas armas de fogo, inseridas no campo do sagrado, utilizadas para supliciar indígenas insubordinados para que servissem de exemplo aos demais.

O método foi descrito pelo padre Manoel da Nóbrega em carta enviada de Salvador, em 10 de agosto de 1549, ao dr. Martín de Azpilcueta Navarro, em Coimbra. Nela, relata o caso de um chefe nativo de uma tribo a sete ou oito léguas de Salvador, que matou um índio da comunidade, convertido ao cristianismo. Os demais habitantes da tribo levaram-no à presença de Tomé de Sousa, primeiro governador geral do Brasil, que o sentenciou a ser posto em frente a uma boca de tiro e feito em pedaços, causando terror entre os índios da região.

Armas leves, utilizadas para as caçadas na mata, eram de fabricação alemã ou italiana e por isso restritas a poucas unidades. Enferrujavam com frequência, funcionando mal, além do difícil manuseio e da impossibilidade de serem recarregadas a tempo de deter o contra-ataque inimigo. Devido às dificuldades, era mais comum entre soldados o uso de armas brancas, como adagas e espadas, em conjunto com bestas, também de difícil manuseio. Canhões sim tinham efeitos devastadores, contudo eram de difícil transporte, ficando restritos ao litoral e arredores das fortalezas.

Flechas, dardos envenenados, lanças e outros armamentos indígenas eram mais eficientes no combate que as armas lusitanas. A vantagem das últimas residia no estrondo e no efeito individual causado, sendo confundidas com elementos mágicos, daí a necessidade de utilizá-las estrategicamente. Outros fatores que facilitaram a conquista, além da dispersão das tribos pelo imenso território, foram as rivalidades internas entre comunidades vizinhas, que os invasores souberam utilizar muito bem, como já tinham feito antes, na África.

A resistência à política do terror

A cultura europeia também teve papel preponderante na submissão dos índios, como mostra a reação que tiveram quando, cinquenta anos depois da chegada oficial dos portugueses, viram o padre Manuel da Nóbrega empunhando um crucifixo: o objeto causou espanto e grande terror entre os nativos. Para os índios a nova cultura era assustadora e a aliança com o invasor, identificado com deuses, dava-lhes a sensação de invencibilidade perante outras tribos. Em troca do apoio ao homem branco, não pediam nada, apenas a honra de servir à divindade.

Os índios não se resumiram a fugir e a se deixar exterminar pacificamente: muitos resistiram à invasão europeia.

Portugal aproveitou-se para impor uma política de terror, que previa o extermínio dos dissidentes, chegando ao extremo de pretender apagar todas as lembranças da cultura ameríndia. Segundo relato do padre Francisco Pires, os portugueses invadiam as aldeias sem qualquer pretexto, destruindo casas e lavouras, deixando-os sem ter como sobreviver. Mas, ainda que os portugueses tivessem procurado intimidar mantendo-se sempre no campo do sagrado, a estratégia não funcionou com todas as tribos.

Alguns índios perceberam diferenças e rivalidade entre os europeus e aproveitando-se disso buscaram aliança entre os franceses, particularmente. Assim que Pedro Álvares Cabral tomou posse do território em nome da Coroa, contrariando o tratado firmado entre Portugal e Espanha, franceses partiram rumo à Terra de Santa Cruz, não representando perigo para a navegação, mas causando grandes transtornos em terra.

A resistência nativa, no entanto, sempre esteve ligada a determinados locais e períodos específicos, pois, de fato, os portugueses costumavam ser bem recebidos a princípio, até revelarem seus reais interesses. Em São Vicente, por exemplo, o convívio entre lusos e índios foi pacífico, nem tanto por respeito ou amizade mas pelo temor diante do suposto poder divino dos invasores. Até que, em 1534, com apoio dos espanhóis, os carijós decidiram resolver fugir dos portugueses, instalando-se em uma região próxima, onde resistiram a ataques luso-brasileiros e de piratas franceses até 1536, durante a guerra de Iguape, sendo derrotados por vicentinos e índios da serra.

Na região que hoje denominamos São Paulo a resistência dos ameríndios sempre foi mais intensa que no resto do país, desde o início da ocupação portuguesa. Diversas tribos receberam os invasores com desconfiança, esforçando-se para expulsá-los. A isso se deve, particularmente, o caráter dos estrangeiros que primeiro ocuparam essas terras. Por estarem mais afastados das outras capitanias, concentraram-se em perseguir implacavelmente os índios, escravizando-os e convertendo-os à força.

Embora mais renitentes, esses não foram os únicos a se rebelarem: entre 1556 e 1558, os caetés realizaram uma grande campanha para expulsar os portugueses estabelecidos em Alagoas, devorando, um por um, mais de cem náufragos de um navio lusitano. Em retaliação, o capitão donatário Jerônimo de Albuquerque liderou uma tropa, dizimando com tiros e fogo o território caeté, do rio São Francisco até o cabo de Santo Agostinho. Acontecimentos como esse, justamente no início do aproveitamento econômico do Brasil, desencorajaram investidores estrangeiros, beneficiando ainda a sobrevida da rota do Oriente.

Foi somente com o tempo e a experiência em dominação adquirida na Índia que os lusos conseguiram desenvolver estratégias que, consolidadas, possibilitaram o êxito. Quanto aos índios, por saberem que não seria possível vencer o inimigo em combate aberto, fizeram amplo uso de táticas de guerrilha, que a princípio funcionaram muito bem. Aimorés, por exemplo, fixados ao redor de Porto Seguro, evitavam o confronto direto, atacando apenas quando estavam em superioridade numérica, nunca lutando frente a frente. A técnica empregada consistia em descer pelo mato até a praia, praticando assaltos em campo aberto, rapidamente, para então ocultarem-se novamente na mata, o que lhes valeu a fama de grandes corredores.

A vida nômade de grande parte dos nativos do Brasil, em contraposição ao sedentarismo dos povos pertencentes aos impérios inca, maia e asteca, garantiu certa vantagem estratégica no combate aos invasores europeus. Enquanto índios brasileiros, exatamente por serem nômades, estavam habituados a táticas de guerrilha, os grandes impérios indígenas mantinham a tradição de confronto direto em campo aberto, conforme regras rígidas que dificultaram a expulsão dos europeus.

Povos nômades usavam técnicas de acordo com as circunstâncias, o que lhes oferecia enorme vantagem e muitos êxitos. Só foi possível o estabelecimento do governo geral do Brasil graças aos náufragos e outros portugueses aceitos entre as tribos, que garantiram o apoio de algumas delas. Com a introdução do primeiro governo-geral brasileiro, os portugueses promoveram uma verdadeira cruzada contra os índios, exterminando milhares ou mesmo milhões de nativos, atingindo o requinte de persegui-los em meio ao território da Amazônia, em campanha que durou de 1663 a 1664, caçando também, em 1671, os que tinham fugido para o interior de Goiás.

O êxodo em massa dos índios em busca da terra sem males era guiado pelos pajés com grande reputação, então designados *pajés-uaçu* ou *caraíba*, derivado de *carai* ou *cara:* habilidade, destreza, perseverança. Foram eles os articuladores da resistência pacífica, transmitindo aos índios os ensinamentos dos antepassados, a memória e a tradição da tribo, constituindo-se em guardiões da cultura.

Com a chegada dos jesuítas, os pajés tornaram-se os maiores opositores ao batismo, pregando como alternativa o abandono da terra e a fuga para o interior, evitando assim a presença do homem branco. Mas, mesmo os que optaram pela resistência pacífica não escaparam do extermínio e da escravização. Após intermináveis discussões a respeito da legitimidade da captura e escravização dos ameríndios, a demonização e a recusa de muitos a converterem-se serviram como pretextos para tais violências.

Mesmo depois de o papa ter dado ordens para que fosse respeitada a liberdade dos nativos, uma expedição organizada pelo próprio governador do Brasil, em 1547, partiu na captura e extermínio dos índios carijós. Quando Mem de Sá assumiu o governo, em 1557, a política de escravização e extermínio foi abrandada em favor de uma intensa campanha de conversão pacífica, levada a cabo pelos jesuítas. Contudo, não houve consenso a respeito do direito à liberdade dos nativos, e a escravização não foi de todo abandonada. A questão tornou-se o cerne da disputa entre religiosos e colonos, que culminaria com a expulsão definitiva da Companhia de Jesus em 1759.

Buscando um consenso para satisfazer reivindicações múltiplas e divergentes quanto à liberdade dos nativos, a Coroa decretou a contraditória lei de 20 de março de 1570, proibindo o aprisionamento dos índios, com a ressalva de que aqueles que atacassem os portugueses poderiam ser feitos escravos, como resultado de uma "guerra justa". A partir de então, e mais do que nunca, a recusa dos índios em servirem aos conquistadores valeu como pretexto ao aprisionamento e à sujeição.

Em 5 de julho de 1605, uma provisão estabeleceu que em hipótese alguma o gentio poderia ser mantido cativo, pois, segundo a ordem, embora existissem algumas razões para isso, maiores eram as determinações em contrário. Complementando essa lei, foi promulgada em 30 de junho de 1609 a determinação para que todos os índios fossem tratados como pessoas livres. Em resposta a uma enxurrada de protestos de colonos, em 10 de setembro de 1611 foi lançada outra lei, legitimando a escravização de prisioneiros resultantes da tal guerra justa, e também dos resgatados em cativeiros de outras tribos.

Um alvará de 17 de outubro de 1653, por sua vez, restringiu os direitos dos colonos, considerando legítima a escravização em guerra justa apenas em defesa da própria vida ou em casos confirmados de antropofagia. Ao contrário do esperado, a nova lei deu ampla margem às justificativas para o cativeiro. Os ameríndios aprisionados serviram de mão de obra nos engenhos de açúcar, aumentando a produção não só em Pernambuco como em todo o Nordeste brasileiro. Na mesma época, a presença dos índios tornou-se cada vez mais rara: os que não tinham conseguido fugir foram chacinados ou dizimados pelas doenças transmitidas pelos brancos.

Gradualmente, o tráfico negreiro substituiria a mão de obra indígena no cultivo de cana-de-açúcar. Em verdade, os negros começaram a ser trazidos da Guiné já em 1551, quando três homens escravizados foram servir nas ferrarias da Bahia. Ao longo da segunda metade do século XVI, a presença de africanos foi intensificada, alcançando êxito tão grande que, até 1576, já havia doze mil negros escravos no país. Comparado com a extraordinária quantidade de escravos trazidos na primeira metade do século XVII, período de transição da carreira do Oriente para a do Brasil, esse número é insignificante. Desses, a grande maioria foi levada para o Nordeste, a fim de trabalhar nas capitanias produtoras de açúcar.

Nas capitanias mais pobres, manteve-se em larga escala o uso de silvícolas como escravos. Por esse motivo, em 1653, o padre Antônio Vieira, em carta dirigida ao rei de Portugal, sugeriu a retirada da jurisdição sobre os índios das mãos de governadores e capitães, tranferindo-a para os religiosos. Em resposta, a Coroa lançou a lei de 9 de abril de 1655, retirando da competência de governadores e ministros a distribuição de índios resgatados, sob protestos dos colonos, que perderiam o direito sobre os cativos. As reivindicações surtiram efeito e, em 12 de setembro de 1663, jesuítas e outros religiosos foram afastados da jurisdição temporal sobre os índios.

Ritual de antropofagia indígena, segundo a visão dos europeus: o canibalismo era uma das justificativas legais para a escravização.

Anos mais tarde outra reviravolta autorizou, a partir de 1º de abril de 1680, os religiosos a reconduzirem os índios libertos às aldeias e missões. Entretanto, para os índios, fazia pouca diferença estar sob jurisdição de colonos ou religiosos. De um jeito ou de outro, eles eram expropriados de suas terras, obrigados a trabalhar para os brancos como escravos ou semiescravos, impedidos de manter a própria cultura. Em 1688, outra lei proibiu, desta vez definitivamente, a escravização dos índios, considerando-os incapazes de responder por si próprios, condicionando as raríssimas aldeias remanescentes à tutela da Igreja e do Estado.

Desde que os portugueses aportaram no Brasil, além de apropriar-se das terras, a Coroa procurou de todas as formas possuir controle absoluto sobre o cotidiano dos indígenas, desrespeitando hábitos antigos, punindo a poligamia – considerada pelos lusos como adultério – com degredo de dez anos em Angola. Mas o objetivo era absorver a cultura e então fazê-la desaparecer, com a justificativa de que, no final, todos deveriam tornar-se súditos de Portugal. Havia um consenso em considerar que a melhor maneira de "civilizar" os silvícolas seria integrá-los à cultura europeia. Devido à carência de mão de obra disponível no século XVI, a estratégia foi buscar a miscigenação entre brancos e índios, a fim de povoar as terras e aumentar a produção de açúcar.

Segundo a lógica colonial, uma vez que a maior parte dos emigrantes espontâneos optava pela Índia e havia uma notória carência de mulheres disponíveis para o degredo, unir os colonos às indígenas parecia a maneira mais rápida e eficaz de garantir a lucratividade da colônia. Para os portugueses vindos aos Brasil, a união com nativas não era nenhum sacrifício, pois eram consideradas portadoras de grande beleza, além de atraírem os homens com a nudez. Na Europa, a iconografia, inclusive, retratava as mulheres indígenas com ares de Eva no paraíso, atraindo ainda mais a atenção dos portugueses.

Do ponto de vista dos índios, a miscigenação, longe de representar a união de duas civilizações, foi responsável pela descaracterização da cultura indígena, considerada inferior. Expressão máxima da cultura de um povo, os idiomas nativos foram pouco a pouco suplantados pela língua portuguesa. No fim, a integração dos silvícolas à cultura europeia desintegrou toda uma civilização, empurrando os teimosos e irredutíveis remanescentes para o interior do Brasil, de onde também seriam expulsos dos séculos XVII ao XIX. Com a miscigenação, a penetração dos portugueses no território foi facilitada, promovendo o extermínio dos legítimos donos da terra, o que, logo no início, serviu de estímulo para a consagração da rota do Brasil.

Açúcar a preço de ouro

Depois de oficializado o "descobrimento" do Brasil pelos portugueses, em 1500, o movimento de embarcações verificado entre Lisboa e a Terra de Santa Cruz nos trinta anos seguintes foi extremamente baixo. Nesse período, a Carreira da Índia oferecia alta lucratividade, concentrando as atenções do reino, e o território brasileiro, apesar da célebre carta de Pero Vaz de Caminha informando sobre a prodigiosa fertilidade do solo, tinha interesse apenas como ponto de escala para as naus com destino a Calicute.

Com o comércio estabelecido entre o Oriente e Portugal, bastando à Coroa controlar alguns pontos estratégicos na África e na Índia, parecia grande demais o esforço de colonizar as novas terras, implantar povoações e cultivar, ali, as preciosas especiarias. Naquele momento, do ponto de vista dos portugueses, era muito mais simples continuar no papel de intermediador por excelência do fluxo da pimenta, o que, de fato, gerava lucros consideráveis sem que fosse preciso muito esforço físico.

Assim, armadas lusitanas enviadas para o Brasil tinham apenas duas finalidades: patrulhar o litoral para prevenir ataques dos piratas franceses, que infestavam a área em busca do cobiçado pau-brasil; e mapear a costa fazendo uso de viagens exploratórias, a fim de garantir a segurança dos navios que faziam escala na viagem para Calicute. Como missão primordial, os navios de reconhecimento deveriam identificar os melhores pontos para a instalação de entrepostos de troca entre a Coroa e os nativos, para, futuramente, estabelecer estaleiros nesses locais, que serviriam para o reparo das naus da Carreira da Índia.

No início, a rota para o Brasil possuía importância secundária diante da supremacia da Carreira da Índia: gravura de caravela publicada nas narrativas da viagem de Hans Staden.

Para se ter uma ideia do quão secundária era a rota para Brasil – que inclusive nessa época nem era considerada rota, mas apenas um caminho tomado esporadicamente, sobretudo quando se perdia a escala na ilha da Madeira – basta notar que, nesses trinta anos após o "descobrimento" oficial, 325 embarcações deixaram Lisboa rumo ao Oriente, contra apenas 67 com destino ao Brasil. Enquanto a rota das especiarias oferecia lucros exorbitantes, apesar das grandes perdas, a rota do Brasil não rendia quase nada.

Segundo carta da época, escrita pelo padre José de Figueiredo, durante o reinado de D. Manuel as expedições para a Terra de Santa Cruz não tiveram como outro objetivo senão fazer o reconhecimento do território, notadamente da parte costeira. Dentre os que foram forçados a habitar a nova possessão, encontravam-se apenas degredados e prostitutas. Os navios que levavam os infelizes para o desterro voltavam carregados com papagaios, macacos e pau-brasil. Ainda que essa madeira fosse muito requisitada na Europa para o uso em tinturaria, estava longe de alcançar os rendimentos proporcionados pelas especiarias indianas.

Mesmo não apresentando grandes recursos para satisfazer a notória cobiça dos portugueses, tornou-se necessário ocupar a colônia, tanto por motivos políticos, para garantir a possessão, como para seguir a estratégia de fixar povoações que auxiliassem os navios da carreira lucrativa. Com a missão de Martin Afonso de Souza, a partir de 1530, e o incentivo à colonização mediante a cessão de Capitanias Donatárias, iniciou-se o gradativo movimento em direção às novas terras que, pouco a pouco, alteraria o eixo social e econômico de Portugal, deslocando-o do Oriente para o Brasil. A partir de então, a vinda de navios para a colônia ganhou periodicidade, adquirindo o *status* de rota, ou seja, de tráfego regular de navios controlado pelo governo.

Concomitantemente, as ilhas colonizadas do Atlântico Norte começaram a sofrer fortes tremores de terra, chamados à época de dilúvio, o que prejudicou sobremaneira a economia rural. Como agravante, seguiu-se uma peste que dizimou a população das ilhas, atingindo com maior gravidade o arquipélago dos Açores. Com isso, investidores que aplicavam na região, ricos produtores e comerciantes dessas colônias, além dos imigrantes que tencionavam dirigirem-se para lá, passaram a canalizar as atenções para a emergente colônia brasileira.

Em 1531, uma nau, acompanhada por um galeão, abasteceu os colonos recém-instalados na capitania de São Vicente com armas, munição e mantimentos. Seguiram-se dois anos de abandono, quando então, em 1534, João de Barros, Aires da Cunha e Fernando Álvares de Andrade organizaram uma expedição composta por dez embarcações levando novecentos homens, com o objetivo de iniciar a colonização das capitanias do Rio Grande, Pará e Piauí.

No mesmo ano, seguiram Duarte Coelho e Pero Lopes de Sousa, cada um levando consigo três navios, tendo por meta ocupar, respectivamente, as capitanias de Pernambuco e de Itamaracá. As capitanias tinham também por função primordial garantir a posse dos territórios mais propícios às escalas da rota das especiarias. Entretanto, a ocupação das terras para esse fim não obteve sucesso, em parte pela hostilidade dos índios nativos em parte pelo descaso da Coroa em liberar recursos financeiros para os donatários. Melhor sorte tiveram os engenhos instalados na capitania de Pernambuco, que prosperaram com a produção do açúcar, atraindo a atenção do poder régio.

Assim, em 1535, partiu de Lisboa uma caravela destinada a explorar o rio Amazonas, inquirindo os nativos sobre a probabilidade de haver ouro na região, mas também com o objetivo de abastecer a capitania de Pernambuco e recolher proventos resultantes do cultivo da cana-de-açúcar. No decorrer dos anos seguintes, outras embarcações chegaram ao Brasil trazendo colonos obstinados com a ideia da fundação de novas capitanias. Ao retornarem, esses navios iam carregados de açúcar pernambucano, resultando em grande lucro para a Coroa. Comparativamente, na década de 1530 partiram 36 embarcações para o Brasil, levando colonos e voltando com açúcar, enquanto 83 navios circularam pela rota da Índia.

O Brasil, em mapa de 1565, atribuído a Giacomo Gestaldi, onde se vê índios derrubando o pau-brasil para os conquistadores portugueses.

A Carreira do Brasil e a primazia do açúcar

Engenho de açúcar brasileiro: o ataque de índios era um problema constante para a manutenção da atividade nos seus primeiros tempos.

Não obstante o crescente aumento do tráfego naquelas paragens, foi somente depois de 1540 que esboçou-se o que, no século XVII, se tornaria a carreira regular para o Brasil. Nesse mesmo ano, partiram de Pernambuco nada menos que quarenta embarcações carregadas com açúcar rumo a Portugal; número bastante expressivo, mesmo levando-se em consideração que a maioria dos navios era formada por caravelas, com capacidade para transporte muito inferior à das célebres naus da Índia. Segundo o *Roteiro geral com largas informações de toda a costa do Brasil*, datado de 1587, durante toda a década de 1540 chegaram a Portugal, anualmente, entre quarenta e cinquenta naus carregadas de açúcar pernambucano e pau-brasil, êxito que garantiu ao capitão donatário Duarte Coelho mais dez anos de arrendamento da capitania.

Uma queda temporária

Coroando o sucesso das exportações, o índice de naufrágios era absurdamente inferior ao da rota das especiarias, verificando-se que, entre 1540 e 1559, transitaram 611 embarcações pelo Brasil, onde 0,82% foram perdidas. Em contrapartida, no mesmo período, 112 naus tentaram o trajeto para o Oriente, e dessas, 16,96% ficaram no mar. Contudo, a rota mantida e organizada por particulares, fato que, a rigor, a descaracteriza como carreira propriamente dita, sofreu um forte revés a partir de 1554, reduzindo o fluxo para um galeão por ano, ou, no máximo, quatro naus. Essas poucas embarcações deixavam o reino levando órfãs destinadas a casarem-se com portugueses de posição e também com os degredados, voltando carregadas de açúcar e pau-brasil.

219

De acordo com textos da época, a responsabilidade pela queda acentuada deve ser atribuída aos constantes e crescentes ataques dos índios nativos, em especial dos caetés. Em documento do final do século XVI, um cronista descreve essa tribo como guerreira e belicosa, composta por "índios traiçoeiros e sem fé", sempre dispostos a "matar e comer inimigos". Os caetés não só atacaram a população da próspera capitania de Pernambuco, causando grandes estragos, como também naufragaram muitos navios e caravelas que aportavam na costa, não deixando nenhum sobrevivente, impondo pesadas perdas a particulares e desarticulando o comércio de açúcar. Na verdade, observando com atenção os dados da época, danos causados pela ira dos habitantes originais, os silvícolas, fizeram-se sentir muito mais em terra, no interior das capitanias, e na navegação fluvial e de cabotagem do que propriamente na rota entre o reino e o Brasil.

De qualquer forma, as perdas observadas nos engenhos de açúcar e também nas embarcações que faziam o transporte do produto quase reduziram a colônia mais uma vez à condição de fornecedora de pau-brasil, exclusivamente. Foi preciso que os particulares envolvidos com a produção contraíssem empréstimos junto aos holandeses, o que, com a formação da União Ibérica e a consequente interdição da colônia pelos espanhóis, serviu para que os batavos invadissem a região sob o pretexto de reaver o capital investido. Ainda assim, o retrocesso na formação de uma carreira regular fez-se sentir mediante a drástica redução das embarcações no trajeto, que durante a década de 1560 somaram catorze navios, e na década seguinte, dezesseis, resultando numa média de pouco mais de um navio por ano.

Para facilitar o transporte e ao mesmo tempo se protegerem dos ataques, os colonos decidiram centralizar o tráfego em dois portos, Salvador e Rio de Janeiro, para onde afluía toda a mercadoria produzida ou extraída do Brasil. O açúcar produzido em Pernambuco, e também o pau-brasil extraído pelas outras capitanias, era transportado por via fluvial em pequenas embarcações até a Bahia, onde as mercadorias ficavam acumuladas, aguardando a chegada do navio anual.

Por essa época, o rei D. Sebastião estava concentrado em expandir a fé cristã no Oriente, rumo ao norte da África, enquanto a nobreza preocupava-se tão somente com os lucros resultantes das especiarias. Mas, com a morte do rei na malfadada batalha em Alcácer Quibir, em 1578, seguida de perto pelo falecimento do sucessor, em 1580, deu-se em Portugal a conhecida disputa pelo trono entre o prior do Crato, a duquesa de Bragança e o rei da Espanha, prevalecendo o último. Como visto, o resultado foi decisivamente influenciado pelo apoio dos nobres, que viam nisso uma oportunidade para manterem-se em suas posições e ainda continuarem lucrando com a rota das especiarias.

Os envolvidos com a colonização do Brasil e com a comercialização do açúcar também optaram pelos espanhóis, mas por motivos diversos. Entre outras coisas, eles

Navios corsários adentram na costa de S. Vicente: com o declínio da rota das especiarias, o açúcar passa a atrair a cobiça de outras nações.

acreditavam que, pelo fato dos espanhóis também possuírem colônias na América, o tráfego regular de navios entre o novo continente e a Espanha poderia ajudar os portugueses a também consolidarem uma rota, facilitando a penetração lusitana no território brasileiro.

Confirmando as expectativas dos colonos e mercadores de açúcar, depois da coroação em abril de 1581, em que Felipe II, rei da Espanha, foi aclamado Felipe I, rei de Portugal e Espanha, pelas Cortes reunidas em Tomar, a rota do Brasil passou a contar com a proteção dos poderosos galeões espanhóis. Comandada pelo general Diogo Flores, em 1582 uma armada composta por dezesseis naus espanholas aportou em terras brasileiras, seguida, um ano mais tarde, por outra nau e duas embarcações menores, comandadas por Francisco Castrejón, transportando 110 soldados espanhóis. Mas, com o esfacelamento da frota espanhola em 1588, o movimento voltou a cair vertiginosamente, tanto que, na última década do século XVI, somente nove embarcações ligaram o reino à colônia e, na década seguinte, foram apenas seis.

Nesse período bastante conturbado, a Espanha, no comando da União Ibérica, vivenciava uma série de dificuldades: a recente perda da armada, destruída no combate contra os ingleses; a ofensiva da Holanda, que lutava pela posse das colônias no Brasil; e o constante e violento assédio de piratas ingleses e holandeses que atacavam os navios que saíam da América, comumente levando prata e ouro para os espanhóis. Com tantos problemas, se ficara difícil para o rei garantir a segurança das próprias rotas espanholas, as rotas originais dos portugueses foram ainda mais prejudicadas.

Além disso, em 1591, Fernando I promulgou uma lei, reiterada em 1598 e novamente em 1601, proibindo a ilha da Madeira de enviar navios em busca de açúcar brasileiro. Isso porque era hábito entre os portugueses da Madeira vender açúcar da colônia como se fosse produto madeirense, visto que, na Europa, entre os anos 1578 e 1579, o preço do açúcar brasileiro estava fixado em 1.400 réis o quintal, enquanto a mesma quantidade de açúcar da Madeira era vendida a 2.400 réis, por ser de qualidade superior. O rei entendeu tratar-se de trapaça pura e simples, e a interdição teve como efeito o declínio ainda mais acentuado do trajeto.

Como já vimos, a estratégia dos nobres portugueses de, mediante apoio ao rei espanhol e à União Ibérica, não só garantir como aumentar significativamente os seus rendimentos pessoais fracassou amplamente. Primeiro em relação à rota da Índia, que além de não receber reforço passou a ser atacada impiedosamente por piratas holandeses e ingleses, desarticulando irreversivelmente o império marítimo português no Oriente. Depois, no tocante à colonização do Brasil e ao comércio de açúcar, que não só estagnaram como retrocederam, correndo ainda o risco de perderem-se para outras nações.

Enquanto a colônia esteve sob o domínio exclusivo dos portugueses, o assédio às terras brasileiras esteve controlado, sendo o caso mais notório o da tomada da capitania do Maranhão pelos franceses, expulsos três anos mais tarde. Sob a égide dos espanhóis, com a perda da armada, o território ficou entregue à própria sorte. Segundo o historiador francês Frédéric Mauro, o rei tentou sanar a situação com uma ordem que previa o recolhimento de 3% de imposto sobre a entrada e saída de mercadorias da colônia, recurso que deveria financiar a construção de uma armada para escoltar os navios. Recorrendo a registros da época, como a lei de Alfândega de Setúbal, tudo indica que a ordem não foi obedecida e que semelhante frota nunca existiu senão após o restabelecimento do poder aos portugueses.

Guerras pelo cobiçado império do açúcar

Apesar dos assaltos de piratas na costa brasileira, o índice de naufrágios durante todo o século XVI foi de 3,58%, contrapondo-se aos 15,48% da rota oriental, o que incentivou o comércio do açúcar a ocupar, gradualmente, o lugar da problemática Carreira da Índia, atraindo cada vez mais investidores e voluntários que trabalhavam com especiarias. Para se ter uma ideia do aumento da produção açucareira de então, basta notar que, entre 1609 e 1621, período em que espanhóis e holandeses assinaram uma trégua, cinquenta mil caixas de açúcar saíram do Brasil direto para a Holanda, ou seja, o correspondente a 26 mil toneladas ou a 138 navios carregados com o produto. Isso sem contar o que foi simplesmente contrabandeado.

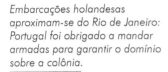
Embarcações holandesas aproximam-se do Rio de Janeiro: Portugal foi obrigado a mandar armadas para garantir o domínio sobre a colônia.

Esses valores oficiais nos levam a crer que, muito antes da União Ibérica, a colônia brasileira já comercializava ilegalmente com a Holanda, sem a intermediação de Portugal. Isso explicaria, em parte, a baixa do movimento oficial de embarcações entre o reino e o Brasil nos anos de 1560 até 1609. De qualquer forma, após essas quedas, na década de 1610 foram registrados 76 navios que fizeram o percurso, com índice de perdas de 38,16%, devido aos ataques de piratas holandeses. Na década seguinte, 491 navios deixaram Lisboa em direção à colônia, registrando 35,64% de naufrágios. Cabe observar, com base no decreto régio de 1618, que o tamanho dos navios – e, consequentemente, a quantidade de produtos transportados – foi diminuído, pois, por essa lei, o governo restringia o fluxo da rota a caravelas ou outras embarcações de tonelagem equivalente.

Mesmo assim, a crescente demanda na Europa por açúcar, aliada a diversos problemas estruturais, dentre eles a incapacidade da Coroa de produzir navios suficientes e de manter e recrutar novos tripulantes para alimentar duas rotas tão distintas, impactou negativamente a carreira para a Índia, que, já entre 1540 e 1560, começou a ser preterida em relação a do Brasil. Assim, de 1610 a 1629 houve um sensível crescimento no número de navios portugueses circulando pela costa brasileira.

No entanto, havia outras embarcações nessas mesmas águas e, em 1624, Salvador foi atacada por uma frota holandesa de 26 navios, equipados com 509 canhões e 3.300 homens, desestabilizando o comércio de açúcar. Nesse mesmo ano, uma esquadra portuguesa foi atacada pelo pirata Pieter Heyn, que, além de ter ocupado o porto de Salvador, empreendeu o saque de toneladas de açúcar, algodão, fumo e couro, completando o desastre. A situação piorou ainda mais depois de 1630, quando a capitania de

Pernambuco foi invadida pelos holandeses, vindos a bordo de uma esquadra composta por 46 navios de guerra, comandada pelo almirante Henrique Lonk, segundo relato da época feito pelo abade Raynal.

Depois disso, o número de navios que saíram de Portugal para o Brasil, na mesma década, caiu para 150 embarcações, com a ressalva de que nem todas eram mercantis. Dos navios enviados, os 27 que partiram em 1633 compunham uma frota de guerra enviada para socorrer os colonos; desses, nada menos do que 21 foram afundados pelos holandeses, no cabo de Santo Agostinho. No ano seguinte, partiram duas naus artilhadas e tripuladas por estrangeiros, desembarcando soldados portugueses na Bahia. Em 1635, seguiram para a colônia nove navios artilhados às pressas, tripulados ou mesmo comandados por estrangeiros, na maioria ingleses e franceses.

Para prestar ajuda a Pernambuco e ao Rio de Janeiro, em 1637 quatro embarcações seguiram para o Brasil, entre elas a nau Jesus Maria da Ajuda, comandada por Bartolomeu Fernandes, e a Nossa Senhora dos Prazeres Maior, a cargo de Jesus Ferreira. Na frota vieram dois mil soldados portugueses para lutar contra os holandeses. Em 1638, outras três, tripuladas por estrangeiros, foram enviadas para dar reforço, e, no mesmo ano, uma armada luso-espanhola com 38 navios de guerra partiu com destino a Pernambuco, onde estavam fixados os holandeses. Mais cinco, tripuladas por artilheiros franceses, ingleses e hamburgueses, foram enviadas à colônia em 1639. Dentre essas, quatro destinavam-se à proteção da Bahia e do Rio de Janeiro. No total, a rota foi percorrida, nesse período, por 86 navios de guerra e embarcações artilhadas para o combate, contra 64 navios estritamente mercantes, sem qualquer função militar.

Nesse período, apesar das dificuldades na Carreira da Índia terem redobrado depois da União Ibérica, a atenção da grande maioria dos nobres e das pessoas de posição em Portugal ainda estava firmemente voltada para o comércio com o Oriente. Tanto que, para convencer oficiais a combaterem no Brasil, foi preciso garantir, por escrito, em 1638, que ao retornarem ao reino todos os comandantes, mestres, pilotos, contramestres e demais oficiais do mar seriam premiados com mercês e provisões, sendo reintegrados à rota das especiarias nos postos de merecimento.

Mesmo tendo apresentado um crescimento contínuo desde 1620, a mentalidade de grande parte da nobreza e da alta burguesia só começaria a sofrer alteração a partir de 1640, quando a dinastia de Bragança tomou o poder, pondo fim à União Ibérica. O novo monarca intensificou o movimento de embarcações para o Brasil em detrimento da rota oriental, expulsando os holandeses de Pernambuco alguns anos mais tarde. Assumindo o controle da rota, antes entregue a particulares, a Coroa organizou as chamadas frotas do Brasil, que anos mais tarde se tornaria a Companhia Geral do Comércio do Brasil, representando a carreira regular entre o reino e a antiga Terra de Santa Cruz.

A Carreira do Brasil e a primazia do açúcar

Globo terrestre holandês, construído em 1645: os batavos desenvolveram uma robusta tecnologia marítima para fazer frente a portugueses e espanhóis.

A retomada da produção açucareira

Depois de restaurada a monarquia portuguesa, decidido a reconquistar o território brasileiro ocupado por holandeses, D. João IV criou, em 1642, o Conselho Ultramarino, com a função de informar o rei acerca dos assuntos do Brasil e demais possessões, incluindo pareceres de como o soberano deveria agir visando o bem-estar do império. Na prática, o Conselho Ultramarino tornou-se um verdadeiro ministério, agregando quatro outros Conselhos: o da Consciência, para assuntos eclesiásticos; o da Fazenda, responsável pelo controle financeiro; o da Guerra, para assuntos militares; e o de Estado, criado em 1645 para resolver assuntos gerais.

Não faltou aos novos ministérios vontade política para retomar o movimento de embarcações na Carreira do Brasil, juntamente com a produção de açúcar. No entanto, o longo período em que Portugal esteve submetido à Espanha não só desarticulou o império lusitano no Oriente, diminuindo em muito os recursos da Coroa, como sucateou a antes numerosa frota naval lusitana. Como visto anteriormente, mesmo os poucos navios que sobreviveram aos ataques de corsários holandeses e ingleses foram confiscados pelos espanhóis.

225

Sem alternativa, em janeiro de 1641 a Coroa concedeu licença para que navios e pessoas de todas as nações, independente da profissão ou condição social, tivessem trânsito livre em Portugal, trazendo mercadorias de qualquer gênero, ou enviando comissários para comercializar em nome do negociante. A estratégia visava conseguir navios, ainda que de terceiros, para fazer o transporte de açúcar, mediante pagamento de frete à Coroa, e também atrair aventureiros interessados em combater os holandeses em troca do espólio das batalhas. Essa provisão régia revogava um alvará de 18 de março de 1605, referente a outro, promulgado em 9 de fevereiro de 1591, que proibia terminantemente "Navios Estrangeiros [de] hirem [aos] Portos do Brasil e mais Colonias Portuguesas, e ainda os Vassalos de outras Naçoens".

Teoricamente, a permissão era restrita a algumas nações amigas, mas na prática os portos brasileiros foram abertos a qualquer um que decidisse aportar por ali, situação que se prolongou até 1709, quando a Coroa revogou a decisão, promulgando ordem para que se considerassem perdidas as mercadorias estrangeiras. Dois anos mais tarde, a restrição tornou-se mais severa mediante a lei de 8 de fevereiro de 1711, proibindo o comércio de outras nações em portos brasileiros.

Mas com a abertura oficial em 1641, embarcações de várias nacionalidades, sobretudo inglesas, francesas, hamburguesas e de diversas cidades italianas atenderam ao apelo do rei de Portugal, apenas em busca de lucro, naturalmente. Assim, em 1643, aportou no Rio de Janeiro a polaca francesa capitaneada por Luís Brum, solicitando ao governador do Brasil, Antônio Teles da Silva, autorização para permanecer na costa brasileira andando a corso contra os holandeses, ou seja, perseguindo e saqueando navios holandeses, retendo para si o resultado da pilhagem. Em troca, oferecia as drogas – tinturas, medicamentos, entre outros – que trouxera consigo, como objeto de fiança. Burocraticamente, o governador requisitou autorização ao poder régio em benefício do comandante Brum, não tardando a resposta de Portugal, que, em janeiro do ano seguinte, autorizou o navio francês a piratear embarcações holandesas "nos mares da Coroa".

O reforço de embarcações estrangeiras de fato serviu muito bem aos interesses de Estado, mas prejudicou os comerciantes particulares da rota, constantemente ameaçados pela presença de piratas no trajeto, além da concorrência com navios estrangeiros. Portugueses chegaram a se queixar ao Conselho Ultramarino, alegando que a abertura dos portos e da Carreira do Brasil a outras nações representava grande prejuízo aos súditos da Coroa. Como resposta, o Conselho alegou que os poucos particulares portugueses que mantinham negócios nessa carreira eram dependentes da mão de obra qualificada oferecida por esses estrangeiros, uma vez que já não havia em Portugal oficiais e tripulantes aptos a conduzirem grandes embarcações.

Em relação a isso, inclusive, a Coroa legislara permitindo o emprego de profissionais de outras nacionalidades, desde que não se tratassem de "hereges" – no caso, eles estavam se referindo aos protestantes. Longe de ter um fundo puramente religioso, a medida visava impedir holandeses de subirem a bordo, apesar de, no início, ter sido inevitavelmente estendida a ingleses e franceses. Ao fazer uso de oficiais, marinheiros e artilheiros estrangeiros, mesmo com essas restrições, Portugal expunha, inevitavelmente, importantes segredos de navegação aos olhos de espiões de nações concorrentes, mas não havia outra alternativa viável.

Não era recente, como visto, o envolvimento de outras nações no lucrativo comércio das carreiras abertas pelos lusos, o que variava era o aporte financeiro proveniente de cada nação. Em princípio, eram as cidades italianas as principais investidoras das rotas portuguesas, sendo posteriormente substituídas pelos holandeses, que, gradualmente, cederam lugar aos ingleses, em especial após a restauração da dinastia lusa. Eram ingleses os principais aplicadores da rota do Brasil, atuando como financiadores e intermediadores comerciais do açúcar entre Portugal e o resto da Europa. Mas há suspeitas de que os ingleses foram mais além, e, mesmo durante a União Ibérica, contrabandearam açúcar direto do Brasil para a Inglaterra, elevando a quantidade de mercadoria produzida a patamares muito superiores aos registrados oficialmente.

Representação de um navio inglês incendiado: para evitar a ação de piratas, Portugal e Espanha irão buscar o apoio da Inglaterra.

Um contrabando milionário

Com base nos números oficiais, entre 1500 e 1700, apenas 170 navios de outras nacionalidades circularam na rota do Brasil, dentre os quais 17 eram ingleses. No mesmo período, 64 embarcações de bandeira lusitana percorreram o trajeto comandadas ou tripuladas por estrangeiros, dessas, 17 por ingleses. Levando-se em consideração outros referenciais da época, além do fato de que não há registro oficial de embarcações estrangeiras navegando sob bandeira portuguesa na rota do Brasil antes de 1580, podemos supor que a presença de outros países era, na verdade, muito mais intensa do que a registrada.

Segundo o historiador inglês Charles Ralph Boxer, e estimativa é de que, anualmente, foram retirados do Brasil ilegalmente entre 25 e 40 mil caixas de açúcar, o que, considerando a média de caixas transportadas por navios portugueses, de tonelagem semelhante a dos ingleses, é possível afirmar o carregamento de 360 caixas por navio. Esse valor equivale entre 69 e 111 navios ingleses contrabandeando, anualmente, açúcar do Brasil para a Inglaterra. De qualquer modo, ainda que fosse legalizado o transporte, não seria possível computar tais números como sendo da rota Brasil-Portugal, uma vez que a viagem era feita diretamente para a Inglaterra.

Diante desses dados, fica claro que o contrabando realizado pelos ingleses era muito mais antigo do que se supunha. Já em 1530, o pirata inglês William Hawkins realizava comércio regular de mercadorias contrabandeadas da colônia. Desde então, diversos navios ingleses rumaram para o Brasil, particularmente em busca de regiões pouco habitadas, onde podiam trocar lã, vidro, ferramentas, material de costura e outras mercadorias baratas por açúcar bruto, melaço e tintura para tecidos extraída do pau-brasil, artigos muito bem cotados na Europa. Essa prática tornou-se corriqueira, sendo intensificada durante a União Ibérica, quando foi interrompido o comércio legal com a Inglaterra, por esta ser inimiga histórica da Espanha.

Contra os piratas, a ordem é viajar em comboio

A união das Coroas portuguesa e espanhola na figura de um só rei deu origem a uma situação bastante peculiar, em que a Inglaterra, a um só tempo, tornou-se inimiga e aliada dos portugueses. Isso se explica pelo fato de que, oficialmente, os ingleses eram inimigos dos espanhóis, e por extensão agora também dos portugueses; contudo, era imprescindível o auxílio da Inglaterra no combate aos holandeses, que assediavam não só os navios da rota mas o próprio território brasileiro. Isso forçou os portugueses a buscarem uma aliança com os ingleses, que incluía relevar o comércio

Canhão do século XVI, do tipo que era utilizado a bordo dos navios portugueses que guardavam a costa e escoltavam outras embarcações

inglês com a colônia em troca de apoio à perseguição e interceptação de navios holandeses na costa brasileira, prática usual durante o governo filipino, que persistiu com a restauração da monarquia.

Havia outro motivo incentivando a aproximação com os ingleses: Portugal precisava de dinheiro e de mão de obra para manter a rota, recursos de que o país não dispunha, o que impeliu homens de negócios não só a recorrerem a empréstimos britânicos como também a fazerem uso dos estaleiros para a compra de novas embarcações, como prova um requerimento feito por Vicente Dias Rosa. Natural do priorado do Crato, navegador experiente que já havia investido em Angola e na Guiné, Rosa solicitou, em 1643, permissão régia para ir à Inglaterra adquirir um navio de grande porte, com a intenção explícita de utilizá-lo na Carreira do Brasil. Além disso, os já mencionados oficiais e tripulantes ingleses foram essenciais para o bom funcionamento dos navios lusitanos.

Mesmo considerando todos os fatores apresentados, continuaram as reclamações de alguns portugueses quanto à presença de estrangeiros, alegando sentirem-se inseguros na rota, levando o Conselho Ultramarino a legislar, em 24 de janeiro de 1644, em favor da obrigatoriedade da existência de uma frota para escolta dos navios da Carreira do Brasil. O comando foi levado a sério e o general Salvador Correia de Sá e Benavides foi nomeado almirante, com poderes para julgar todos os usuários da rota, civis ou militares. Quanto aos recursos para criar e manter semelhante frota, deveriam ser extraídos dos fretes que a Coroa cobrava aos comerciantes para o transporte de açúcar. Em decreto complementar, assinado no dia seguinte, a Coroa fixou o frete pago às embarcações do comboio em dois mil réis por tonelada de açúcar transportado, valor similar, segundo cotação da época, a 135,4 kg de prata fina por tonelada.

A fim de alcançar o montante necessário para manter as naus de guerra, foi estipulado que as embarcações mercantes só poderiam sair em comboios de duzentas caravelas, cada uma com dez peças de artilharia, com capacidade para transporte individual de pelo menos duzentas toneladas, ou o equivalente a quinhentas ou setecentas caixas de açúcar. Escoltando a frota deveriam seguir, obrigatoriamente, no mínimo dois galeões fortemente armados. Além disso, cada navio mercante ficava responsável pela contratação de setenta a oitenta tripulantes de mar e guerra, divididos entre marinheiros e artilheiros, aptos a defenderem o comboio em caso de ataques.

Para as embarcações de pequeno porte da Carreira do Brasil, o habitual era contratar entre doze e dezoito tripulantes. Não obstante esse número ter aumentado significativamente, o decreto proibia ainda que fosse diminuído o soldo dos marinheiros, prevendo que comerciantes usariam dessa tática para diminuir o impacto nos custos. Embarcações menores ou solitárias estavam, a partir de então, proibidas de transportarem açúcar.

Estrategicamente, pelo fato de o Rio de Janeiro ser um porto mais distante, e, portanto, de trajeto mais dispendioso, ficou acordado que os navios deveriam atracar na Bahia, no porto de Salvador, aguardando até o momento em que a frota se reagrupasse para seguir na viagem de volta ao reino. Na saída de Portugal, valia o mesmo esquema: os navios se encontravam no porto de Lisboa, de onde partia o comboio. Para evitar os mesmos erros cometidos na Carreira da Índia, os navios aportados em Salvador eram obrigados a utilizar o tempo ocioso no reparo das naus, sendo proibida a partida de embarcações avariadas ou em mau estado de conservação.

Estava criada a Carreira do Brasil, rota regular, oficialmente estabelecida pelo governo português, que ligava Lisboa à Terra de Santa Cruz, com o principal objetivo de fazer o transporte de açúcar da colônia para o reino. A iniciativa régia visava, sobretudo, minimizar o risco de perda da mercadoria no meio do caminho, no ataque de piratas, resguardando não só o produto mas também a vida dos envolvidos no comércio e o capital dos investidores, estimulando assim o pleno desenvolvimento da nova carreira.

Navegando sob escolta armada

Centralizar o movimento dos navios em Salvador por meio de decreto régio não fez mais do que confirmar uma prática amplamente adotada desde 1548, ocasião em que

A Carreira do Brasil e a primazia do açúcar

Quadro de Peter Monamy (1685) representando o confronto entre um navio português e um barco pirata.

outro decreto obrigou todos os navios em circulação legal pela colônia, carregados ou não de mercadorias, a passarem pela então recém-criada Casa de Arrecadação da Capitania. A finalidade era, em caso do transporte de gêneros, cobrar a arrecadação de 10% de imposto sobre a mercadoria em favor da Coroa. Nos casos de navios sem carga, esses também deveriam passar pela alfândega para identificarem-se perante a capitania.

Entretanto, antes da promulgação do decreto posterior, de 1644, os navios tinham por opção aportar no Rio de Janeiro, conforme a conveniência. Em Lisboa, a alfândega era bastante rigorosa no tocante ao fisco, exigindo dos navios que retornavam da colônia um certificado comprovando terem passado pela Casa de Arrecadação, e, naturalmente, recolhido os impostos devidos. Capitães que aportassem em outras localidades, descarregando a mercadoria sem supervisão da Coroa, estavam sujeitos a sérias punições, além de multas pesadas.

Salvador era mesmo a opção mais acertada para centralizar o comércio no Brasil, em detrimento do Rio de Janeiro, também importante à época, pois, devido a posição geográfica, estava situada no ponto equidistante entre Lisboa e o porto de Goa. Em relação ao Brasil, ficava no centro em relação às capitanias do norte e do sul, possuía excelentes ancoradouros naturais na costa, além de ser a mais próxima dos centros produtores de açúcar. Talvez por esses motivos, e justificando melhor a decisão, desde o século XVI o porto de Salvador sediava a Armada da Costa, que reunia oitocentas embarcações, medindo entre 45 e setenta palmos de quilha, muitas equipadas com dois falcões de proa e dois berços de cada lado; duzentas embarcações com quarenta e quatro palmos de quilha, equipadas com pelo menos um berço por proa; trezentos barcos com trinta e quatro palmos de quilha ou menos; e mais duzentas canoas movidas a remos.

Oficializado Salvador como porto principal, mil embarcações armadas passaram a fazer a guarda e o patrulhamento da costa e também a navegação de cabotagem por mar. Trezentas embarcações menores faziam exclusivamente a ligação entre Salvador e as diversas povoações portuguesas espalhadas pelo litoral brasileiro, junto com duzentas canoas encarregadas de acessar, por via fluvial, povoações mais afastadas da costa, além de abordar navios mercantes, fiscalizando o teor e a quantidade de carga transportada.

Assim, enquanto os navios maiores estacionavam no porto para descarregar mercadorias e aguardar o embarque de outras, os mil navios menores faziam a navegação de cabotagem entre os demais portos brasileiros; e os trezentos navios ainda menores, juntamente com as duzentas canoas, transitavam pelos rios interiores, levando os gêneros trazidos do reino até povoações produtoras de açúcar, voltando depois para Salvador, carregadas com o produto.

Assinado o decreto em 22 de janeiro de 1644, em 25 de maio do mesmo ano aportaram na Bahia não os dois galeões requeridos, mas dezesseis navios com porte de seiscentas toneladas cada, bem artilhados, com cem infantes cada um, além do oficial Capitão de Mar e Guerra, e respectivos alferes e sargento, prontos para escoltarem as carracas carregadas de açúcar. A partir de então, metade do frete pago pela Coroa aos donos de embarcações ia para a manutenção da frota de escolta.

Objeto em prata, de fabricação portuguesa e datado da segunda metade do século XVI, período em que a Carreira do Brasil se consolida.

Essa primeira frota, comandada pelo almirante general Salvador Correia de Sá e Benavides, deixou Salvador em 1645, composta por 208 embarcações, incluindo galeões de guerra e outros 178 navios que haviam chegado da África, entre 1644 e 1645, trazendo escravos negros. Esses últimos tinham sido obrigados a aguardar no cais, carregados de açúcar, até que todos estivessem reunidos.

Para se ter uma ideia da grandiosidade da frota basta dizer que, na mesma década, a poderosa Inglaterra possuía uma armada de 37 navios em operação. Contudo, é importante ressaltar que as embarcações inglesas eram fortemente artilhadas, chegando algumas delas a possuir 64 canhões de grosso calibre; enquanto as embarcações mercantes lusitanas contavam apenas com a artilharia mínima requerida de dez canhões, excetuando, claro, os galeões de escolta, estes sim equipados nos mesmos parâmetros das embarcações militares inglesas.

Assim, ao contrário da Carreira da Índia, em que as gigantescas e superlotadas naus de propriedade da Coroa, tripuladas por homens ligados à corte, estavam teoricamente preparadas para qualquer ataque, as pequenas caravelas, características da Carreira do Brasil, navegavam levemente armadas, necessitando, de fato, de uma escolta que as protegesse. Outra particularidade da rota era o pequeno número de tripulantes nas embarcações mercantes, na maior parte comandados por um mestre que acumulava as funções de capitão e piloto, sem, no entanto receber soldo e título correspondentes.

Entretanto, o mestre era quase sempre o dono da embarcação, ou, quando muito, contratado do proprietário, recebendo apenas o valor do frete pago pela Coroa para o transporte da carga, que consistia em geral de tecidos, vinho e artigos manufaturados levados para a colônia, e na volta vinham carregados de açúcar e pau-brasil. Ficava sob a responsabilidade do dono da embarcação responder pelos gastos da viagem, manutenção do navio, pagamento dos tripulantes e pelos preparativos para a próxima viagem.

Parece muito, mas os custos com as embarcações da rota do Brasil não eram altos se comparados com os da rota das especiarias pelo fato de, como diríamos hoje, serem de propriedade da iniciativa privada. E para reduzir ainda mais as despesas, a Coroa recusava-se a emitir patente de capitão aos navegadores da Carreira do Brasil, pois se o fizesse, teria de pagar-lhes soldo maior que o frete praticado. Tal prática aparece-nos como excesso de usura, uma vez que – ao contrário da Carreira da Índia em que, apesar dos lucros altos obtidos com a revenda das especiarias, os navios vinham carregados apenas na volta do Oriente para o reino, causando desequilíbrio na balança comercial – os navios que iam para o Brasil partiam carregados de produtos para a colônia, retornando com outros, de ampla aceitação na Europa, gerando superávit comercial.

Com o sucesso da empreitada, cinco anos depois, em 1650, foi possível reunir navios suficientes para formar a segunda frota, entregue à administração da Companhia Geral do Comércio do Brasil. Entre a partida da primeira e da segunda frotas, mais precisamente em 1647, 26 navios mercantes deixaram a Bahia com destino ao reino, sem qualquer tipo de acompanhamento, além de outros que partiram um do Maranhão, quatro de Pernambuco e sete do Rio de Janeiro, perfazendo um total de 38 navios, dos quais 36 naufragaram devido ao ataque de piratas holandeses.

Mesmo assim no ano seguinte mais quarenta navios mercantes deixaram a Bahia; catorze saíram de Pernambuco; cinco do Rio de Janeiro; cinco do cabo de Santo Agostinho; três do Espírito Santo; dois do Maranhão e mais três de outros pontos do litoral não identificados, num montante de 72 embarcações, todas naufragadas por piratas, evidenciando a fragilidade dos navios desprovidos de escolta. A insistência em partir sem uma guarda era resultante da longa espera entre uma viagem e outra da armada, e os consequentes custos para manutenção do navio ancorado com toda a tripulação, levando alguns comerciantes a pedirem autorização à Coroa para a partida sem escolta, enquanto outros diziam rumar carregados de açúcar para a África, quando na verdade seguiam para o Brasil. Tais iniciativas, como visto, muito raramente escapavam do desastre.

Era consenso a necessidade de galeões fortemente armados para garantir a segurança, mas o próprio Conselho Ultramarino já havia constatado, em dossiê de 17 de março de 1647, os vários problemas decorrentes da obrigatoriedade de frotas na Carreira do Brasil. Pouco depois de organizado o comboio, não havia recursos financeiros suficientes para pagar o solda da armada de guerra, realizar a manutenção das embarcações e renovar a frota, ficando a Coroa impossibilitada de cumprir o próprio decreto. Como alternativa, Portugal cogitou recorrer ao serviço de corsários, mais especificamente a oito navios ingleses de 350 toneladas, armados com 26 peças de artilharia cada um; sendo que quatro seguiriam para a Bahia e quatro para o Rio de Janeiro, partindo de Lisboa como uma só frota, com periodicidade anual.

Também pensou-se em dividir a frota gigante de duzentos navios em duas de cem, repartidas entre Salvador e Rio de Janeiro, havendo ainda a possibilidade de fretar dez poderosas naus hamburguesas de quatrocentas toneladas cada, portando 25 peças de artilharia. Mas isso não solucionava o grande problema, representado pela falta de navios mercantes para compor a frota, pois, mesmo com o desvio compulsório de navios negreiros para o Brasil, ainda assim o número era insuficiente para custear a manutenção da escolta. Com isso, as relativamente poucas embarcações tinham de aguardar tempo demais no porto até que se formasse o número mínimo requisitado, aumentando em muito as despesas.

Judeus são "convidados" a colaborar

Embora o decreto de 1644 tenha efetivamente incrementado o movimento da rota, como demonstra os 716 navios que trafegaram entre 1640 e 1649, os investimentos mostraram-se insuficientes, já que boa parte dessas embarcações mercantes eram navios estrangeiros, comandados ou tripulados por estrangeiros ou de construção financiada por investidores ingleses, particularmente. Assim, quase a totalidade dos lucros obtidos era revertida para o pagamento de empréstimos a mercadores ingleses residentes em Portugal. Além das divisas legalmente transferidas, muitos navios de outras nacionalidades ou mesmo os tripulados por estrangeiros burlavam os direitos alfandegários lusitanos, mentindo aos fiscais da Coroa a respeito da real tonelagem transportada, aproveitando-se da falta de organização das instituições portuguesas.

Tentando contornar o caos administrativo, em 1649 o padre Antônio Vieira, em consulta dada ao rei de Portugal, sugeriu que em vez do Estado simplesmente perseguir o "povo de nação hebreia", condenando-os pelos "crimes" de apostasia, heresia ou judaísmo, deveria obrigar os homens de negócios judeus a formarem uma companhia com recursos próprios, composta por 36 galeões de guerra. Tal frota teria por obrigação, sem qualquer aporte financeiro da Coroa, não só proteger as embarcações e devidas mercadoria embarcadas do assédio inimigo como controlar o movimento da alfândega.

Acatado o conselho, em 6 de fevereiro do mesmo ano o rei ordenou ao Tribunal do Santo Ofício que permitisse aos judeus detentores de capital a opção de investir em uma companhia para administrar as frotas do Brasil em lugar de serem punidos com os habituais suplícios. Assim, os estatutos da Companhia Geral do Comércio do Brasil foram fixados em 8 de março de 1649, segundo os quais os galeões armados por judeus ficavam determinados a guardar os navios mercantes, recebendo em troca o valor do imposto sobre o frete. Se conseguissem sanar o fluxo de caixa negativo, problema que o governo não conseguia resolver, poderiam ficar com os lucros obtidos, em caso contrário, seriam obrigados a cobrir os déficits da empresa.

Ao sabor dos ventos

Ao contrário das torturantes viagens a bordo de gigantescas naus da Carreira da Índia, o cotidiano a bordo das pequenas caravelas que transitavam pela rota do Brasil era bem menos penoso, servindo, inclusive, como mais um atrativo àqueles que decidiam abandonar o sonho de enriquecer rapidamente com especiarias em prol do cultivo ou do transporte de açúcar.

Enquanto a viagem ao Oriente durava pelo menos um ano, quando tudo corria bem, ir para o Brasil não demorava mais que algumas semanas, tornando todas as privações a bordo muito mais suportáveis. Contando com bons ventos e correntes marítimas favoráveis, um navio saído de Lisboa chegava à costa do Nordeste em menos de um mês. Ainda que a calmaria retardasse a viagem, Salvador poderia ser alcançada em pouco mais de dois meses, sendo usualmente necessárias oito semanas para a travessia.

Por exemplo, a embarcação que trouxe o padre Manuel da Nóbrega à Terra de Santa Cruz, em 1549, fez a travessia em oito semanas, descritas pelo clérigo como "fervorosas e prósperas". Noutra ocasião, em 1553, o navio que trazia o padre Brás Lourenço ao Brasil foi surpreendido por ventos contrários, que quase levaram o capitão a retornar para Lisboa. Depois, seguiram-se alguns dias de calmaria no Atlântico, contratempo que atrasou ainda mais a travessia, completada depois de mais de dois meses de navegação, e, ainda assim, o padre referiu-se a ela como uma viagem "bem disposta".

A armada de Pedro Álvares Cabral, que em 1500 "descobriu" o Brasil: uma das vantagens da nova rota era o trajeto mais curto em relação à Índia.

Exatamente por se tratar de um trajeto comparativamente ameno, existem poucos relatos a respeito, pois o gosto popular da época era afeito apenas às histórias salientando as misérias da condição humana. No entanto, os indícios levam a crer que a vivência diária a bordo das embarcações era em muitos aspectos semelhante àquela verificada nas naus da Carreira da Índia, com a importante ressalva de que o período de confinamento, abusos e privações era consideravelmente menor.

Assim, como já descrevemos anteriormente o cotidiano nas grandes embarcações e longos trajetos da rota das especiarias, procuraremos nos ater às diferenças verificadas nos dois trajetos, responsáveis por exercer atração determinante quando homens e mulheres tinham que optar entre um ou outro destino. Em primeiro lugar, o reduzido número de embarcados contribuiu decisivamente para tornar o dia a dia bem mais agradável. Em termos comparativos, por exemplo, em um dos navios que seguiram em direção à colônia, no século XVI, entre passageiros, soldados e tripulantes foram embarcados apenas oitenta homens. Mesmo em se tratando de armadas de guerra, o contingente humano era bastante reduzido, como demonstra os números da frota que partiu em 1624 para socorrer Pernambuco. Nos vinte e dois navios, totalizando seis toneladas, seguiram 1.200 tripulantes e 2.300 soldados, ou seja, uma média de 160 embarcados por navio.

Ainda levando em consideração que as gigantescas naus da Índia eram muito superiores em tamanho que as caravelas e galeões comumente empregados para o Brasil, o contingente médio de novecentas pessoas embarcadas para o Oriente reduzia demais o espaço disponível a bordo, sem mencionar aquele ocupado pela carga. Assim, comparativamente, os navegantes das caravelas tinham para si, no mínimo, o dobro de espaço reservado à outra rota, o que lhes garantia maior conforto.

Esse detalhe propiciava maior privacidade e mobilidade a bordo, e, consequente, menos conflitos, proporcionando uma certa harmonia interna na embarcação. Em relação à divisão do espaço interno, a disposição das acomodações e hierarquias nas caravelas e pequenas naus da carreira eram rigorosamente iguais às da rota das especiarias, com a única diferença de que os catres eram partilhados por menor número de pessoas, sendo, não raro, individuais.

Semelhante à outra rota, havia o sistema de delações, visando impedir motins, mas o contexto a bordo tornava esse estratagema quase desnecessário. A proximidade e o convívio entre tripulantes e oficiais desencorajava insubordinações e levantes, além disso, era usual o mestre da embarcação escolher um a um cada membro da equipe. Em comparação com tripulantes e passageiros com destino ao Oriente, compostos na maioria por degredados e prisioneiros embarcados à força, sequestrados, fugitivos, pessoas perseguindo desafetos com a intenção de matá-los entre outros embarcados compulsoriamente por motivos diversos, o simples fato dos marinheiros seguirem para o Brasil por vontade própria fazia toda a diferença. Além do mais, também ali se faziam festejos aos santos, sob vigilância acirrada de religiosos, proporcionando um convívio mais harmonioso entre tripulação e passageiros. Outro fator determinante era a expectativa em se atingir terra firme em poucas semanas, tanto na ida quanto na volta, diluindo conflitos individuais e coletivos, em que a tensão dava lugar à espera paciente.

Embora as raras mulheres "de bem" que porventura estivessem a bordo pudessem ser estupradas por grupos de marinheiros ou soldados, o tempo relativamente curto do trajeto facilitava o controle da libido. Além disso, era comum a presença de grande número de prostitutas, embarcadas por magistrados ou mesmo trazidas por soldados e marinheiros, prática não só tolerada como incentivada pelos oficiais, acalmando os ânimos durante a travessia. Aumentando o número de mulheres enviadas nos navios, vigorou em Portugal, até o século XVIII, a lei que condenava ciganos pelo único "crime" de serem ciganos.

Enquanto os homens ciganos eram punidos com trabalhos forçados nas galés pelo período de dez anos, as mulheres ciganas eram degredadas, também por dez anos, para a colônia do Brasil, fornecendo um vasto contingente populacional para a povoação. A bordo, como visto anteriormente, elas sofriam sucessivos estupros em grupo, livrando, salvo raras exceções, órfãs do rei e esposas de colonos de serem vítimas das mesmas violências nas mãos de tripulantes e soldados.

Com o aumento da circulação de navios no Brasil, a crescente valorização da rota e, consequentemente, a expectativa de construir vida nova na colônia, o número de prostitutas voluntárias para a viagem cresceu significativamente, incentivado pelos oficiais, que propunham o pagamento da passagem com serviços sexuais à tripulação. Com tais medidas o perigoso foco de tensão ocasionado pela rara e escassa presença de mulheres foi eliminado na rota do Brasil simplesmente tornando abundante o embarque do gênero feminino, estratégia também empregada pelos espanhóis, no início da colonização da América.

Simultaneamente, diminuíram os casos de abusos sexuais entre os homens, apesar da sodomia continuar sendo praticada. Tolerados com maior liberdade que nas naus do Oriente, os jogos de azar também ajudavam a passar o tempo, ao lado dos indispensáveis festejos de santos. Além do mais, a grande disponibilidade de clérigos nos navios obrigava tripulantes, soldados e passageiros a ocuparem os dias com missas e trabalhos.

Quase diariamente eram celebrados os sacramentos, embora com mais veemência aos domingos e dias santos. Os padres passavam os dias ensinando a doutrina, ouvindo e principalmente fazendo-se ouvir em sermões intermináveis. Marujos, depois de confessarem pecados recentes cometidos com as prostitutas a bordo, ocupavam o tempo restante trabalhando, o que não deixava muito espaço para o surgimento de conflitos.

Essa tranquilidade bem equilibrada – contraposta ao tumulto do cotidiano na Carreira da Índia, em que, a qualquer momento, a pessoa poderia ser simplesmente atirada ao mar, correndo também o risco de se ver, de uma hora para outra, em meio a um motim ou a um naufrágio – serviu como forte atrativo, sendo em grande parte responsável pelo gradual deslocamento da mão de obra voluntária da rota das especiarias para a Terra de Santa Cruz.

Mais comida a bordo

Outro fator preponderante em relação à qualidade de vida a bordo estava relacionado com a disponibilidade de alimentos para a viagem, grande flagelo da longa rota do Oriente. Mesmo sendo generalizada a falta de víveres em Portugal, o fato do trajeto ser menor para o Brasil diminuía a quantidade de estoque necessário. Com isso, na maioria das vezes, os navios partiam com suprimentos de água e comida suficientes para toda a viagem. Para cada cem homens embarcados, cada navio mercante dispunha de quantidade proporcionalmente generosa de produtos de dispensa, como biscoitos, bacalhau, carne seca, cebola, alho, lentilha, favas, vinho, vinagre, sebo e lenha para cozinhar.

A mandioca, numa gravura encontrada na História, de frei Cristóvão de Lisboa: planta nativa que servia de ajuda providencial no cardápio da viagem de volta.

É possível que o mercado negro de alimentos também funcionasse nas embarcações da rota do Brasil, favorecendo oficiais e passageiros mais abastados, mas é igualmente possível que devido à disponibilidade de espaço, tripulantes levassem consigo um estoque de provisões extras. Na Carreira da Índia também era comum a tripulação embarcar algumas poucas provisões individuais, mas estas eram absolutamente insuficientes para a longa travessia.

Nos raros casos de escassez foram registradas algumas atitudes, ainda mais raras, de generosidade, como o exemplo ocorrido em determinada embarcação que fazia o trajeto entre Pernambuco e Portugal, na segunda metade do século XV. Quando água e mantimentos começaram a escassear a bordo, levando muitas pessoas a sofrerem de fome e sede, um dos fidalgos presentes repartiu entre todos os alimentos que trouxera para si e seus criados, sem aceitar pagamento em troca, apesar de algumas pessoas terem-lhe oferecido boa quantia por eles.

Ainda que a podridão da água e de alguns alimentos fosse inevitável, sempre era possível reabastecer na ilha da Madeira, nos Açores e em Fernando de Noronha. Em caso de necessidade, estando distante desses portos, os navios costumavam atracar ao longo da costa brasileira, enviando um grupo armado para entrar na mata em busca de alguma aldeia indígena, roubando alimentos como "farinha de pau" (farinha de mandioca), "fruta brava do campo" (frutas encontradas na mata, como banana) e muitos porcos, galinhas e outros mantimentos da terra.

Mediante tal prática, mesmo o mais humilde grumete servindo na rota do Brasil tinha a possibilidade de comprar, ou tomar dos índios, o precioso alimento que muitos cronistas da época chamavam também de pão da terra: a farinha de mandioca. Esse alimento mostrou-se ideal aos homens do mar, por alimentar bem e não deteriorar-se com tanta rapidez.

Tornou-se hábito embarcar a farinha, ou mesmo a mandioca, nos navios de volta ao reino, levadas como suprimento particular dos tripulantes, cujo armazenamento era previsto para durar não apenas até Portugal mas também durante a viagem de retorno à colônia. Por navegarem muitas vezes próximos à costa brasileira, era possível também enriquecer a dieta com peixes frescos pescados por passageiros e tripulantes. De um jeito ou de outro, a escassez de água e alimentos podia ser facilmente contornada, dispensando inclusive o mercado negro de víveres. Mais tarde, com a formação de frotas, a situação ficou ainda mais favorável, pois em caso de necessidade um navio socorria o outro.

Mas nem sempre foi assim. Nas primeiras viagens, calmarias, imperícia ou erro de cálculo, problemas frequentes entre navegadores lusos no início do século XVI, inviabilizaram as escalas previstas na Madeira, Açores ou Fernando de Noronha, tornando a sobrevivência tão difícil quanto a verificada em situações similares na Carreira da Índia, forçando os embarcados a disputarem ratos e baratas nos navios. Nessas ocasiões não eram raros casos de canibalismo. Um deles foi registrado em 1565, a bordo da nau comandada por Albuquerque Coelho com destino à Terra de Santa Cruz, quando os mortos por fome e fraqueza serviram de alimento aos demais.

Com a formação de frotas, a possibilidade de escassez e situações de extrema necessidade como essas foram definitivamente afastadas, pois, além da possibilidade de ajuda mútua, seguiam no comboio naus carregadas apenas com suprimentos. Em alguns casos, os galeões de escolta eram supridos com carga extra de alimentos, justamente para amparar navios em necessidade.

Boticários e cirurgiões

Tais condições proporcionavam melhores condições de saúde aos embarcados, entretanto, devido às condições de higiene serem as mesmas que na outra rota, o problema com doenças e epidemias não estava afastado. Depois da formação de frotas, contudo, muitos navios passaram a contar com a presença constante de cirurgiões, boticários e mezinhas, garantindo maior chance de sobrevivência aos enfermos. Mesmo antes da obrigatoriedade de partirem em comboio, uma frota composta por 25 embarcações, partindo de Lisboa em 1624, levou consigo um cirurgião em cada navio.

Mezinhas ou boticas, de amplo uso tanto no reino quanto na colônia, eram caixas de madeira ou folha de Flandres, de tamanhos variados, com ferragens para fechá-las de forma segura, impedindo a entrada de água. Dentro, havia divisões para guardar frascos e boiões, contendo drogas e medicamentos mais urgentes. Junto com a mezinha quase sempre era encontrado um boticário, responsável pelo conteúdo, que variava de acordo com os conhecimentos e as posses do profissional, hoje comparado a um farmacêutico.

Tornou-se tradição, na Carreira do Brasil, o embarque de cirurgiões acompanhados de mezinhas, e, na presença de pessoas importantes na viagem, seguia também o boticário. A prática tornou-se tão corrente que em 1756 foi criado um corpo permanente de cirurgiões para acompanhar as armadas, sendo praxe, nesse período, partirem exatamente dez navios mercantes em cada comboio. Esse privilégio era exclusivo da rota do Brasil; na Carreira da Índia, cirurgiões só embarcavam se a viagem contasse com pessoas de alta posição. Cotidianamente, esses profissionais, e também os boticários, recusavam-se a viajar para o Oriente por causa das condições insalubres vivenciadas nas naus, além do extremo desconforto e perigos da travessia, tornando impossível para a Coroa, apesar dos esforços empreendidos, substituir barbeiros por profissionais mais gabaritados nesse trajeto.

Ainda que requisitados, ou até disputados, cirurgiões e boticários, na realidade não eram de grande valia, empregando métodos extremamente arcaicos mesmo para o período. Quando não faziam a temida sangria, a exemplo dos barbeiros, levando o doente a perder mais de dois litros de sangue, ministravam purgativos e outros conteúdos das mezinhas vindas do reino, que quando não eram ineficazes pioravam o estado do paciente.

Em decorrência das proibições do Santo Ofício, impedindo o exame de cadáveres e outras práticas experimentais consideradas hereges, em Portugal as técnicas empregadas na cura ainda eram medievais, como o uso de emplastros, água de almeirão, língua de vaca, ou a triaca, medicamento composto por mais de sessenta ingredientes, indicado particularmente para o combate a qualquer tipo de veneno, debilidade do estômago e para deter "a corrupção dos humores". O componente mais importante do milagroso remédio era carne de cobra, pois, segundo a crença popular, o fato da víbora ser imune ao próprio veneno seria um indicativo de que o corpo do réptil era resistente a qualquer tipo de envenenamento.

Nas mezinhas trazidas do reino os efeitos das substâncias eram muito limitados por tratarem-se na maioria de purgativos e mastigatórios. Entretanto, a simples presença dos supostos medicamentos servia para provocar um bem geral e maior segurança entre os embarcados, que sabiam ser aquela uma alternativa às sangrias. Gradualmente, o convívio com os índios e suas técnicas ancestrais de cura com o uso de ervas medicinais alterou o quadro e o conteúdo das mezinhas, que passaram a ser equipadas com unguentos, esses sim eficazes.

Cirurgiões, boticários, marujos, colonos e jesuítas, todos os que tiveram contato mais próximo com os ameríndios e as técnicas de tratamento desenvolvidas por eles, beneficiavam a si e aos outros, levando os conhecimentos para o reino. Nos navios, era comum que, além de víveres, cada embarcado trouxesse consigo o próprio suprimento de unguentos e emplastros indígenas nativos.

Uma viagem, enfim, mais tranquila

Quanto aos desastres marítimos, numa análise comparativa em relação ao que acontecia na Carreira da Índia, a tragédia não era tão extrema, apesar do assédio dos piratas. Em geral, os navios naufragavam próximos à costa, permitindo aos embarcados chegarem à praia em questão de dias, ou mesmo de horas, encontrando facilmente água e alimentos em abundância.

Não por acaso, dentre todos os relatos de naufrágios transcritos por Bernardo Gomes de Brito na *História trágico-marítima*, apenas um refere-se à rota do Brasil.

Um fator decisivo para o incremento da Carreira do Brasil foi a quantidade menor de naufrágios se comparados aos números dos desastres na rota da Índia

Trata-se da nau de Jorge de Albuquerque Coelho, que tendo passado por diversas dificuldades que provocaram avarias na embarcação, como a quebra do mastro, encontrava-se cercada de piratas, com os quais lutou por vários dias. Ao final, os atacantes conseguiram afundar o navio, mas mesmo os que não couberam no batel puderam se salvar, agarrados em tábuas arrancadas da nau, conseguindo com isso flutuar até alcançarem terra firme. Naufrágios são sempre situações traumáticas e desesperadoras, em que a morte parece iminente e inevitável; ainda assim, com relação à Carreira do Brasil, as condições dos desastres tornaram-se mais um atrativo, visto que a grande maioria das pessoas era poupada.

Alcançando a terra, além de obter água e comida, os náufragos ainda podiam contar com a ajuda de tribos aliadas a Portugal, aguardando o resgate por um dos navios participantes da cabotagem, que circulavam regularmente pela costa. É certo que no início da colonização muitos sobreviventes foram vítimas de tribos canibais, mas com o aumento da importância das terras brasileiras, a possibilidade de ser resgatado foi bastante ampliada, graças ao tráfego cada vez mais intenso.

Levando em conta o gosto pela tragédia apresentado pelo povo da época, comentado anteriormente, a simples escassez de relatos dando conta de naufrágios na Carreira do Brasil serve de indicativo de que, para o imaginário lusitano, embarcar nas caravelas não era considerado um risco, assim como sobreviver a um naufrágio na América também não era nenhum martírio.

Todos esses fatores, considerados em conjunto ou isoladamente, além da relativa facilidade em se penetrar no território inexplorado – em comparação com o inferno vivido tanto nas naus da Índia quanto no próprio continente asiático – serviram de grande estímulo para que a Carreira do Brasil cooptasse investidores e voluntários para o transporte e a colonização do Novo Mundo. A imagem positiva do Brasil, da viagem amena, da abundância e generosidade da terra, impregnou-se no imaginário popular luso, passando a representar uma oportunidade de vida nova, uma chance de enriquecer e virar um nobre da terra, uma espécie de senhor feudal dos engenhos de açúcar.

O principais portos brasileiros de então

Para entendermos melhor as razões dos naufrágios na Carreira do Brasil é preciso antes analisar o fluxo de navios na costa brasileira, particularmente naqueles pontos que tiveram papel fundamental na mudança do eixo econômico português do Oriente para o Brasil, e, portanto, sofreram maior assédio de piratas. Em relação ao ponto de partida dos navios em Portugal, ao contrário da Carreira da Índia em que, invariavelmente, todas as embarcações deixavam Lisboa, na Carreira do Brasil esse porto também era bastante requisitado, no entanto algumas embarcações optavam por zarpar de outras cidade importantes do país.

Precisamente quando a Coroa, recém restaurada, resolveu dar prioridade para a rota do Brasil, o movimento de embarcações, antes centralizado em Lisboa, passou a ocorrer também em outros portos, partindo de outras cidades ou mesmo regiões do reino. No período entre 1640 e 1669, num esforço para combater piratas e invasores da colônia e, com isso, aumentar a segurança e lucratividade da nova carreira, o Estado permitiu que embarcações partissem de onde quer que estivessem. No calor da batalha, o monarca chegou a ordenar a partida imediata de muitos navios ancorados no reino, com a missão de socorrer Pernambuco.

Para poupar tempo, um regimento promulgado em 14 de maio de 1647 ordenou que todos os navios ancorados em Algarve partissem imediatamente com destino ao Brasil, sem a obrigatoriedade de antes passarem pela alfândega de Lisboa. Em cumprimento, duas caravelas deixaram o porto às pressas, transportando cem infantes cada uma. Ainda assim, não foi revogada a lei obrigando os navios com destino à colônia a passarem em inspeção na alfândega de Lisboa, que se tornou, por esse motivo, o principal porto da Carreira do Brasil. Estatisticamente, 97% dos navios da rota deixaram a capital portuguesa contra os outros 3% autorizados a saírem de outros portos.

Depois da capital, a cidade do Porto e Viana do Castelo foram portos preferenciais no reino, onde estavam localizados importantes estaleiros, aptos não só a repararem as naus com problemas como também a construirem novas embarcações, uma vez que a ribeira de Lisboa estava saturada com o trabalho relativo à Carreira da Índia. Além desses, as regiões do Algarve, Setúbal e a serra da Arrábida, em que já funcionavam estaleiros desde o início da expansão marítima, também eram bastante requisitadas pelos navios da rota do Brasil. Por estarem próximos à capital, possuírem o litoral repleto de excelentes ancoradouros naturais e garantirem a segurança de embarcações que precisavam permanecer ancoradas por longos períodos, além de, acima de tudo, praticarem preços inferiores aos de Lisboa, muitos capitães optaram por esses portos alternativos.

Outras localidades possuíam atrativos diversos, como os centros produtores de Aveiro, Nazaré e Vila do Conde, que forneciam víveres para as embarcações, como sal e bacalhau, gêneros exportados para o Brasil com exclusividade pela Companhia Geral do Comércio mas que ali podiam ser adquiridos pela marujada e vendidos ilegalmente aos colonos brasileiros, motivo pelo qual evitavam a passagem pela alfândega de Lisboa. Mesmo com essa diversidade é possível resgatar o ponto de partida dos navios da Carreira do Brasil; o mesmo não pode ser dito em relação aos portos de chegada na colônia. Dos 4.068 navios rastreados, de 316 não se sabe o destino final ao chegarem à Terra de Santa Cruz.

Destino final representava o ponto ou a cidade para onde se dirigiram as embarcações depois de passarem pelas alfândegas de Salvador ou do Rio de Janeiro; era o local em que as mercadoria trazidas do reino eram descarregadas. Entre 1500 e 1700, um total de 2.359 navios tiveram como destino final Salvador, principal porto do Brasil, mesmo antes da formação da carreira; enquanto 1.172 transitaram por Pernambuco e apenas 124 naus foram ao Rio de Janeiro.

Assim, a costa da Bahia concentrou 58% do fluxo naval, Pernambuco ficou com 29% e à capitania do Rio de Janeiro coube 3% do total, sendo que, no Brasil, os portos de maior destaque foram os de Salvador, Olinda, cabo de Santo Agostinho, Recife e Rio de Janeiro. Em relação a esse último, consta que tenha sido, entre 1550 a 1580, o porto mais importante da colônia, *status* que só viria a recuperar, ainda que parcialmente, a partir de 1630, posição mantida até o final do século XVII.

No início do século XVI, a Bahia despontou como destino preferencial, perdendo importância em 1510, que foi gradualmente recuperada entre 1530 e 1639, atingindo o ápice em 1640 graças à produção açucareira e ao decreto régio centralizando o movimento da recém-criada Carreira do Brasil no porto de Salvador. Em relação a Pernambuco, o movimento foi bastante variado, sofrendo grandes altos e baixos ao longo das décadas.

Nos trinta primeiros anos após o descobrimento oficial, a região ficou no esquecimento; de 1530 até 1559, houve um aumento extraordinário no fluxo de embarcações; entretanto, de 1560 a 1609, o porto ficou quase inativo, recuperando parcialmente o movimento em 1610, assumindo a liderança na década seguinte. Em 1630, nova queda, recuperada em 1640. Entre 1650 e 1689 o fluxo foi insignificante, contudo, na década seguinte, Pernambuco voltou a assumir posição privilegiada ao lado de Salvador e do Rio de Janeiro.

Apesar dos principais destinos da Carreira do Brasil no período entre 1500 e 1700 terem sido Bahia, Pernambuco e Rio de Janeiro, é preciso ressaltar que na década de 1530 São Vicente foi um porto de grande importância no trajeto entre a colônia e o reino. Na época, Martim Afonso de Souza, fundador da cidade, levava a cabo o projeto de colonização das novas terras, fazendo da região local de desembarque tanto de produtos como de novos colonos vindos de Portugal, estimulando com isso o fluxo de navios.

Outro a se destacar foi o Maranhão, apresentando, na década de 1610, maior incidência de embarcações que qualquer outra capitania, com média de pouco mais de três navios por ano, enquanto Pernambuco e Salvador receberam um navio cada, no mesmo período. Esse aumento no fluxo de embarcações lusitanas deve-se diretamente à invasão francesa, que obrigou a Coroa a intensificar o patrulhamento da região.

O fantasma dos naufrágios

Em relação aos naufrágios, verificamos que a grande maioria ocorreu na costa brasileira, ou, para sermos exatos, das 4.068 embarcações que circularam pela carreira, 643 foram perdidas próximo ao litoral do Brasil; oito afundaram em alto-mar, nas águas do Atlântico Sul; duas perto da Europa; sete na costa africana e outras sete em zonas não identificadas. Percentualmente, isso significa que 96,43% naufragaram na costa brasileira; 1,19% no Atlântico Sul; 0,30% junto à Europa; 1,04% próximos à costa da África e 1,04% em locais ignorados.

Com relação às perdas verificadas na costa brasileira, notamos que elas ocorriam junto ao destino final das embarcações, variando, portanto, de uma década para outra, conforme a preponderância de um ou outro porto. No entanto, registramos que o maior número de naufrágios ocorreu nos períodos em que Bahia, Pernambuco e Rio de Janeiro estiveram em evidência.

Ao desconsiderarmos os desastres ocorridos em alto-mar ou em pontos não identificados, podemos classificar sete grandes áreas que registraram maior número de perdas: 1)· Bahia e Pernambuco; 2) Espírito Santo, Rio de Janeiro e São Paulo;

3)· Maranhão, Piauí e Pará; 4) Costa da Mina, África; 5) Serra Leoa, África; 6) região litorânea entre norte da África e Algarve, no sul de Portugal; 7) arquipélago dos Açores. Durante os séculos XVI e XVII, cerca de 79% dos naufrágios ocorreram na primeira grande área; 10% na segunda; 4% na terceira, 3% na quarta; 2% na quinta; 1% na sexta e 1% na sétima.

Ao contrário da Carreira da Índia, em que vários fatores concorriam ao mesmo tempo como causas de desastre, na Carreira do Brasil os motivos eram fáceis de identificar, pois quase sempre eram os mesmos. Por se tratarem de caravelas de pequeno porte, pouco artilhadas, essas embarcações ficavam à mercê do ataque de piratas e corsários em busca da carga, responsáveis por 94,15% das perdas. Das restantes, 3,30% foram a pique por causas desconhecidas; 1,35% por motivo de encalhe; 0,45% tiveram a população dizimada por epidemias a bordo; 0,30% perderam-se em tempestades; 0,30% foram vítimas do desgaste natural da embarcação e 0,15% afundaram devido à imperícia do piloto.

Apesar de, como ocorria nas imensas naus da carreira oriental, serem comuns a superlotação e o excesso de carga decorrente do contrabando feito pelos tripulantes, esses fatores não chegaram a comprometer a navegabilidade dos navios a ponto de causar acidentes. Isso também graças ao tamanho das caravelas, bem menores que as naus e com maior mobilidade para manobras, e ao tempo do percurso, bastante inferior ao da viagem para a África. Eliminados os motivos mais comuns, podemos supor que um grande número de navios, cujo naufrágio foi registrado como tendo causas desconhecidas, foi perdido em decorrência do desconhecimento do território por parte dos navegantes, numa época em a costa brasileira ainda estava sendo mapeada.

Segundo registros, sabemos que até o século XVII as informações a respeito do Brasil eram vagas, incompletas e inexatas, não tanto com relação ao mapeamento da costa mas no tocante à profundidade das águas. Não havia informações precisas sobre os maiores perigos encontrados, como os diversos baixios, muito comuns na zona costeira do Nordeste, ou sobre recifes e bancos de areia, que representavam grandes riscos à navegação. Para esses trajetos mais difíceis e pouco conhecidos, era comum valer-se apenas de um piloto experiente e de um roteiro manuscrito, o que, em muito casos, não foi o suficiente.

Razão pela qual, em 1614, Manuel de Figueiredo gaba-se de ser o autor de *Hidrografia e exame de pilotos,* um dos primeiros guias de marinhagem impressos, destinados à formação de oficiais, em que se fazia amplo uso da matemática aplicada à navegação. A obra, um volumoso e magnífico compêndio, cobria todo o oceano, as costas da África, Ásia e América, mapeando os baixios e alertando sobre os pontos mais perigosos da costa brasileira, locais em que era essencial o uso do prumo. Ainda assim, alguns problemas continuaram, devido a uma peculiaridade que o mapeamento não conseguia resolver: na costa, os bancos de areia subaquáticos são móveis, por isso, mesmo quando anotados cuidadosamente os baixios, um exame atento dos roteiros manuscritos da época demonstra haver muita imprecisão.

Entretanto, nos manuscritos anteriores, mesmo os acidentes geográficos não eram transpostos com fidelidade, como informa a carta escrita por mestre João, na ocasião em que esteve embarcado na armada de Cabral, endereçada a D. Manuel, em 1º de maio de 1500. Segundo observado por esse tripulante, mesmo quando o navio não apresentava oscilação, o responsável por anotar as coordenadas errava de quatro a cinco graus o posicionamento da nau em relação aos astros. Para obter precisão, era preciso estar em terra, o que explica o surgimento de roteiros mais precisos apenas no início do século XVII, quando a presença de povoações portuguesas ao longo da costa inibiu o ataque dos índios, possibilitando a pilotos e cosmógrafos desembarcar e realizar as medições necessárias.

Levando em consideração a formação requerida dos pilotos da época, exigindo que soubessem reconhecer recifes submersos pela coloração da água, entre outros, pode parecer estranho a vulnerabilidade diante de mapas imprecisos. No entanto, é importante levarmos em consideração que na rota do Brasil raramente havia um piloto formado a bordo. Em geral, a embarcação era guiada por um mestre, que além de não possuir conhecimentos muito aprofundados sobre navegação, ainda acumulava as funções de piloto e capitão, ou seja, o comando técnico e político do navio, em tempo integral, aumentando a margem de erro.

Os riscos aumentavam ainda mais à noite quando mesmo na vigência de um mestre experiente e conhecedor da região o perigo de encalhe era multiplicado pelos inúmeros recifes e bancos de areia. Para se ter uma ideia da quantidade de baixios ao longo da costa, basta observar que, dos seis mil quilômetros de litoral brasileiro, 1.100 são cercados por recifes.

Somados todos os precedentes – ou seja, ineficiência na anotação dos baixios; inexatidão das cartas de navegação; ausência de profissionais gabaritados; navegação costeira noturna, sobretudo a de cabotagem; e a grande extensão da faixa litorânea brasileira – não é difícil entender por que a falta de informações foi tida como a maior responsável pelos naufrágios ocorridos no século XVI. Na obra *História trágico-marítima*, de Bernardo Gomes de Brito, anteriormente citada, encontra-se o único relato conhecido a respeito de um naufrágio na Carreira do Brasil, o da nau Santo Antônio, na qual estava embarcado Jorge de Albuquerque, neto de Duarte Coelho.

Segundo o relato, em 1565 a embarcação partiu de Pernambuco com destino a Portugal, mas ao passar por um baixio na barra da vila de Olinda, sofreu encalhe. Álvaro Marinho, piloto reconhecido pela destreza, não foi tido como responsável pelo desastre, e nem se pôde justificá-lo pela ausência de mapeamento, pois havia uma carta de navegação da área. A causa foi atribuída, então, aos fortes ventos contrários, que em conjunto com a corrente da maré empurrou a nau em direção aos baixios.

Por estar muito carregada, julgaram primeiramente ser esta a causa do desastre, hipótese refutada logo em seguida, quando descarregaram todo o navio com o auxílio de batéis e ainda assim não conseguiram removê-la. Só foi possível desencalhar a nau depois de cortados e retirados os mastros, sob protestos dos que alertavam não haver na região estaleiro apto a reparar os danos. Depois de um mês de consertos, o navio partiu novamente em direção ao reino, vindo a naufragar em alto-mar em decorrência das avarias sofridas durante o encalhe, agravadas pelo ataque de piratas franceses.

Esse episódio ilustra bem o fato de que, mesmo com a presença de pilotos experientes navegando em locais devidamente mapeados, nem sempre era possível escapar do encalhe, uma vez que não havia muito o que fazer na vigência de mudança súbita na direção dos ventos e das marés. O problema persistiu até o começo do século XVII, quando avanços registrados no desenvolvimento da cartografia e no conhecimento preciso do regime dos ventos, correntes marítimas e movimento das marés ao longo do litoral minimizaram os riscos.

Apesar dos problemas derivados de encalhes, na rota do Brasil eles eram de fato muito inferiores aos verificados na Carreira da Índia, em que os enormes navios ficavam presos em águas de média profundidade, longe da costa, impossibilitados de salvar tanto a carga quanto os embarcados. No caso da rota brasileira, especialmente no século XVI, as caravelas de baixo calado encalhavam em águas relativamente rasas, próximas a locais povoados, viabilizando o salvamento de mercadorias e de todas as pessoas a bordo.

Na grande maioria das vezes, os donos dos navios encalhados no Brasil optavam por abandonar a embarcação, pois a experiência mostrava que as avarias causadas pelo acidente mais cedo ou mais tarde provocavam o naufrágio. Como a mercadoria era mais valiosa que o meio de transporte, era preferível perder o navio descarregado do que vê-lo naufragar levando consigo a carga e também os tripulantes. Assim, nesses casos, era comum desembarcar o cabedal e aguardar a chegada da próxima embarcação.

Essa solução reduziu ao mínimo os prejuízos com perdas, atraindo ainda mais investidores e marinheiros para a Carreira do Brasil, pois, além de serem relativamente poucos os naufrágios na rota, a ocorrência não significava perda da mercadoria e nem da vida dos voluntários. Com isso, o excedente adquirido com a carga recuperada permitia suportar sem grandes dificuldades a reposição dos navios perdidos.

Um lucro menor, porém mais garantido

Havia outros atrativos para a rota: apesar dos lucros relativos ao açúcar serem comparativamente modestos, pois o produto do Brasil ainda não apresentava a mesma qualidade do fabricado na ilha da Madeira, os riscos eram bem menores em relação às especiarias; e além disso, com o tempo dispendido na construção de uma nau para a Índia era possível construir quatro caravelas para a rota do Brasil. Os investidores se viam diante de duas alternativas: aplicar em açúcar, garantindo um acúmulo de capital lento, mas seguro, ou apostar nas especiarias, que podiam tanto render ganho extraordinário quanto levar um rico mercador à falência.

Comparativamente, vemos que ao longo do século XVI aqueles que escolheram a rota do Brasil tornaram-se paulatinamente cada vez mais opulentos, em oposição aos que investiram em especiarias, acumulando mais perdas do que rendimentos. Na primeira metade do século XVII, os poucos mercadores que conseguiram sobreviver aos altos e baixos da Carreira da Índia migraram para a Carreira do Brasil, fomentando o crescimento do negócio até que fosse alterado o eixo econômico do império marítimo português.

Antônio Teles, conde de Vila Pouca de Aguiar e governador do Brasil, foi um dos que transferiram suas posses antes de perderem tudo com especiarias. Acusado de ter deixado dívidas na Índia e também de ter se apropriado de verbas do erário real no período em que esteve por lá, o conde declarou em sua defesa que as acusações não passavam de calúnias, uma vez que, ao contrário, ele tinha voltado pobre do Oriente, tendo recuperado a fortuna no Brasil. Verdade ou não, o fato é que a Coroa considerou a justificativa plausível, pois não foram poucos os que faliram dessa forma.

Mesmo com o baixo índice de perdas, o risco de encalhe assombrava os que faziam uso da rota do Brasil, a ponto de incutir no imaginário dos navegantes do século XVII o medo permanente de vir a naufragar num dos tantos baixios do litoral da colônia. Como provam as estatística, o receio era infundado uma vez que das 640 embarcações perdidas entre 1600 e 1700, apenas seis o foram por motivo de encalhe, o correspondente a 0,94% durante todo o século XVII.

Ainda assim, minimizar os riscos tornou-se quase obsessão, e em 20 de julho de 1682, por exemplo, Francisco Lamberto, provedor da fazenda, enviou de Salvador uma carta ao rei informando ter mandado colocar balizas para marcar o baixio da barra da Bahia, medida amplamente justificada, segundo ele, pelo risco que a localidade oferecia aos navios, enumerando todos os que ali naufragaram, ou correram o risco de naufragar, por motivo de encalhe.

Entretanto, à medida em que os baixios foram sendo mapeados, percebeu-se que eles poderiam perfeitamente ser utilizados na vigência de um ataque estrangeiro, pois, de posse de orientações precisas, era possível conduzir navios piratas aos pontos mais rasos, fazendo com que encalhassem durante a batalha. Na tentativa de manter em segredo a localização de recifes submersos, a Coroa chegou a legislar proibindo que navios de outras nacionalidades lançassem lastros no mar a fim de medir a profundidade da água, sob pena de prisão aos infratores além da multa de cinquenta cruzados, e, no caso de reincidência, os implicados no crime, e os portugueses que os auxiliassem sofreriam degredo por um ano, a ser cumprido numa das terras conquistadas.

Piratas e corsários nas costas do Brasil

Na costa do Brasil, os corsários confundiam-se com piratas por atuarem simultaneamente em proveito próprio e a serviço de uma nação, utilizando a cobertura legal da carta de corso para ocultar atividades criminosas. Não atacavam apenas em nome do país de origem, para combater o inimigo, pilhavam também embarcações neutras, praticando contrabando e burlando leis alfandegárias do próprio Estado a que serviam. Mesmo os corsários considerados mais patrióticos agiram como piratas em tempos de paz, atacando, inclusive, navios dos próprios países. Para os súditos de várias nações europeias que entraram tardiamente na corrida colonial, guerra, comércio e pirataria formavam uma trindade indivisível.

Batalha dos Guararapes, em que portugueses e brasileiros lutaram contra os holandeses pela disputa das terras ricas em açúcar.

Dentre eles, mediante análise das cartas de corso emitidas pelos Estados, fica clara que foram os holandeses o pior pesadelo das embarcações que navegavam pelo Brasil. Dos 328 navios que afundaram mediante ataque pirata, nada menos que 98,09% foram atacados por holandeses; 0,80% por ingleses; 0,48% por franceses; outros 0,48% por navios de nacionalidade desconhecida e 0,15% foram naufragados pelos turcos.

Examinando os registros, percebemos nitidamente que o assédio dos piratas holandeses teve início junto com a União Ibérica. Apesar de estar em vigor a trégua entre holandeses e espanhóis que durou doze anos, de 1609 a 1621, na década de 1600 piratas holandeses afundaram um navio lusitano; na década seguinte, foram 28 embarcações, e na década de 1620 o número pulou para 169 naufrágios. Apesar de uma queda na década de 1630, quando foram afundados 21 navios, nos anos de 1640, 118 embarcações foram atacadas; e, na década de 1650, período que marca o apogeu da rota, 275 navios afundaram; entre 1660 e 1669, apenas quatro foram perdidos por causa dos piratas.

Na guerra de corso empreendida contra Portugal na colônia do Brasil, a Holanda foi responsável por 616 naufrágios; enquanto França, Inglaterra, navios turcos e embarcações de outras nacionalidades ocasionaram apenas doze desastres, o que não significa que não tenham causado estragos consideráveis. Os inimigos das Coroas Ibéricas procuraram desarticular de todas as formas a ligação marítima entre a colônia e a metrópole, empreendendo ataque por terra e mar, pressionando as comunidades civis com grandes armadas de guerra, que só atacavam quando em vantagem.

Por esse motivo, ao longo de dois séculos de animosidades, foram registrados apenas 138 combates navais. Os 235 navios afundados na década de 1650, por exemplo, naufragaram em meio a um único combate entre portugueses e holandeses, em um ponto não identificado da costa brasileira. Nesse episódio foram perdidos todos os navios da segunda frota mercantil que partira de Salvador, surpreendida pelos piratas em 1651, quando retornavam ao Brasil, vindos de Lisboa. Esse foi o único caso registrado em toda a história das frotas do Brasil de navios que naufragaram mesmo contando com a escolta de galeões de guerra. Os documentos não revelam as causas que levaram ao desastre, no entanto fica clara a superioridade dos navios holandeses.

Apesar disso, nem sempre os holandeses saíram vitoriosos dos combates: no século XVI, portugueses afundaram nove embarcações piratas contra três navios lusos perdidos para o inimigo, resultado que atraiu a tenção de investidores e voluntários para a então nascente Carreira do Brasil. No século XVII, o saldo não foi positivo: os navios de Portugal afundaram cinco embarcações inglesas, duas holandesas e outras duas de nacionalidades desconhecidas, valores insignificantes se comparados à quantidade de embarcações perdidas pelos portugueses. O sucesso dos lusos em rechaçar o assédio dos piratas não se repetiu porque, nos períodos seguintes, o número de navios inimigos tornou-se superior ao efetivo lusitano.

Os holandeses cobiçam o Novo Mundo

Mais do que construir um império açucareiro no Brasil, a ocupação de Pernambuco pelos holandeses tinha como objetivo formar uma base avançada para corsários dispostos a serem aos propósitos da Holanda, bloqueando o acesso luso e facilitando a expansão e fixação dos holandeses no Novo Continente. Com o advento da União Ibérica e a guerra de independência travada pela Holanda contra a Espanha, mercadores batavos que aplicaram nos engenhos de açúcar implantados no Brasil iniciaram uma guerra de corso, intensificada com o fluxo de capitais decorrentes do açúcar brasileiro, utilizado para ampliar e equipar navios de guerra holandeses.

No início, porém, os ataques não tinham a intenção de ameaçar o tráfego de navios da rota, ou ocupar Pernambuco, e muito menos comprometer a crescente produção de açúcar. A intenção era simplesmente roubar o que fosse possível. Assim, em 1599, a nau Silveren Wereldt tentou pilhar as populações costeiras fixadas na Bahia, sendo facilmente aprisionada. Houve outra tentativa, em dezembro do mesmo ano, quando a esquadra com sete navios, sob o comando de Hartman e Broer, atacou Salvador, sem sucesso.

Em compensação, os navios permaneceram por 55 dias no recôncavo baiano, roubando e incendiando as comunidades costeiras, até conseguirem o que consideraram espólios suficientes para se retirarem. Anos mais tarde, precisamente em 20 de julho de 1604, a região sofreu um golpe mais forte que as tentativas anteriores; nesse dia, uma esquadra com sete navios batavos atacou Salvador. Não obtendo êxito, os piratas voltaram-se para a povoação de Soterópolis, ocupando-a por quarenta dias, quando finalmente decidiram partir.

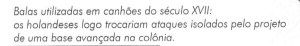

Balas utilizadas em canhões do século XVII:
os holandeses logo trocariam ataques isolados pelo projeto
de uma base avançada na colônia.

Perto do que estava por vir, esses ataques representaram tímidas tentativas de obter ganhos, ainda que ilegais, com o comércio de açúcar. Em 1621, diversas províncias holandesas reuniram-se para formar a Companhia das Índias Ocidentais, com o propósito de conseguir na África e na América o mesmo sucesso que a Companhia das Índias Orientais havia obtido na Ásia. A partir dessa data, que marcou o fim da trégua de doze anos entre Espanha e Holanda, os batavos fomentaram abertamente a guerra de corso.

Segundo crônicas do século XVIII, mesmo depois da Coroa espanhola ter proibido a entrada de estrangeiros no Brasil, contrabandistas holandeses mantiveram comércio com os colonos portugueses, oferecendo produtos a preços muito inferiores que os praticados pelo monopólio da metrópole. Mas o interesse maior não era propriamente nos produtos da terra. Bem acolhidos, supostos mercadores funcionavam como espiões, coletando informações preciosas a serviço da Holanda, que mais tarde seriam utilizadas pelos piratas.

De posse dos dados recolhidos, tendo pleno conhecimento de como funcionava a economia colonial lusitana, acionistas da Companhia das Índias Ocidentais chegaram à conclusão de que seria mais proveitoso invadir determinados pontos do litoral do que fazer uma guerra de corso a longa distância. Preciosas informações deram conta de que, além do mais, não seria difícil invadir e tomar a Terra de Santa Cruz. As tropas presentes no território estavam desorganizadas, os soldados tornaram-se mercadores, esquecendo-se das noções básicas do combate, e qualquer um que se apresentasse com um contingente não muito grande de homens e armas conseguiria transpor facilmente os débeis obstáculos apresentados.

Na época, circulou em Amsterdã um impresso exortando os habitantes a apoiarem a invasão do Brasil, ressaltando que os portugueses não estavam preparados para defender a possessão. Ressaltava-se também a posição marginal a que os judeus eram relegados na sociedade lusitana, e por extensão, na colônia, sendo alta a probabilidade dessa comunidade apoiar a iniciativa holandesa. No mesmo comunicado, os autores deixaram clara a necessidade de se estabelecer uma base avançada na colônia, para dar apoio aos piratas, uma vez que os ataques efetuados fracassaram devido à premência das tropas recuarem em busca de reabastecimento.

Além do mais, a posse de uma base avançada representava uma mina de tesouro, de onde se poderia extrair, com a produção de açúcar, recursos necessários para a formação de uma grande armada de guerra, ampliando e intensificando a pirataria no mar do Norte. De fato, antes da invasão de Pernambuco, os navios piratas a serviço da Holanda só podiam contar com a ilha de Fernando de Noronha, onde buscavam água e carne para as provisões.

A Carreira do Brasil e a primazia do açúcar

Ataque holandês a Salvador: os ataques corsários obedeciam a um projeto de implantação de um efetivo domínio colonial.

A estratégia tinha fundamento, pois os dividendos dos saques permitiram, em apenas três meses, que a Companhia das Índias Ocidentais construísse 26 embarcações, tripuladas por três mil homens, armada utilizada em 1624 nas duas tentativas de invadir a Bahia. Conforme relatos, tais investidas só não conseguiram dominar a cidade de São Salvador graças ao cerco feito por terra, comandado pelo arcebispo Miguel Teixeira à frente de mil e quinhentos homens.

Isolados, os holandeses foram vencidos pela fome, tédio e miséria, o que não os impediu de saquearem a cidade antes de recuarem. Frágeis em terra, contudo, os holandeses sempre foram imbatíveis no mar. Cientes disso, passaram a impor um bloqueio naval à rota do Brasil, circulando pela costa com grandes armadas, atacando e saqueando navios solitários ou em pequenos grupos, saindo-se sempre vitoriosos.

Mas não era o bastante e após as tentativas frustradas de invadir a Bahia, no começo de 1630 o almirante Lonk ancorou na costa de Pernambuco com 46 navios de guerra, subjugando a capitania após vários combates sangrentos. Espiões castelhanos infiltrados em Amsterdã já tinham avisado à Coroa sobre os planos dos holandeses, mas de nada adiantou, pois os portugueses subestimaram os efetivos do adversário, preferindo dar prioridade às fortificações na Índia, relegando o Brasil ao segundo plano. O reforço à segurança restringiu-se à construção de uma fortaleza, já na época considerada insuficiente para conter um ataque inimigo. As companhias de infantaria, com tropas mal aparelhadas e despreparadas, não receberam nenhuma atenção.

Foram enviadas algumas armadas portuguesas ou luso-castelhanas para combater os holandeses, insuficientes, no entanto, para impedir tentativas de invasão da Bahia e muito menos para evitar a ocupação de Pernambuco. Assim, em 1638, Maurício de Nassau alcançou o objetivo de finalmente conquistar uma base avançada para os holandeses em território brasileiro. No comando de uma frota de 31 navios, com efetivo superior a quatro mil homens, Nassau deixou Recife em 8 de abril em direção a Itaparica, que foi pilhada pelos holandeses. A região foi novamente assolada em 1640, quando uma frota de vinte navios reduziu os vinte e sete engenhos a cinzas. Sob o jugo espanhol, o descaso da Coroa portuguesa em relação à segurança do Brasil, justamente quando o eixo econômico e social lusitanos estava em fase de transição, custou muito caro aos súditos de Portugal.

Em comparação, ao longo de treze anos, graças à ocupação de Pernambuco, a Companhia das Índias Ocidentais reuniu uma frota de oitocentos navios; quanto aos portugueses, mesmo depois da criação da Carreira do Brasil, tiveram dificuldades para reunir duzentos navios no porto de Salvador. Na década de 1640, período em que 118 navios da rota do Brasil foram afundados e outras 545 embarcações de longo percurso e de cabotagem foram tomadas aos portugueses, os rendimentos acumulados pela Holanda chegaram a 180 milhões de libras.

A invasão de Pernambuco elevou a lucratividade com o açúcar de 20% para 50% sobre os dividendos investidos pelos holandeses, forçando a Coroa a intensificar a patrulha da costa e a enviar armadas na tentativa de furar o bloqueio e combater a pirataria, diminuindo as perdas por naufrágios. Com tantos êxitos, Sigismundo von Schoppe sentiu-se estimulado a tentar mais uma vez invadir a ilha de Itaparica, no final de 1647, visando a ocupação definitiva. À frente de 26 navios, com 2.400 homens, os holandeses permaneceram no local por mais de um ano, retirando-se depois de pilhar tudo o que foi possível, além de incendiarem 53 engenhos e outros edifícios.

Entretanto, os objetivos dos holandeses não foram de todo alcançados: o bloqueio naval, em detrimento das muitas perdas que provocou, não conseguiu impedir a comunicação entre o Brasil e a metrópole; com relação à cobiçada capitania de Salvador, nem todas as investidas realizadas foram suficientes para ocupá-la com sucesso. Com o término da União Ibérica, foram retomados os patrulhamentos intensivos pela costa brasileira, dificultando a presença de estrangeiros.

O projeto da França Antártica

Nos primeiro século após o descobrimento oficial, navios da armada portuguesa guardaram com zelo o litoral do Brasil a fim de manter afastados os navios do rei da França, interessado tanto no território quanto no contrabando dos produtos nativos. A armada de Portugal, depois de vigiar a costa por alguns meses, retornava à metrópole, carregada de mercadorias. De 1550 em diante, navios portugueses, individualmente ou organizados em armadas, passaram a combater a pirataria na costa brasileira, socorrendo por vezes algumas localidades ocupadas por inimigos da Coroa.

Por exemplo, em 1559, uma armada de seis caravelas, sob o comando de Bartolomeu de Vasconcelos, foi enviada para ajudar o Rio de Janeiro, ocupado pelos franceses desde 1555. Mesmo modesta, o reforço de Portugal, com o auxílio de embarcações menores fornecidas por algumas capitanias, conseguiu expulsar os estrangeiros em 1560, inviabilizando o projeto de formação da França Antártica.

Franceses foram adversários que nunca representaram uma ameaça real ao poderio lusitano no Novo Mundo. No século XVI, a superioridade numérica dos navios portugueses sobre a França foi uma constante, apesar da frota reduzida se comparada à Carreira da Índia. No entanto, o baixo número de navios empregados para a defesa das terras não permitiu um combate eficaz aos contrabandistas franceses durante a maior parte desse século. Mesmo durante a tomada do Maranhão, em 1612, a presença francesa nunca ameaçou o tráfego de navios lusos, muito menos a produção açucareira no Nordeste.

Ainda assim, a ocupação alarmou os portugueses, que os expulsaram com relativa facilidade três anos depois. Quem mais sofreu foram as populações costeiras, saqueadas e por vezes ocupadas por um breve período, não raro com a ajuda de ameríndios com quem os franceses, por motivos estratégicos, mantinham boas relações. Mas essas investidas nunca chegaram a ultrapassar as fronteiras das regiões periféricas.

A atuação de bucaneiros ingleses provocou estragos relativos: a Inglaterra nunca teve a intenção de criar bases avançadas no território brasileiro.

Os ataques de flibusteiros e bucaneiros ingleses

Além dos franceses, nas regiões costeiras piratas, flibusteiros e bucaneiros ingleses – muitas vezes agindo sem a permissão da Coroa inglesa, que mantinha relações amigáveis com os portugueses – pilhavam e atormentavam a população, mas sem nunca chegar a ameaçar a soberania de Portugal ou o tráfego de embarcações desse país. Nunca foi intenção da Inglaterra criar bases avançadas no território brasileiro, embora tenha causado danos consideráveis à navegação de cabotagem. Quanto aos piratas ingleses, até o início do século XVIII a atenção deles estava voltada ao saque das embarcações espanholas, que retornavam à Europa carregadas de prata.

Quem eram, afinal, os piratas?

No Brasil, o ataque de piratas ingleses às populações costeiras não causava o pânico tão difundido por mitos e lendas a respeito. Na verdade, a imagem atual dos piratas que atuavam no Caribe foi forjada a partir de 1678, com a publicação, em Amsterdã, da obra *Piratas da América*; reforçada em 1724, quando em Londres se publicou *História dos roubos e assassínios dos mais notórios piratas*.

Essas obras foram responsáveis por forjar no imaginário popular do século XVIII o mito do pirata sanguinário, ávido por tesouros, contraposto à identidade verídica do aventureiro foragido, obrigado ao exílio por ter sido injustamente condenado por crimes na terra natal. Coube ao cinema divulgar e perpetuar a lenda de que a proximidade de piratas provocava desespero incontrolável nas comunidades, resultando em fuga em massa. Para os contemporâneos aos séculos XVI e XVII, a pirataria era um tipo de negócio, financiado por comerciantes que procuravam obter lucro com o investimento.

Parte dos piratas que atuavam no Novo Mundo, inclusive, costumava tratar os prisioneiros de melhor forma que as próprias autoridades lusas; situação não compartilhada pelos piratas asiáticos, que cometiam verdadeiras atrocidades com os cativos, tanto em mar quanto na terra. Dezembro e março eram os meses preferidos para os ataques à costa brasileira, devido ao regime de ventos e correntes marítimas, permitindo assaltos às comunidades costeiras seguidos da fuga rápida para uma base caribenha.

Para se defenderem, as povoações da costa, sobretudo as mais desprotegidas, colocavam homens de prontidão nesses meses do ano, expondo a menor quantidade de mercadoria possível. Conhecendo o cerimonial adotado pelas naus lusitanas, que previa todo um levantar e abaixar de bandeiras diferentes, visando serem facilmente identificados, quando os vigias avistavam um navio que não procedia a esses cuidados mandavam soar os sinos das igrejas, avisando a população.

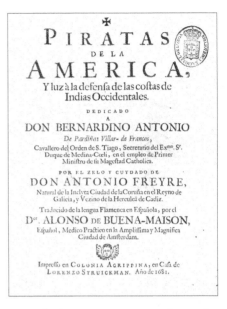

Frontispício de Piratas da América, publicação de 1678 que forjou a imagem do pirata que, séculos depois, o cinema transformaria em caricatura.

Carregando víveres e munição, os habitantes refugiavam-se nas matas, à espreita de uma oportunidade para contra-atacar. Em conjunto com tribos indígenas aliadas, faziam um cerco à cidade, expulsando os invasores em curto espaço de tempo, vencidos pela fome e pela sede. Em contraposição às comunidades lusas no Oriente, cidades e vilas fixadas no Brasil eram autossuficientes em relação ao abastecimento de víveres, condição derivada da falta de regularidade na passagem dos navios da metrópole encarregados de prover os colonos.

Graças aos estoques de provisões, era possível aos colonos manterem por longo tempo o cerco aos piratas, embora não tenham faltado ocasiões em foi preciso recorrer à ajuda da Coroa. Segundo D. Cristóvão de Moura, em meados de 1570, Salvador, por exemplo, era rica em plantações de frutas e hortaliças, possuindo muitas terras que garantiam o farto abastecimento da cidade. Em caso de necessidade, os habitantes se retiravam para o interior, onde podiam contar também com os alimentos naturais da terra, além de caça e pescados, impondo aos piratas um estado de sítio prolongado.

Outra alternativa nos meses de alto risco, quando viam despontar no horizonte a proa de navios desconhecidos, era disparar tiros de canhão, perfeitamente audíveis por quem estava na cidade, a fim de avisar sobre a presença de inimigos na barra. Da cidade, eram disparadas outras peças de rebate, avisando moradores dos engenhos mais retirados, para que se organizassem e viessem em auxílio dos citadinos. No caso de os inimigos conseguirem desembarcar, eram cercados pelos de terra, armados de mosquetes e apoiados pela artilharia das fortalezas; tática utilizada pelos moradores da Paraíba e por quase todas as povoações litorâneas desde o início da colonização.

Representação de Jean David Nau, o Olonês, um dos flibusteiros mais célebres, que ajudaria a consolidar a imagem de crueldade atribuída aos piratas.

A lei obrigava a população a se armar

Visando garantir a defesa das cidades, em 1548 a Coroa legislou obrigando cada vila do litoral a possuir como armamentos, no mínimo: dois falcões e seis berços; vinte arcabuzes ou espingardas; pólvora para munição; vinte bestas; vinte lanças; quarenta espadas e quarenta corpos de armas de algodão, tudo mantido às custas da Câmara Municipal.

Quanto aos senhores de engenho, deveriam manter na casa forte ao menos quatro espingardas, vinte espadas, dez lanças e vinte corpos de algodão. Independente de suas posses, todos os moradores tinham de possuir uma besta ou uma espingarda, além de espada e lança. Em caso de desobediência, o decreto régio previa o pagamento em dobro do valor das armas requeridas, medida que garantiu meios necessários à defesa do Brasil, pelo menos durante os séculos XVI e parte do XVII. A tática de manter o inimigo cercado em uma localidade foi aprendida pelos portugueses com os nativos da África e da Ásia, que utilizavam o mesmo procedimento para confinar invasores lusos dentro das muralhas das próprias fortalezas.

Táticas de guerrilha e a abundância de alimentos, aliadas à obrigatoriedade de armar a população e à superioridade naval lusitana, foram responsáveis por afastar piratas ingleses e franceses da costa do Brasil no século XVI, difundindo o clima de segurança que atrairia, a partir de 1600, novos investidores e mais voluntários para a Terra de Santa Cruz. Com a entrada de piratas holandeses no cenário, o clima de estabilidade foi profundamente alterado.

Diante das tentativas de invasão da Bahia em 1624 os conselheiros da Coroa chegaram a propor que, no mesmo ano, fosse reunida uma tropa formada por treze mil infantes, recrutados nas fronteiras da África, em Ceuta, Tanger e Mazagão. Como visto, o rei espanhol no trono de Portugal achou por bem ignorar os apelos, entendendo não ser prioridade a defesa do Brasil, ou mesmo a proteção dos galeões espanhóis que voltavam do Peru carregados de ouro. Meses mais tarde, o soberano respondeu às solicitações, alegando só poder dispor de trezentos soldados para a defesa, transferidos de Tanger e Ceuta. Com o descaso das autoridades, o caminho ficou livre para a ocupação de Pernambuco pelos holandeses.

Mesmo tendo negado o envio de efetivos militares para combater em terra, na década de 1620 o soberano espanhol despachou 82 navios de guerra para combater os holandeses no mar, e mais oito navios destinados à patrulha costeira. Como haviam previsto os conselheiros, tal número não foi suficiente para intimidar ataques piratas, e, só em 1623, os holandeses afundaram setenta navios portugueses; e em 1625 e 1626, mais oitenta foram perdidos, deixando evidente necessidade de defesa do Brasil.

Seguidos desastres sensibilizaram a monarquia espanhola, fazendo com que enviasse ao Novo Mundo uma armada fortemente artilhada, composta por seis galeões de guerra, com a missão de patrulhar a costa brasileira. Mas a essa altura o bloqueio naval dos holandeses já havia se iniciado, impedindo o avanço dos navios lusitanos e atacando as vulneráveis embarcações mercantes de longo curso e de cabotagem. Como resultado, dos seis galeões enviados, cinco foram afundados em combate em 1626, mesmo ano em que chegaram.

Em plena barra da baía de Salvador, em 1627, a frota do audacioso pirata holandês Piet Hery atacou a frota mercante da rota do Brasil, afundando catorze navios, evento que, somado a tantos outros, serviu para que a Coroa portuguesa, ainda unida à monarquia espanhola, se desse conta finalmente da ameaça que a Holanda

Como norma de segurança, a Coroa portuguesa exigiu que cada vila – e cada habitante – passasse a contar com armas brancas e de fogo: de lanças ao canhão.

representava. No ano seguinte, uma armada luso-espanhola com 55 navios artilhados com 921 canhões, capitaneada por D. Fradique de Toledo, foi enviada com a missão exclusiva de dar proteção à Bahia contra ataques piratas. Em 1629, outra armada luso-espanhola veio ao Brasil com a mesma finalidade, formada por sete navios sob o comando de D. António Orqueda, medida que garantiu a guarda de Salvador e das capitanias ao sul da Bahia mas não impediu que embarcações lusitanas continuassem a ser pilhadas e afundadas ou que a capitania de Pernambuco fosse invadida em 1630.

Devido aos insucessos na década de 1620, o movimento de navios mercantes sofreu um retrocesso nos anos seguintes, e a perda da capitania de Pernambuco, agravada pelas tentativas fracassadas de recuperá-la, fizeram ver aos nobres portugueses e à alta burguesia o quão equivocada tinha sido a estratégia de submeter Portugal ao domínio espanhol. Com a União Ibérica, os portugueses ficaram presos no fogo cruzado entre Espanha e Holanda, sofrendo ataques tanto no Oriente quanto no Ocidente. A crise só foi sanada com o restabelecimento da monarquia portuguesa, quando D. João IV foi obrigado a optar entre a Índia e o Brasil e também a buscar reaproximação oficial com a Inglaterra, cujas relações diplomáticas haviam sido abaladas durante a dominação espanhola.

Relegadas a potências de segunda grandeza, não só Portugal mas também Espanha se viram na contingência de buscar o apoio de antigos aliados, sobretudo daqueles que agora despontavam como novas potências, como a Inglaterra, nação amiga dos portugueses, e França, do lado dos espanhóis. As metrópoles perceberam que, sem a ajuda financeira, política e militar dos mais fortes, não conseguiriam manter as possessões ultramarinas por muito tempo. Assim, mediante aliança firmada com a Inglaterra e tendo escolhido ficar com Brasil em detrimento da Índia, em 23 de junho de 1641 o novo rei português assinou acordo de trégua com a Holanda por um período de dez anos, válido contra ataques nas Índias Ocidentais e Orientais, embora nem sempre o acordo tenha sido respeitado pelos batavos.

Diante do acúmulo de perdas sofridas em todas as frentes, o novo governo concentrou-se em: 1) combater piratas holandeses que ainda atacavam o Brasil, apesar da trégua oficial; 2) intensificar a produção de açúcar, visando cobrir os gastos da Coroa; 3) reaver territórios perdidos na África e na América. As prioridades faziam parte de um plano mais abrangente: era preciso reconquistar Pernambuco, na época a região mais cultivada e maior produtora de alimentos, e portanto essencial para o projeto lusitano de aproveitamento da nova terra. Quanto às possessões na África, também tomadas pelos holandeses, representavam a garantia de um fluxo contínuo de mão de obra escrava, aproveitada no cultivo de cana-de-açúcar. Implementada, a política resultou na criação da Carreira do Brasil e na formação de frotas escoltadas por armada de guerra.

Desenho de época em que se reproduz o ataque de uma armada francesa ao Rio de Janeiro em 1710.

Levados em consideração os navios artilhados enviados ao Brasil entre 1500 e 1700, com diversos objetivos correlatos como combater a pirataria, patrulhar a costa, socorrer capitanias em perigo e escoltar navios em comboios, estiveram presentes na rota 584 embarcações de guerra. Com relação à guerra de corso empreendida por holandeses, foi apenas depois de 1644, com a obrigatoriedade da formação de frotas escoltadas, que se verificou queda nos ataques piratas às embarcações. Mas em terra, os holandeses continuaram opondo forte resistência às forças da Coroa, mesmo depois do avanço batavo ter sido contido na Bahia. Em Pernambuco, foram travadas inúmeras batalhas na tentativa de recuperar o território, porém a superioridade militar holandesa garantiu por longo período a presença dos batavos na região.

Segundo manuscrito holandês escrito na época – traduzido para o português no início do século XIX pelo padre Pedro José de Figueiredo – na guerra para reconquista de Recife morreram mil holandeses e outros quinhentos foram feridos. Do lado português cem soldados foram mortos e dois mil e quinhentos, feridos. Para combater os batavos, Portugal enviou os navios que possuía, artilhados às pressas, inclusive os de particulares, remanejando tropas estacionadas na ilha da Madeira, no arquipélago dos Açores e também em outros lugares. Em meio ao desespero, a Coroa lançou um decreto, datado de 16 de janeiro de 1646, ordenando que a infantaria sediada na ilha da Madeira fosse transportada, integralmente, para o Brasil.

Mesmo reunindo tudo o que havia restado do seu poderio, as forças lusitanas estavam longe de ser suficientes para derrotar em terra e expulsar os holandeses do Brasil; no mar a falta de policiamento, reservado às frotas, deixava o espaço livre para a ação de piratas a serviço da Holanda, que interferiam não só na navegação de cabotagem como também no trânsito de navios negreiros vindos de Angola e da costa da Mina.

Para reaver o território no Brasil foi preciso que a Inglaterra intercedesse, participando ativamente das negociações entre Portugal e Holanda, que resultaram no comprometimento, por parte dos portugueses, em pagar indenização correspondente e oito milhões de florins, ou dezesseis milhões de libras, em dinheiro ou mercadoria, aos holandeses em troca das propriedades ocupadas na América.

Não se pode negar que a combatividade lusitana influenciou a decisão dos holandeses no sentido de aceitarem o acordo, abandonando definitivamente o projeto de construírem um Brasil holandês, não obstante, sem a intervenção inglesa e as negociações no campo diplomático, é muito provável que a guerra se estendesse indefinidamente.

A decadência do império do açúcar

Ao compararmos os motivos centrais que deram origem às duas carreiras lusitanas, verificamos que a Carreira da Índia nasceu particularmente da necessidade de angariar recursos para o reino de Portugal, em especial para a Coroa portuguesa, o que determinou o monopólio do rei sobre o empreendimento. No caso da Companhia Geral do Comércio do Brasil, organizada e administrada por particulares, ainda que a mando da Coroa, o surgimento deveu-se à ineficiência dos órgãos governamentais em coordenar a rota do Brasil, mas também foi fruto das teorias mercantilistas em voga na época.

Seguindo os preceitos dessa doutrina, os administradores responsáveis pela Companhia perceberam que era preciso praticar preços baixos em relação ao transporte de carga e passageiros, medida tomada por meio de regulamentação única, que atingia todos os particulares operantes na rota. Com isso, inibia-se a concorrência interna e o aumento dos fretes cobrados pelos donos de navios, apesar da demanda ser maior que a oferta.

Ao tabelar o valor do frete, mantendo a alta controlada, os investidores procuravam evitar a diminuição dos lucros obtidos com os produtos transportados, tendo em vista a acirrada concorrência no mercado europeu. Na Europa, o açúcar, por exemplo, não poderia ter seu preço aumentado, sob pena de perder a competitividade. Por isso, caso houvesse alta nos preços do frete, os comerciantes não poderiam repassá-la ao produto, tendo que diminuir a margem de lucro.

Graças a essa e a outras medidas implementadas, houve aumento do fluxo de navios e melhora nas condições do trajeto, possibilitando que em 1650 a segunda frota da carreira deixasse o porto de Salvador. Sob o comando do almirante Pedro Jaques de Magalhães, partiram 275 embarcações, dentre as quais 45 eram navios de combate, que, além de servirem de escolta, voltaram para o reino carregados de açúcar. Esses galeões haviam chegado ao Brasil um ano antes, na armada com 52 navios de guerra comandados pelo conde Vila Pouca de Aguiar e pelo almirante Luís da Silveira Teles, enviados de Lisboa com a missão combater os holandeses em Pernambuco.

No entanto, após treze dias de viagem, a imensa frota foi obrigada a retornar a Salvador, impedida de continuar devido à falta de ventos favoráveis. Em verdade, essa foi a desculpa apresentada pelo capitão Pedro Jaques de Magalhães no esforço de encobrir o real impedimento, representado pela insuficiência de víveres para a viagem. A manobra, apesar de acertada, causou grandes perdas aos cofres públicos, pois era de responsabilidade da Coroa custear os navios de guerra. Os particulares também sofreram prejuízos pois no retorno a nau mercante capitânia encalhou num dos baixios, sofrendo grandes avarias, tendo sido reparada em Salvador junto com outras embarcações danificadas.

Depois de inúmeros contratempos que se sucederam, entre eles o adoecimento do capitão, a frota partiu novamente em 1651. Tamanho atraso irritou os produtores, forçando a Coroa a obter explicações junto aos administradores da carreira. Na avaliação dos problemas implicados, foi constatado, em parecer emitido em 13 de janeiro de 1651, que a própria obrigatoriedade de formação de uma frota gigantesca – composta por navios da armada real, da esquadra do comércio e de navios particulares – exigia uma concentração de esforços impossível de ser satisfeita no prazo requerido.

A análise foi mais longe, verificando que a partida simultânea de todo o potencial militar e humano disponível, convocado para cumprir as exigências da Coroa, tornava vulneráveis a Bahia e o Rio de Janeiro, sem condições de defenderem-se contra ataques marítimos e terrestres. De fato, tão logo partia a armada escoltando os navios mercantis, as populações em torno dos engenhos de açúcar eram saqueadas, elevando ainda mais o prejuízo dos produtores particulares e do Estado. Mesmo diante das evidências a Coroa não revogou as imposições e em 1652 partiu a terceira frota, composta por duzentas e doze embarcações. Novas frotas continuaram a ser formadas, sem que os apelos dos súditos fossem levados em consideração.

Assim, em 1654 partiu a quarta frota; em 1656, a quinta; seguida pela sexta, em 1658. Somadas todas as embarcações que fizeram o trajeto na década de 1650, inclusive as que foram autorizadas a seguirem fora dos comboios, obtemos o total de 1.157 navios, com índice de naufrágio de 23,98%, representando o ápice do fluxo naval entre Portugal e Brasil durante a primazia do açúcar.

Para termos uma ideia da grandiosidade desses números, apesar de não dispormos de registros informando quantos navios ingleses circularam nessa época, podemos contrapor as 450 mil toneladas de produtos transportados pela Carreira do Brasil, durante esse período, às 192 mil toneladas deslocadas na rota comercial entre a Grã-Bretanha e sua colônia da Nova Inglaterra, na América do Norte. Contudo, é importante ressaltar que, apesar da nova administração ter garantido o trânsito contínuo de embarcações, não conseguiu sustentar uma periodicidade regular na partida das frotas, regularidade que, nas rotas inglesas, era de praxe.

Outro problema relacionado à obrigatoriedade de grandes comboios decorria do tempo que a carga ficava à espera de transporte, representando grande diminuição nos lucros dos produtores de cana-de-açúcar devido à degradação do produto e à queda nos preços de venda. Por esse motivo, o rei começou a receber uma enxurrada de reclamações dos súditos, entregues por meio de representações lideradas por autoridades com interesses no Brasil.

Dentre as tantas reivindicações, os comerciantes exigiam mais navios para fazer o transporte do açúcar; reparação dos danos causados por piratas que agiam na costa, comprometendo a navegação de cabotagem; e, caso não fossem atendidos, ameaçavam retirar o capital investido. As reclamações tinham fundamento pois, após seis anos da criação da Companhia, apenas três comboios haviam deixado a colônia.

Depois de muito custo, a Coroa resolveu atender às solicitações em 1658, diminuindo a exigência quanto ao número de navios na frota, de duzentos para dez. Contudo, manteve-se a mesma necessidade de escolta, fato que atrasou o cumprimento da nova lei pelos administradores da Companhia, devido aos custos envolvidos na operação terem se mantido os mesmos. A sétima frota partiu de Salvador, em 1660, composta por duzentos e doze navios.

Em 1662 partiu a oitava frota com 216 embarcações. Apesar da lei, o número seria efetivamente reduzido apenas com o declínio da primazia do açúcar, depois que, expulsos do Brasil, os holandeses fixaram-se nas Antilhas, produzindo o mesmo produto, em concorrência direta com Portugal. Com o aumento da oferta veio a necessidade de diminuir a produção no Brasil, alterando a demanda por transporte.

A nona frota partiu da Bahia em 1664 com apenas vinte embarcações mercantes, escoltadas por quatro navios de guerra. A tendência de queda na produção manteve-se e, em 1666, a décima frota deixou o porto com treze naus mercantes e três navios artilhados, embora, entre 1664 e 1666, grande número de embarcações tenha obtido permissão para partir fora do comboio. Na Europa a alta no preço do açúcar revitalizou a demanda e, em 1667, o 11º comboio foi composto por 64 embarcações.

Dois anos mais tarde, em 1669, deixava a colônia a 12ª frota, com cinquenta navios mercantes e duas naus da Índia, escoltadas por três navios de guerra. No total, em toda a década de 1660, circularam pela Carreira do Brasil 423 embarcações, representando uma queda drástica em relação ao período anterior, mesmo com o número de naufrágios reduzido para 1,65%, pelo fato dos holandeses terem desistido de construir um império açucareiro no Brasil, cessando os ataques e ocupações.

Em conjunto com a concorrência batava, a contínua instalação de novos engenhos de açúcar, desde o início da década de 1660 acarretou uma oferta superior à demanda, fazendo a cotação do produto despencar no mercado europeu. Tentando evitar o pior, a Coroa legislou proibindo a instalação de novos engenhos, o que não impediu o declínio da economia açucareira. Em 1670, a 13ª frota deixou Salvador composta por doze navios mercantes e duas naus de guerra; no ano seguinte, partiu a 14ª, com treze navios; seguida, em 1672, pela 15ª, com onze navios; e, no mesmo ano, a 16ª navegou rumo a Lisboa com outras doze embarcações.

O número estabilizou-se e a cada ano, de 1673 a 1675, uma frota com dez navios mercantes dois de guerra deixou a colônia com destino ao reino. Pelos próximos cinco anos não houve mais a formação de comboios, os navios receberam autorização para viajar sozinhos. Somadas todas as embarcações que partiram entre 1670 e 1679, temos um total de apenas 98 navios, dentre os quais 2,04% naufragaram.

Contabilizando prejuízos

Embora a criação da Companhia Geral do Comércio do Brasil, apesar das muitas dificuldades enfrentadas e das inúmeras queixas recebidas, ter inicialmente gerados bons lucros, alguns anos após a fundação os problemas com fluxo de caixa tornaram-se crônicos. Isso deve-se ao fato de que, excetuando os rendimentos recolhidos pela Coroa e por alguns nobres, os grandes beneficiados com a escolta da frota foram senhores de engenho e investidores estrangeiros. Enquanto os aplicadores recuperaram com lucro o capital investido, judeus forçados a participar da Companhia, depois de alguns anos de ganhos altos, acumularam sucessivos prejuízos, dada a necessidade de manutenção dos galeões, mesmo quando os navios permaneciam anos ancorados à espera de ordem real para cruzar o Atlântico.

Tentando amenizar o problema de falta de recursos, em 1657 a Coroa confiscou os bens dos judeus que controlavam a Companhia do Brasil, que serviram para pagar o déficit da instituição garantindo sua continuidade sem que o Estado precisasse injetar capital ou recorresse a empréstimos externos. Mas a situação voltou a agravar-se a partir de 1670, quando a formação de frotas para escolta deixou de ser necessária, ocasião em que particulares, apoiados pelo governo na colônia, particularmente por Pernambuco e Rio de Janeiro, começaram a queixar-se não da obrigatoriedade da formação de comboios mas da concentração desses na Bahia. Motivadas pelos custos empreendidos com a cabotagem, as reivindicações quanto a descentralização do porto de Salvador marcou o início da extinção da Companhia Geral do Comércio do Brasil.

Em meio ao prejuízo sofrido pelos administradores da instituição decorrente da própria natureza do negócio, particulares e investidores começaram a burlar a lei, enviando navios carregados sem escolta e sem a passagem pela alfândega, diminuindo os ganhos da Coroa. Nos anos de 1681, 1682, 1686, 1691, 1692 e 1695 ainda partiram frotas de Salvador; no entanto, em 1696 o governo português decidiu ceder às pressões, autorizando a saída de comboios também de Pernambuco.

Com isso, em 1697 duas frotas deixaram a colônia, ambas com doze embarcações: uma saída de Pernambuco e a outra, do Rio de Janeiro. No mesmo ano, a sede da frota foi transferida para o Rio, tornando usual o número de dez navios mercantes acompanhados por dois navios de guerra. Com a crescente segurança da carreira, no início do século XVIII um número cada vez maior de embarcações receberam autorização para partirem desacompanhadas.

Na Companhia Geral do Comércio do Brasil os déficits eram cada vez maiores e após duas recomendações do Conselho Ultramarino, uma em 21 de janeiro e outra em 19 de maio de 1715, a instituição foi oficialmente extinta pela Coroa. Um alvará datado de 1720 dissolveu a junta da Companhia sob alegação dos administradores deverem salários aos oficiais mecânicos; soldos ao regimentos militares; além de deverem o pagamento de material comprado e o empréstimo de letras de câmbio a alguns homens de negócios. Apesar de revogada a obrigatoriedade dos navios andarem em comboios, o governo manteve a escolta, distribuída em duas naus de guerra para a Bahia; duas para o Rio de Janeiro e um navio para Pernambuco, todos custeados, desta vez, pelos cofres públicos.

Depois do declínio da primazia do açúcar, o marquês de Pombal revitalizou o movimento de embarcações na Carreira do Brasil criando a Companhia do Grão-Pará e Maranhão e a Companhia de Pernambuco e Paraíba. Com a descoberta de pedras e metais preciosos em Minas Gerais a rota do Brasil, centralizada no Rio de Janeiro, entrou em evidência ampliando o fluxo de embarcações nesse porto, apesar da crescente demanda por transporte ter fomentado o nascimento de diversas rotas paralelas. Mas isso já é parte de uma outra história.

Fontes de pesquisa

Manuscritas

Manuscritos pertencentes ao acervo do Arquivo Histórico Ultramarino (AHU):

    a) Referentes à Bahia, catalogados pela arquivista Luiza Fonseca em 1950.
    b) Referentes ao Rio de Janeiro, catalogados por Castro e Almeida em 1917.
    c) Referentes a Pernambuco, catalogados pelo Prof. Dr. José António Gonçalves de Mello Neto da Universidade do Recife, quando leitor do Arquivo Histórico Ultramarino em 1952:

Manuscritos do acervo do Arquivo Nacional da Torre do Tombo, Portugal.

Manuscritos pertencentes ao acervo do Arquivo Público do Estado da Bahia (APEB).

Manuscritos pertencentes ao acervo da Biblioteca Nacional de Lisboa (BNL).

Impressas

Anônimo. *Índice cronológico das navegações, viagens, descobrimentos e conquistas dos portugueses nos países ultramarinos desde o princípio do século XV*. Lisboa, Imprensa Nacional, 1841.

CARNEIRO, Antonio de Mariz. *Regimento de pilotos e roteiro das navegações da Índia oriental*. Lisboa: Oficina de Lourenço de Anveres, 1642, Cota RES 1315P da Biblioteca Nacional de Lisboa.

FIGUEIREDO, Manuel de. *Hydrografia, Exame de Pilotos, no qual se contem as regras que todo piloto deve guardar em suas navegações, asi no Sol, variação da agulha, como no cartear, com algumas regras de navegação de Leste, Oeste, com mais o aureo numero, Etapas, Marès, & altura da Estrela Pollar. Com os Roteiros de Portugal pera o Brasil, rio da Prata, Guiné, Sam Tomé, Angola, & Indias de Portugal, & Castela. Composto por Manoel de Figueiredo, que ora serve de Cosmographo Mòr, por mandado de sua Magestade*. Lisboa: Impressão de Vicente Aluarez, 1614, Cota F 6005 da Biblioteca Nacional de Lisboa.

FIGUEIREDO, Manuel de. *Roteiro e Navegação das Indias Occidentais Ilhas, Antilhas do Mar Oceano Ocidental, com suas derrotas, sondas, fundos, & conhecenças. Novamente ordenado segundo Pilotos Antigos, Modernos, por Manoel de Figueiredo, que serve de Cosmographo Mor, por mandado de sua Magestade nestes Reynos, e senhorios de Portugal. Dirigido a Dom Carlos de Borga, conde de Ficalho, do Concelho do Estado de sua Magestade*. Lisboa: Impressão de Pedro Crasbeeck, 1609, Cota F 6005 da Biblioteca Nacional de Lisboa.

O Livro de Mórmon: um outro testamento de Jesus Cristo. publicado em inglês em 1830.

PIMENTEL, Luís Serrão. *Arte pratica de navegar e regimento dos pilotos repartidos em duas partes... juntamente os roteiros das navegaçõens das conquistas de Portugal, e Castela*. Lisboa: Impressão de Antonio Craesbeeck de Mello, 1681, Cota RES 411V da Biblioteca Nacional de Lisboa.

Regimento, & Leys sobre as missoens do Estado do Maranhão, & Parà, & sobre a liberdade dos Indios. Lisboa: Impresso por ordem de El-Rey nosso Senhor, Anno de 1725, Manuscritos do Brasil livro 27 e 28 do Arquivo Nacional da Torre do Tombo.

RODRIGUEZ, Vicente. *Roteiro de Portugal pera a India com os ferros da agulha, debayxo da frol de Lis. Por Vicente Rodriguez. E novamente emmendado segundo os pilotos modernos*. Lisboa: Fragmento não datado anexo à Impressão de Pedro Crasbeeck de 1614, Cota F 6005 da Biblioteca Nacional de Lisboa.

Publicadas

BARCELLOS, Christiano. *Construções de Naus em Lisboa e Goa para a Carreira da Índia no começo do século XVII*. Lisboa: Separata da Biblioteca Central da Marinha Portuguesa, 1898.

BARROS, João de. *Ásia de João de Barros: dos feitos que os portugueses fizeram no descobrimento e conquista dos mares e terras do Oriente* (Conforme a edição Princeps de 1553). Reedição fac-símile da edição da Universidade de Coimbra de 1932, Lisboa: Imprensa Nacional/Casa da Moeda, 1988 (3 volumes/década primeira, segunda e terceira).

BRITO, Bernardo Gomes de (compilação). *História Trágico-Marítima* (fac-símile da edição original de 1735/36). Lisboa: Afrodite, 1971 (2 volumes).

BOCARRO, António. *O livro das plantas de todas as fortalezas, cidades e povoações do Estado da Índia Oriental*. Transcrição de Isabel Cid conforme o manuscrito original de 1635 pertencente ao acervo da Biblioteca Pública e Arquivo Distrital de Évora, Lisboa: Imprensa Nacional/Casa da Moeda, 1992 (3 volumes: 1.Estudo e Índices; 2.Transcrição; 3.Estampas).

CADAMOSTO, Luís de. *Viagens de Luís de Cadamosto e de Pedro de Sintra*. Prefácio e notas de Damião Peres, Lisboa: Academia Portuguesa de História, 1988.

CAMÕES, Luís de. *Os Lusíadas*. Edição organizada por Emanuel Paulo Ramos, Porto: Porto Editora, 1972.

"Carta de D. Manuel aos Reis de Castela dando-lhes parte do descobrimento da Índia, datada em julho de 1499" In: ALVES, Jorge Manuel dos Santos (org.). *Notícias de missionação e martírio na Índia e Insulíndia*. Lisboa: Alfa, 1989, p.49-50.

"Carta de Mestre João a D. Manuel, datada em 1.º de março de 1500 (versão em linguagem actual pelo Prof. Luciano Pereira da Silva) In: GUEDES, Max Justo. *O descobrimento do Brasil*. Lisboa, Instituto Memorabilia, 1997.

"Carta de Pero Vaz de Caminha a D. Manuel, 1º. de março de 1500" In: CINTRA, Assis (org. e compilação). *Nossa primeira História*. São Paulo: Melhoramentos, 1921.

"Carta do Padre Manuel de Morais aos jesuítas do Colégio de Coimbra, escrita em Colombo e datada em 28 de novembro de 1552" In: ALVES. *Op. Cit.*, p.97-105.

CASTANHEDA, Fernão Lopes de. *História do descobrimento e conquista da Índia pelos portugueses* (conforme a edição Princeps de 1554). Coimbra: Imprensa da Universidade, 1924.

COLOMBO, Cristóvão. *Diários da descoberta da América: as quatro viagens e o testamento*. Tradução do espanhol de Milton Persson, Introdução de Marcos Faerman e Notas de Eduardo Bueno, Porto Alegre: L&PM, 1984.

"Consultas dos Conselheiros de Estado e Portugal sobre as forças que se convirá preparar para expulsar os holandeses do Brasil, escrita em Madri, datada em 1624" In: REGO, A. Silva (coordenador); SOUSA, Esther Trigo de & LALANDE, Maria de Lourdes (transcrição). *Documentação Ultramarina portuguesa II: Bibl. Nac. Madrid – Ms. 3015 e Mus. Brit. Col. Egerton – Ms. 1131*. Lisboa: Centro de Estudos Históricos Ultramarinos, 1962, p.523-532.

"Declaração acerca de planos holandeses, feita pelo holandês que se aprisionou, escrita Madri, datada em 21 de dezembro de 1624" In: REGO; SOUSA & LALANDE. *Op. Cit.*, p.532-533

"Descrição da cidade, e barra da Paraiba de Antonio Gonçalvez Pasiboa Piloto natural de Peniche, que há vinte annos, que reside na dita cidade, datada em 1630" In: REGO; SOUSA & LALANDE. *Op. Cit.*, p.148-150.

"Discripcion de la Provincia del Brasil, a Don Carlos de Aragon y Borja Duque de Villa Hermosa Conde de Ficalho del Consejo de Estado de Su Magestade su gentil hombre de Camara veedor de Hacienda, y presidente del Consejo Spremo de Portugal, escrita em Madri, datada em 30 de setembro de 1629" In: REGO; SOUSA & LALANDE. *Op. Cit.*, p.01-07.

FONSECA, Quinino da (dir.). *Diários da Navegação da Carreira da Índia nos anos de 1595, 1596, 1597, 1600 e 1603: manuscrito da Academia de Ciências de Lisboa publicado por ordem da mesma*. Lisboa: Academia de Ciências de Lisboa, 1938.

"GANDAVO, Pero de Magalhães. *História da Provincia de Santa Cruz*. Lisboa, Typographia de Antonio Gonçalves, 1576" In: CINTRA, Assis (org. e compilação). *Op. Cit.*, 1921.

"Informações sobre intentos holandeses quanto ao Brasil, escrita em Portugal, datada em 29 de junho de 1624" In: REGO; SOUSA & LALANDE. *Op. Cit.*, p.465-466.

"Informações sobre projectos de ataques inimigos, escrita em Madri, datada em 23 de junho de 1623" In: REGO; SOUSA & LALANDE. *Op. Cit.*, p.496-498.

LINSCHOTEN, Jan Huygen van. *Itinerário, viagem ou navegação de Jan Huygen van Linschoten para as Índias Orientais ou portuguesas (1596)*. Edição preparada por Aries Pos e Rui Manuel Loureiro, Lisboa: Comissão Nacional para as Comemorações dos Descobrimentos Portugueses, 1997.

LOBO, A. de S. S. Costa (compilação). *Memórias de um soldado da Índia*. Compiladas de um manuscrito português do final do século XVI do Museu Britânico, edição conforme o original de 1877. Lisboa: Imprensa Nacional/Casa da Moeda, 1987.

KRAMER, Heinrich & SPRENGER, James. *O martelo das feiticeiras (Malleus Maleficarum)*. Tradução de Paulo Fróes, Introdução histórica de Rose Marie Muravo e Prefácio de Carlos Byington, Rio de Janeiro: Record, 3º. Edição, 1991.

"Navios da Carreira da Índia (1497-1653), códice anónimo da British Library" In: ALBUQUERQUE, Luís de (org.). *Relações da Carreira da Índia*. Lisboa: Alfa, 1989, p.07-93.

NIEUHOF, Joan. *Memorável viagem marítima e terrestre ao Brasil*. Traduzido do inglês por Moacir N. Vasconcelos depois de confrontar a edição holandesa de 1682, introdução e notas de José Honório Rodrigues, São Paulo: Livraria Martins, 1942.
"Partidas de Afonso X de Castela: las serte partidas del rey Afonso el sabio, Madrid: 1807" In: ALBUQUERQUE (1989). *Op. Cit.*
PINTO, Fernão Mendes. *Peregrinação*. Transcrição de Adolfo Casais Monteiro a partir do original de 1614, Lisboa, Imprensa Nacional/Casa da Moeda, 1983.
PRAULT, Pierre "Description de la ville de Lisbonne (1730)" In: CHAVES, Castelo Branco (tradução, prefácio, e notas). *O Portugal de D. João V visto por três forasteiros*. Lisboa: Biblioteca Nacional, 1989.
RAYNAL, Abade Guillaume-Thomas François. *O Estabelecimento dos Portugueses no Brasil: Livro nono da história filosófica e política das possessões e do comércio dos europeus nas duas Índias*. Rio de Janeiro: Arquivo Nacional/Editora da Universidade de Brasília, 1998.
"Razones porque la Companhia de las Indias Occidentales avia de pescurar de quitar al rei de Hispanha la terra del Brazil, traduzido de um papel impresso em la Villa de Amsterdam en legua flamenga: hecho por Julio Andrea Moarbaceq, dirigido al conde Mauricio y todos Deputados de los Rebeldes de Olanda, escrito em Madri, datada em 21 de dezembro de 1622" In: REGO; SOUSA & LALANDE. *Op. Cit.*, p.214-223.
RÊGO, Raul (leitura e prefácio). *O último regimento e o regimento da economia da inquisição de Goa*. Lisboa, Biblioteca Nacional, 1983.
ROUSSEAU, Jean-Jacques. *Discurso sobre a origem e os fundamentos da desigualdade entre os homens*. São Paulo: Abril Cultural, 1978 (Coleção Os Pensadores).
SERAFIM LEITE (org. e compilação). *Cartas dos primeiros Jesuítas do Brasil*. São Paulo: Comissão do IV Centenário da cidade de São Paulo, 1954 (4 volumes).
SHAKESPEARE, William. *Macbeth*. Notes and comments by Henry Norman Hudson, Israel Gollanoz and C. H. Herford; New York: Grosset Dunlap, 1909.
SHAKESPERE, William. "O mercador de Veneza" In: *Obra Completa*. Rio de Janeiro: Nova Aguiar, 1995.
"Sobre a construção do forte da Baía, sem referência o local onde foi escrita nem data" In: REGO; SOUSA & LALANDE. *Op. Cit.*, p.500-501.
"Sobre gente a tirar-se das fronteiras de África e a enviar para socorrer o Brasil, datado em 10 de agosto de 1624" In: REGO; SOUSA & LALANDE. *Op. Cit.*, p.464.
SOUSA, Pero Lopes. *Diário da Navegação*. Introdução de J. P. Leite Cordeiro e notas do Comandante Eugênio de Castro, São Paulo: Obelisco, 1964.
TARRACHA FERREIRA, Maria Ema (seleção, introdução, e notas). *Crônicas de Fernão Lopes*. Lisboa: Ulisseia, s.d.
VELHO, Álvaro. *Diário da viagem de Vasco da Gama* (Fac-símile do códice original, transcrição e versão em grafia actualizada). Introdução de Damião Peres, Leitura paleográfica de António Baião e A. de Magalhães Basto, Texto actualizado por A. de Magalhães Basto, Porto: Livraria Civilização, 1945.

XAVIER, Padre Manuel. "Compêndio de todos os vizo-reis e governadores do Estado da Índia" In: ALBUQUERQUE (1989). *Op. Cit.*, p.178-196.

XAVIER, Padre Manuel. "Governadores da Índia" In: ALBUQUERQUE (1989). *Op. Cit.*, p.101-205.

ZURARA, Gomes de. "Crônica da tomada de Ceuta," In: TARRACHA FERREIRA, Maria Ema. (leitura, seleção e notas). *Literatura dos descobrimentos e da expansão portuguesa*. Lisboa: Ulisseia, s.d.

ZURARA, Gomes Eanes de. *Crônicas de Guiné*. Edição modernizada a partir do manuscrito de Paris, Introdução, novas anotações e glossário de José de Bragança, Barcelos Porto: Livraria Civilização, 1994.

Bibliografia

Artigos

ALBUQUERQUE, Luís de. "Carta-Portulano" In: ALBUQUERQUE, Luís de (dir.). *Dicionário de história dos descobrimentos portugueses*. Lisboa: Caminho, 1994, volume 1, p.209-211.

ALBUQUERQUE, Luís de. "Cartaz" In: ALBUQUERQUE (1994). *Op. Cit.*, volume 1, p.211-212.

ALBUQUERQUE, Luís de. "Cartografia" In: ALBUQUERQUE (1994). *Op. Cit.*, volume 1, p.212.

ALBUQUERQUE, Luís de. "Cartografia da Idade Média" In: ALBUQUERQUE (1994). *Op. Cit.*, volume 1, p.212-213.

ALBUQUERQUE, Luís de. "Escola de Sagres" In: ALBUQUERQUE (1994). *Op. Cit.*, volume 2, p.961.

ALBUQUERQUE, Luís de & SANTOS, Annie Marques. "Os cartógrafos portugueses" In: ARAÚJO, Carlos & CLANDEIGNE, Michel (dir.). *Lisboa e os descobrimentos, 1415-1580: a invenção do mundo pelos navegadores portugueses*. Lisboa: Terramar, 1990, p.67-75.

ALMEIDA, A. A. Marques de. "A Carreira da Índia entre 1580 e 1640. Dívida Pública, dinheiro e crédito no financiamento das Armadas" In: MATOS, Artur Teodoro de & THOMAZ, Luís Felipe F. Reis (dir.). *A Carreira da Índia e as rotas dos estreitos*. Angra do Heroísmo, Actas do VIII Seminário Internacional de história indo-portuguesa, 1998, p.767-777.

ARRUDA, José Jobson de Andrade. "A crise do século XVII e a consolidação da economia-mundo (1600-1750)" In: *Revista de História*, n.° 116. São Paulo: Dep. de História da Universidade de São Paulo, 1984, p.183-192.

ARRUDA, José Jobson de Andrade. "História e crítica da história econômica quantitativa" In: *Revista de História*, volume LV, n.° 110. São Paulo: Dep. de História da Universidade de São Paulo, 1977, p.463-481.

ARRUDA, José Jobson de Andrade. "Resultados e tendências da pesquisa em história quantitativa na época moderna" In: *Revista de História*, volume V, n.° 112. São Paulo: Dep. de História da Universidade de São Paulo, 1977, p.427-458.

BAROJA, julio Caro. "Arquétipos y modelos en relación com la história de la brujeria" In: *Brujologia congresso de San Sebastian*. Madrid: Seminários Ediciones, 1975, p.179-205.

BELLUZZO, Ana Maria de Moraes. "A imaginação do desconhecido" In: BESSONE, Tânia Maria Tavares & Queiroz, Tereza Aline Pereira (orgs.). *América Latina: imagens, imaginação e imaginário*. Rio de Janeiro, Expressão e Cultura; São Paulo: Edusp, 1997, volume 8, p.325-334.

BOSE, Sugata. "Estado, economia e cultura na orla do Índico: teoria e história" In: *Revista Oceanos, n.° 34: culturas do Índico*. Lisboa: Comissão Nacional para as Comemorações dos Descobrimentos Portugueses, abril/junho de 1998, p.25-36.

BOXER, Charles Ralph. "English shipping in the Brazil trate, 1640-65" In: *The Mariner's Mirror*, vol. 37, n.º 3. Grã-Bretanha: Journal of the Society for Nautical Research, julho de 1951, p.197-230.

BRANDÃO, Carlos Rodrigues. "Os guarani: índios do sul. Religião, resistência e adaptação" In: *Estudos Avançados*, vol. 4, n.º 10. São Paulo: Instituto de Estudos Avançados, setembro/dezembro de 1990, p.53-90.

CARRASCO, Carlos. "Vasco da Gama" In: ALBUQUERQUE (1994). *Op. Cit.*, volume 1, p.449-451.

CARRIÉ, Jean-Michel. "O Soldado" In: GIARDINA, Andrea (dir.). *O Homem Romano*. Tradução do francês de Maria Jorge Vilar de Fegueiredo, Lisboa: Presença, 1992, p.87-115.

CASTRO E ALMEIDA (catalogação). "Catalogo descritivo do acervo do Arquivo Histórico Ultramarino organizado por Castro e Almeida referente ao Rio de Janeiro entre 1616 e 1729" In: *Inventario dos Documentos relativos ao Brasil existentes no Archivo de Marinha e Ultramar organizado para a Biblioteca Nacional do Rio de Janeiro*. Rio de Janeiro: Biblioteca Nacional do Rio de Janeiro, 1917, volume 6.

COELHO, Nelly Novaes. "Colombo e Caminha: os primeiros cronistas" In: BESSONE & Queiroz (orgs.). *Op. Cit.*, 1997, volume 8, p.523-535.

COHN, Norman. "La demonizacion de los herejes medievales" In: *Europe's inner demons*. London: 1975.

CORREIA, Maria Fernanda Dinis. "Pimenta" In: ALBUQUERQUE (1994). *Op. Cit.*, volume 2, p.899-902.

COSTA, A. Fontoura da. "Preâmbulo" In: VELHO, Álvaro. *Roteiro da primeira viagem de Vasco da Gama (1497-1499)*. Lisboa: Agência Geral das Colónias, 1940, p.IX-XXII.

COSTA, João Paulo. "China" In: ALBUQUERQUE (1994). *Op. Cit.*, volume 1, p.242-249.

COSTA, João Paulo. "Japão" In: ALBUQUERQUE (1994). *Op. Cit.*, volume 1, p.535-541.

COSTA, Maria Leonor Freire. "A rota do Cabo e as rotas do Brasil: para um estudo comparado do transporte marítimo nos séculos XVI e XVII" In: *Seminário: O mundo que o português criou*. Fundação Joaquim Nabuco, outubro de 1997, p.01-14.

CUNHA, Manuela Carneiro da. "Imagens de índios do Brasil: o século XVI" In: *Estudos Avançados*, vol. 4, n.º 10. São Paulo: Instituto de Estudos Avançados, setembro/dezembro de 1990, p.91-110.

DELUMEAU, Jean. "Os agentes de Satã: III. A mulher" In: *O medo no Ocidente 1300-1800: Uma cidade sitiada*. Tradução de Maria Lucia Machado, São Paulo: Companhia das Letras, 1989, p.310-392.

DEL PRIORE, Mary Lucy Murray. "A América no teatro do Mundo: uma cartografia de imagens" In: BESSONE & Queiroz . *Op. Cit.*, 1997, volume 8, p.499-522.

DINIS, A. J. Dias. "Antecedentes da Expansão Ultramarina Portuguesa" In: *Revista Portuguesa de História*, vol. X. Coimbra: Imprensa Universidade, 1962, p.01-106.

DOMINGUES, Francisco Contente. "Barca" In: ALBUQUERQUE (1994). *Op. Cit.*, volume 1, p.119.

DOMINGUES, Francisco Contente. "Barinel" In: ALBUQUERQUE (1994). *Op. Cit.*, volume 1, p.121-122.
DOMINGUES, Francisco Contente. "Bergantim" In: ALBUQUERQUE (1994). *Op. Cit.*, volume 1, p.131-132.
DOMINGUES, Francisco Contente. "Fragata" In: ALBUQUERQUE (1994). *Op. Cit.*, volume 1, p.433.
DOMINGUES, Francisco Contente. "Galé" In: ALBUQUERQUE (1994). *Op. Cit.*, volume 1, p.440-442.
DOMINGUES, Francisco Contente. "Galeaça" In: ALBUQUERQUE (1994). *Op. Cit.*, volume 1, p.442.
DOMINGUES, Francisco Contente. "Galeota" In: ALBUQUERQUE (1994). *Op. Cit.*, volume 1, p.444.
DOMINGUES, Francisco Contente. "Tratado de Tordesilhas" In: ALBUQUERQUE (1994). *Op. Cit.*, volume 2, p.1039-1043.
DOMINGUES, Francisco Contente & GUERREIRO, Inácio. "A vida a Bordo na Carreira da Índia (século XVI)" In: *Revista da Universidade de Coimbra*. Coimbra: Separata da Biblioteca da Marinha Portuguesa, s.d.
FAUSTO, Carlos. "Fragmentos de história e cultura Tupinambá: da etnologia como instrumento crítico de conhecimento etno-histórico" In: CUNHA, Manuela Carneiro (org.). *História dos Índios no Brasil*. São Paulo: Companhia das Letras, 1998.
FONSECA, Luiza (catalogação). "Índice abreviado dos documentos do século XVII do Arquivo Histórico Colonial de Lisboa (atual Arquivo Histórico Ultramarino)" In: *Anais do Primeiro Congresso de História da Bahia*. Salvador: 1950, volume 2.
FRADA, João. "A alimentação a bordo das naus na época moderna" In: *A Universidade e os descobrimentos: colóquio promovido pela Universidade de Lisboa*. Lisboa: Imprensa Nacional/Casa da Moeda/Comissão Nacional para as Comemorações dos Descobrimentos portugueses, 1993.
GARCIA, José Manuel. "Breve roteiro das fortificações portuguesas no Estado da Índia" In: *Revista Oceanos, N.º 28: fortalezas da expansão portuguesa*. Lisboa: Comissão Nacional para as Comemorações dos Descobrimentos Portugueses, outubro/dezembro de 1996, p.121-126.
GODINHO, Vitorino Magalhães. "Portugal, as frotas do açúcar e as frotas do ouro (1670-1770)" In: *Revista de História*, volume VII. São Paulo: Dep. de História da Universidade de São Paulo, 1953, p.69-88.
HENRIQUES, Isabel Castro. "Malagueta" In: ALBUQUERQUE (1994). *Op. Cit.*, volume 2, p.661-663.
IGLÉSIAS, Francisco. "Encontro de duas culturas: América e Europa" In: *Estudos Avançados*, vol. 6, n.º 14. São Paulo: Instituto de Estudos Avançados, janeiro/abril de 1990, p.23-37.
LADEIRA, Maria Elisa. "Uma aldeia Timbira" In: NOVAES, Sylvia Caiuby (org.). *Habitações Indígenas*. São Paulo: Nobel/Universidade de São Paulo, 1983.
LARGATO, Mariana. "Ilhas Canárias" In: ALBUQUERQUE (1994). *Op. Cit.*, volume 1, p.187-189.

LARGATO, Mariana. "Pêro de Covilhã" In: ALBUQUERQUE (1994). *Op. Cit.*, volume 1, p.324-325.
LARGATO, Mariana. "S. Tomé e Príncipe" In: ALBUQUERQUE (1994). *Op. Cit.*, volume 2, p.953-956.
LÁZARO, António Manuel. "Entre a Fé e as rotas do Levante: notas em torno das relações entre Portugal e Veneza no início do século XVI" In: MATOS & THOMAZ. *Op. Cit.*, 1998, p.509-518.
LEITE, José Roberto Teixeira. "Viajantes do imaginário: a América vista da Europa, século XV-XVII" In: *Revista USP*, n.º 30. *Dossiê Brasil dos Viajantes*. São Paulo: Publicação da Coordenadoria de Comunicação Social da Universidade de São Paulo, Junho/Julho/Agosto de 1996, p.32-45.
LISBOA, João Luís. "Açores" In: ALBUQUERQUE (1994). *Op. Cit.*, volume 1, p.12-15.
LOBATO, Manuel. "Relações comerciais entre a Índia e a costa africana nos séculos XVI e XVII, o papel dos Guzerate no comércio de Moçambique" In: *Revista Mare Liberum*, n.º 9. Lisboa, Comissão Nacional para as Comemorações dos Descobrimentos Portugueses, Junho de 1995, p.157-173.
LOPES, Antônio; FRUTUOSO, Eduardo & GUIONTE, Paulo. "O movimento da Carreira da Índia nos séculos XVI-XVIII" In: *I Simpósio de História Marítima: as navegações portuguesas no Atlântico e o descobrimento da América*. Lisboa: Academia da Marinha, Dezembro de 1992, p.199-264.
LOPES, Marília Lopes. "Relações de Portugal com a Alemanha" In: ALBUQUERQUE (1994). *Op. Cit.*, volume 1, p.44-48.
LOUREIRO, Rui. "Ilha de Santa Helena" In: ALBUQUERQUE (1994). *Op. Cit.*, volume 2, p.970.
MARQUES, Alfredo Pinheiro. "D. João I." In: ALBUQUERQUE (1994). *Op. Cit.*, 1994, p.554-556.
MARQUES, José. "Da situação religiosa de Portugal, nos finais do século XV, à missionação do Brasil" In: *Série Cátedra Jaime Cortesão*, n.º 4. São Paulo: Instituto de Estudos Avançados, agosto de 1992 (Separata da Coleção Documentos).
NASCIMENTO, Paulo. "Austrália" In: ALBUQUERQUE (1994). *Op. Cit.*, volume 1, p.103-104.
NOVAES, Sylvia Caiuby. "As casas na organização social do espaço Bororo" In: NOVAES (1983). *Op. Cit.*
PEDREIRA, Jorge. "Comércio Oriental" In: ALBUQUERQUE (1994). *Op. Cit.*, volume 1, p.273-277.
PEREIRA, José António Rodrigues. "Urca" In: ALBUQUERQUE (1994). *Op. Cit.*, volume 2, p.1054-1055.
PERES, Damião. "Introdução" In: VELHO, Álvaro. *Diário da viagem de Vasco da Gama* (Fac-símile do códice original, transcrição e versão em grafia actualizada). Introdução de Damião Peres, Leitura paleográfica de António Baião e A. de Magalhães Basto, Texto actualizado por A. de Magalhães Basto, Porto: Livraria Civilização, 1945, p.07-21.
PICCHIO, Luciana Stegagno. "O Imaginário Europeu e o Mau Selvagem" de Montaigne a Shakespeare" In: MEIBY, José Carlos Sebe Bom & ARAGÃO, Maria Lúcia (orgs.). *América: ficção e utopias*. São Paulo: Edusp, 1994 (América 500 anos), p.45-56.

QUEIROZ, Tereza Aline Pereira. "A iconografia do Paraíso na Idade Média" In: BESSONE & Queiroz. *Op. Cit.*, 1997, volume 8, p.265-282.

KELLENBENZ, Hermann. "Relações econômicas entre a Antuérpia e o Brasil no século XVII" In: *Revista de História*, volume XXXVII, n.º 76. São Paulo: Dep. de História da Universidade de São Paulo, 1968, p.293-313.

RADULET, Carmem. "Os italianos em Portugal" In: CHANDEIGNE & ARAÚJO. *Op. Cit.*, p.113-123.

RADULET, Carmem. "Os italianos nas rotas do comércio oriental" In: MATOS & THOMAZ. *Op. Cit.*, 1998, p.257-267.

RADULET, Carmen. "Relações de Portugal com a Itália" In: ALBUQUERQUE (1994). *Op. Cit.*, 1994, volume 1, p.535-536.

RAMOS, Fábio Pestana. "A era das grandes expedições" In: *Jornal do Brasil*. Rio de Janeiro: Caderno Ideias, 22 de abril de 2000, p.04.

RAMOS, Fábio Pestana. "A História Trágico-Marítima das crianças nas embarcações portuguesas do século XVI" In: DEL PRIORE, Mary (org.) *A História das Crianças no Brasil*. São Paulo: Contexto, 1999, p.19-54.

RAMOS, Fábio Pestana. "A superação de obstáculos puramente técnicos nas navegações portuguesas da Carreira da Índia" In: *Revista Pós-História*, volume VII. Assis, Publicação do Departamento de História/Assis da Universidade Estadual Paulista (Unesp), 1999, p.135-156.

RAMOS, Fábio Pestana. "Navegação com engenho e arte" In: *Jornal do Brasil*. Rio de Janeiro, Caderno Ideias, 22 de abril de 2000, p.04.

RAMOS, Fábio Pestana. "O ataque de piratas ingleses e holandeses às embarcações da Carreira da Índia entre 1497 e 1653: a desarticulação do Império português no Oriente" In: *Revista Todavia*, Publicação do Departamento de História da Universidade Estadual de Londrina (UEL), 2000.

RAMOS, Fábio Pestana. "O Brasil entre a fronteira do real e do imaginário: o confronto cultural e militar entre índios e portugueses" In: *Estudos Ibero-Americanos*, edição especial n.º 1. Porto Alegre: Dep. de História da PUC do Rio Grande do Sul, 2000, p.139-147.

RAMOS, Fábio Pestana. "O cotidiano feminino a bordo das embarcações portuguesas (século XVI e XVII)" In: *Gênero em pesquisa*, n.º 15/Ano 8. Uberlândia, Núcleo de Estudos de Gênero e Pesquisa sobre a Mulher/Universidade Federal de Uberlândia, 1.º Semestre de 2000, p.06-09.

RAMOS, Fábio Pestana. "O dia a dia numa caravela" In: *Jornal do Brasil*. Rio de Janeiro: Caderno Ideias, 22 de abril de 2000, p.05.

RAMOS, Fábio Pestana. "O festejo dos santos a bordo das embarcações portuguesas do século XVI e XVII: sociabilização ou controle social?" In: JANCSÓ, István & KANTOR, Iris (org.). *Festa: Cultura e Sociabilidade na América portuguesa*. São Paulo: Hucitec/Edusp/FAPESP/Imprensa Oficial, 2001, volume 2, p.905-915.

RAMOS, Fábio Pestana. "Os problemas enfrentados no cotidiano das navegações portuguesas da carreira da Índia: fator de abandono gradual da rota das especiarias" In: *Revista de História*, 137. São Paulo: Dep. de História da Universidade de São Paulo, 2º. Semestre de 1997, p.75-94.

RIBEIRO, Joaquim. "Eletricidade e Magnetismo" In: BONOW, Iva Waisberg (coordenador). *Enciclopédia Delta Larousse*. Rio de Janeiro: Delta, 1964, volume 11-Física, p.5846.

SANTOS, Eugénio dos. "O homem português perante a doença: atitudes e receituários" In: *Série Cátedra Jaime Cortesão*, n.º 3. São Paulo: Instituto de Estudos Avançados, agosto de 1992 (Separata da Coleção Documentos).

SARAMAGO, José. "A morte familiar" In: BRITO, Bernardo Gomes de (compilação). *História Trágico-Marítima* (fac-símile da edição original de 1735/36). Lisboa: Afrodite, 1971, volume 2, p.CIII-CIX.

SERRÃO, Joaquim Veríssimo. "A Universidade e os descobrimentos do século XV" In: SOARES, Virgílio Meira (org.). *A Universidade e os descobrimentos: colóquio promovido pela Universidade de Lisboa*. Lisboa: Comissão Nacional para as Comemorações dos Descobrimentos Portugueses/Imprensa Nacional/Casa da Moeda, 1993, p.27.

SERRÃO, José. "Demografia portuguesa na época dos descobrimentos e da expansão" In: ALBUQUERQUE (1994). *Op. Cit.*, volume 1, p.342-352.

SOUZA, Thomaz Oscar Marcondes de. "Ainda a suposta Escola Naval de Sagres e a náutica portuguesa nos descobrimentos" In: *Revista de História*, n.º 13. São Paulo: Dep. de História da Universidade de São Paulo (USP), 1953, p.181-192.

SUBRAHMANIAN, Sanjay. "Sultanato de Guzerate" In: ALBUQUERQUE (1994). *Op. Cit.*, volume 1, p.480-483.

TAVIM, José Alberto Rodrigues da Silva. "Outras gentes em outras rotas: judeus e cristãos-novos de Cochim – entre Santa Cruz de Cochim e Mattancherry, entre o Império português e o Médio Oriente" In: MATOS & THOMAZ. *Op. Cit.*, 1998, p.307-342.

THOMAZ, Luís Filipe. "Prestes João" In: ALBUQUERQUE (1994). *Op. Cit.*, 1994, volume 2, p.918-923.

THOMAZ, Luís Filipe. "Malaca" In: ALBUQUERQUE (1994). *Op. Cit.*, volume 2, p.659-661.

TRIGUEIROS, António Miguel. "Moedas Iluminadas" In: *Revista Oceanos*, n.º 26. Lisboa: Comissão Nacional para as Comemorações dos Descobrimentos Portugueses, abril/junho de 1996, p.91-102.

VALE, José. "Humanismo e Descobertas" In: *Revista Oceanos*, n.º 22. Lisboa: Comissão Nacional para as Comemorações dos Descobrimentos Portugueses, abril/junho de 1995, p.97-108.

VILLIERS, John. "Vasco da Gama, o Prestes João das Índias e os cristãos de S. Tomé" In: HESPANHA, António Manuel (dir.). *Revista Oceanos, n.º 33: Vasco da Gama*. Lisboa: Comissão Nacional para as Comemorações dos Descobrimentos portugueses, janeiro/março de 1998, p.57-70.

Teses e Dissertações

AGNOLIN, Adone. *O apetite da antropologia, o saber antropofágico do saber antropológico: alteridade e identidade no caso Tupinambá*. São Paulo: Tese de doutorado apresentada ao Departamento de Antropologia da FFLCH/USP sob a orientação do Prof. Dr. Lísias Nogueira Negrão, 1998.

ASSUNÇÃO, Paulo de. *A terra dos Brasis: a natureza da América portuguesa vista pelos primeiros jesuítas*. São Paulo: Dissertação de mestrado apresentada ao Departamento de História da FFLCH/USP sob a orientação da Profa. Dra. Mary Del Priore, 1995.

KOK, Maria da Glória Porto. *Os vivos e os mortos no Brasil Colonial: da antropofagia à água do batismo*. São Paulo: Dissertação de mestrado apresentada ao Departamento de História da FFLCH/USP sob orientação da Profa. Dra. Laura de Mello e Sousa, 1993.

MACHADO, Mônica Tovo Soares. *Angola no período pombalino: o governo de Dom Francisco Inocêncio de Sousa Coutinho – 1764-1772*. São Paulo: Dissertação de mestrado apresentada ao Departamento de História da FFLCH/USP sob orientação da Profa. Dra. Mary Del Priore, 1998.

MAIA, Patrícia Albano. *O peregrino da América*. São Paulo: Dissertação de mestrado apresentada ao Departamento de História da FFLCH/USP sob orientação da Profa. Dra. Laura de Mello e Sousa, 1996.

NOGUEIRA, Carlos Roberto Figueiredo. *Universo Mágico e realidade: aspectos de um contexto cultural (Castela na modernidade)*. São Paulo: Tese de doutorado apresentada ao Departamento de História FFLCH/USP sob orientação da Profa. Dra. Sonia Aparecida Siqueira, 1980.

RAMOS, Fábio Pestana. *Naufrágios e Obstáculos enfrentados pelas armadas da Índia portuguesa: 1497-1653*. São Paulo: Monografia orientada pela Profa. Dra. Mary Lucy Murray Del Priore - financiada pela FAPESP agraciada com menção honrosa em 1997 pela Pró-Reitoria de Pesquisa da Universidade de São Paulo, 1998.

SILVA, Luiz Geraldo. *A faina, a festa e o rito: gentes do mar e escravidão no Brasil (Séculos XVII ao XIX)*. São Paulo, Tese de doutorado apresentada ao Departamento de História FFLCH/USP sob orientação do Prof. Dr. Carlos Roberto Figueiredo Nogueira, 1996.

SILVA, Marco Antônio Nunes da. *Relação entre católicos, protestantes e judeus durante o período holandês (1630-1654)*. São Paulo: Dissertação de mestrado apresentada ao Departamento de História FFLCH/USP sob a orientação da Prof. Dra. Anita Waingort Novinsky, 1997.

VAINFAS, Ronaldo. "Homoerotismo feminino e o Santo Ofício" In: DEL PRIORE, Mary (org.). *História das mulheres no Brasil*. São Paulo: Contexto/Unesp, 1997.

Obras de referência

ALARCÃO, Jorge de. *O domínio Romano em Portugal*. Lisboa: Fórum da História, 1988.

ALBUQUERQUE, Luís de. *Curso de história náutica*. Lisboa: Alfa, 1989.

ALBUQUERQUE, Luís de (direção). *Dicionário de história dos descobrimentos portugueses*. Lisboa, Caminho, 1994, 2 volumes.

ALBUQUERQUE, Luís de. *Escalas da Carreira da Índia*. Lisboa: Junta de Investigações do Ultramar/ Separata da Biblioteca da Marinha Portuguesa, 1978.

ALBUQUERQUE, Luís de (coordenador). *Portugal no Mundo*. Lisboa:. Alfa, 1989, 6 volumes.

ALBUQUERQUE, Luís Mendonça de. *Notas sobre as navegações de descobrimento e a navegação corsária no século XV.* Coimbra: 1961.

ALQUIÉ, Ferdinand et alli. *Galileu, Descartes e o mecanismo*. Tradução do francês de Germiniano Cascais Franco, Lisboa: Gradiva, 1987.

ARAÚJO, Carlos & CLANDEIGNE, Michel (dir.). *Lisboa e os descobrimentos, 1415-1580: a invenção do mundo pelos navegadores portugueses*. Lisboa: Terramar, 1990.

ARNOLD, David. *A Época dos descobrimentos*. Tradução de Luís Felipe Barreto, Lisboa: Gradiva, 1983.

ARNAUD, Expedito. *Aspectos da legislação sobre os índios do Brasil*. Belém: Museu Emílio Goeldi, 1973.

ARRIGHI, Giovanni. *O Longo Século XX*. Tradução do inglês de Vera Ribeiro, São Paulo: Unesp, 1996.

ARRUDA, José Jobson de Andrade. *O Brasil no comércio colonial*. São Paulo: Ática, 1980.

AZEVEDO, J. Lúcio de. *Épocas de Portugal econômico*. Lisboa: Clássica, 4ª. Edição, 1988.

BARATA, João da Gama Pimentel. *Estudos de arqueologia naval*. Lisboa: Casa da Moeda/Imprensa Nacional, 1989, 2 volumes.

BAROJA, Julio Caro. *Vidas mágicas e inquisición*. Madrid: 1967.

BARRETO, Luís Felipe. *Os navios dos descobrimentos*. Lisboa: Correios de Portugal, 1991.

BOXER, Charles Ralph. *A Índia portuguesa em meados do séc. XVII*. Tradução do inglês de Luís Manuel Nunes Barão, Lisboa: Edições 70, 1980.

BOXER, Charles Ralph. *A mulher na expansão ultramarina ibérica*. Lisboa: Livros Horizonte, 1977.

BOXER, Charles Ralph. *O império marítimo português*. Tradução do inglês de Inês Silva Duarte, Lisboa: Edições 70, 1969.

BRAUDEL, Fernand. *O Mediterrâneo e o mundo mediterrânico na época de Felipe II*. Tradução apoiada pelo Ministério da Cultura francês e revista e corrigida pelo autor, Lisboa: Martins Fontes, 1983, 2 volumes.

BRITO, Nogueira de. *Caravelas, naus e galés de Portugal*. Porto: Livraria Lello, s.d.

BURKE, Peter. *A escola dos Annales (1929-1989): a revolução francesa da historiografia*. Tradução de Nilo Odalia, São Paulo: Unesp, 1997.

CARDINI, Franco. *Magia, brujería y superstición en el Occidente medieval*. Barcelona: Ediciones Península, 1982.

CARNEIRO, Maria Luiza Tucci. *Preconceito Racial: Portugal e Brasil Colônia*. São Paulo: Brasiliense, 1988.

CARREIRA, António. *As Companhias Pombalinas: de Grão-Pará e Maranhão e Pernambuco e Paraíba*. Lisboa: Presença, 1982.

CASTELO BRANCO, Fernando. *Presença de Portugal no Mundo*. Lisboa: Academia de História, 1982.

COATES, Timothy J. *Degredados e Órfãs: colonização dirigida pela coroa no império português. 1550-1755*. Lisboa: Comissão Nacional para as Comemorações dos Descobrimentos Portugueses, 1998.

CORNELL, Tim & MATTHEWS, John. *Roma: Legado de um Império*. Rio de Janeiro: Edições Del Prado, 1982.

CORTESÃO, Jaime. *A política de Sigilo nos descobrimentos.* Lisboa: Imprensa Nacional/Casa da Moeda, 1997.

CORTESÃO, Jaime. *Os descobrimentos pré-colombinos dos Portugueses.* Lisboa: Imprensa Nacional/Casa da Moeda, 1997.

CUNHA, Manuela Carneiro (org.). *História dos Índios no Brasil.* São Paulo: Companhia das Letras, 1998.

DAVIDSON, Basil. *A descoberta do passado de África.* Lisboa: Sá da Costa, 1978.

DEL PRIORE, Mary. *Esquecidos por Deus: monstros no mundo europeu e ibero-americano (séculos XVI-XVIII).* São Paulo: Companhia das Letras, 2000.

DEL PRIORE, Mary. *Religião e religiosidade no Brasil colonial.* São Paulo: Ática, 1995.

DELAMARRE, Catherine & SALLARD, Bertrand. *La Femme au Temps des Conquistadores.* Paris: Stock/Pernoud, 1992.

DELUMEAU, Jean. *O medo no ocidente 1300-1800: Uma cidade sitiada.* Tradução de Maria Lucia Machado, São Paulo: Companhia das Letras, 1989.

DIEGUES, Antonio Carlos. *Ilhas e mares, simbolismo e imaginário.* São Paulo: Hucitec, 1998.

DISNEY, A. R. *A decadência do Império da pimenta: comércio português na Índia no início do séc. XVII.* Tradução do inglês de Pedro Jordão, Lisboa: Edições 70, 1981.

DOMINGUES, Francisco Contente. *A Carreira da Índia.* Lisboa: Correios de Portugal, 1998.

DONATO, Hernâni. *Dicionário das batalhas brasileiras: dos conflitos com indígenas às guerrilhas políticas urbanas e rurais.* São Paulo: Ibrasa, 1987.

DREYER-EIMBCKE, Oswald. *O descobrimento da Terra: História e histórias da aventura cartográfica.* Tradução do alemão de Alfred Josef Keller, São Paulo: Melhoramentos/Edusp, 1992.

FAORO, Raymundo. *Os donos do poder: formação do patronato político brasileiro.* São Paulo: Globo/Publifolha, 2000, 2 volumes.

FERRO, Gaetano. *As navegações portuguesas no Índico.* Lisboa: Teorema, 1984.

FERRO, Marc. *História das colonizações: das conquistas às independências – séculos XIII a XX.* São Paulo: Companhia das Letras, 1996.

FERRONHA, António Luís (coordenador). *O confronto do olhar: o encontro dos povos na época das navegações portuguesas (Séculos XV e XVI).* Lisboa: Caminho, 1991.

FLEXOR, Maria Helena Ochi. *Abreviaturas. Manuscritos dos séculos XVI ao XIX.* São Paulo: Arquivo do Estado de São Paulo/Unesp, 2.º edição ampliada, 1992.

FONSECA, Quirino da. *A caravela portuguesa: a prioridade técnica das navegações henriquinas.* Coimbra, Imprensa da Universidade, 1934.

FREITAS, Marcos Cezar de (org.). *Historiografia brasileira em perspectiva.* São Paulo: Contexto, 2001.

FREITAS, Gustavo. *A Companhia Geral do Comércio do Brasil (1649-1720).* São Paulo: Coleção da Revista de História, 1951.

FURTADO, Celso. *Formação Econômica do Brasil.* São Paulo: Companhia Editora Nacional/Publifolha, 2000.

GEYMONAT, Ludovico. *Galileo Galilei.* Traducción de la edición original italiana de Joan Ramon Capella, Barcelona: Ediciones Península, 1986.

GODINHO, Vitorino Magalhães. *A economia dos descobrimentos henriquinos.* Lisboa: Sá da Costa, 1962.

GODINHO, Vitorino Magalhães. *Os descobrimentos e a economia mundial.* Lisboa: Presença, 2.º edição revista e ampliada, 1984, 4 volumes.
GUERREIRO, Luís R. *O Grande livro da Pirataria e do Corso.* Lisboa: Temas e Debates, 1997.
HERCULANO, Alexandre. *História da origem e estabelecimento da inquisição em Portugal.* Lisboa: Bertrand/Francisco Alves, 1852, 3 volumes.
HOLANDA, Sérgio Buarque de. *Visão do Paraíso: os motivos edênicos no descobrimento e colonização do Brasil.* São Paulo: Companhia Editora Nacional/Editora da Universidade de São Paulo, 2º. Edição (revista e ampliada), 1969.
HUNT, E. K. *História do pensamento econômico.* Rio de Janeiro: Campus, 7.º Edição, 1981.
LANCIANI, Giulia. *Sucessos e Naufrágios das naus portuguesas.* Lisboa: Caminho, 1997.
LAPA, José Roberto do Amaral. *A Bahia e a Carreira da Índia.* São Paulo: Companhia Editora Nacional, 1968.
LAPA, José Roberto do Amaral. *Economia Colonial.* São Paulo: Perspectiva, 1973.
LAPA, José Roberto do Amaral. *O Sistema Colonial.* São Paulo: Ática, 1994.
LESTRINGANT, Frank. *O canibal: grandeza e decadência.* Tradução de Mary Del Priore, Brasília: Editora Universidade de Brasília, 1997.
LIMA, Francisco Ferreira. *O outro livro das maravilhas: a peregrinação de Fernão Mendes Pinto.* Rio de Janeiro: Relume-Dumará, 1998.
LOURENÇO, Carlos R. *A 5ª. Volta pelo Largo.* Lisboa: Academia da Marinha, 1989.
MARCORA, Carlos & ALBUQUERQUE, Caio. *Dicionário Bíblico.* São Paulo: Geograf-Maltese, 1962.
MATOS, Artur Teodoro de & THOMAZ, Luís Felipe F. Reis (dir.). *A Carreira da Índia e as rotas dos estreitos.* Angra do Heroísmo, Actas do VIII Seminário Internacional de história indo-portuguesa, 1998.
MATOS, Raimundo José da Cunha. *Compêndio histórico das possessões de Portugal na África.* Rio de Janeiro: Ministério da Justiça e Negócios Interiores/Arquivo Nacional, 1963.
MAURO, Frédéric. *Portugal, o Brasil e o atlântico: 1570-1670.* Lisboa: Editorial Estampa, 1988, 2 volumes.
MELLO, Evaldo Cabral de. *O negócio do Brasil-Portugal, os Países Baixos e o Nordeste, 1641-1669.* São Paulo: Topbooks, 1999.
MERRIEN, Jean. *A vida quotidiana dos marinheiros no tempo do Rei-Sol.* Tradução do francês de Virgínia Motta, Revisão Técnica de José António Teixeira de Aguiar, Lisboa: Livros do Brasil, s.d.
MICELI, Paulo. *O ponto onde estamos.* São Paulo, Scritta, 1994.
MORENO, Humberto Baquero (coordenador). *História de Portugal medievo.* Lisboa: Universidade Aberta, 1995.
MARQUES, A. H. de Oliveira. *A sociedade medieval portuguesa.* Lisboa: Sá da Costa, 5.ª edição, 1987.
MOURÃO, Ronaldo Rogério de Freitas. *A astronomia na época dos descobrimentos: a importância dos árabes e dos judeus nas descobertas.* Rio de Janeiro: Lacerda, 2000.
MURRAY, Jocelyn. *África: o despertar de um continente.* Madri: Edições Del Prado, 1997.
NOGUEIRA, Carlos Roberto Figueiredo. *O nascimento da bruxaria: da identificação do inimigo à diabolização de seus agentes.* São Paulo: Imaginário, 1995.

NOVAIS, Fernando. *Portugal e Brasil na crise do antigo sistema colonial (1777-1808)*. São Paulo: Hucitec, 6.º edição, 1995.

OLIVEIRA, Aurélio de; CRUZ, Maria Augusta Lima; GUERREIRO, Inácio; & DOMINGUES, Francisco Contente. *História dos descobrimentos e expansão portuguesa*. Lisboa: Universidade Aberta, 1990.

PAULINO, Francisco Faria (coordenador). *Portugal a formação de um país*. Apresentação de Vasco Graça Moura, Lisboa: Comissão Nacional para as Comemorações dos Descobrimentos portugueses, s.d.

PAULINO, Francisco Faria (coordenador). *Portugal e os descobrimentos*. Apresentação de Vasco Graça Moura, Lisboa: Comissão Nacional para as Comemorações dos Descobrimentos portugueses, s.d.

PEIRCE, Charles Sanders. *Semiótica e Filosofia: textos escolhidos*. São Paulo: Cultrix, s.d.

PIMENTA, José de Mélo. *De Sagres a Índia Portuguesa*. São Paulo: Gráfica Biblos, 1960.

PINTO, Maria Helena Mendes. *Biombos Namban*. Lisboa: Correios de Portugal/Museu de Arte Antiga, 1993.

POLIAKOV, Léon. *O Mito Ariano*. São Paulo: Perspectiva/Editora da Universidade de São Paulo, 1974.

RAGO, Margareth & GIMENES, Renato Aloizio de Oliveira (orgs.). *Narrar o passado, repensar a história*. Campinas: Instituto de Filosofia e Ciências Humanas/Unicamp, 2000.

RAMINELLI, Ronald. *Imagens da colonização: a representação do índio de Caminha a Vieira*. Rio de Janeiro: Zahar, 1996.

RAMOS, Fábio Pestana. *Naufrágios e Obstáculos enfrentados pelas armadas da Índia Portuguesa: 1497-1653*. Apresentação da Profa. Dra. Laura de Mello e Sousa e Prefácio da Profa. Dra. Mary Del Priore, São Paulo: Humanitas/Departamento de História-FFLCH/USP, 2000.

REDIKER, Marcus. *Between the devil and the deep blue sea*. Cambridge: Cambridge University Press, 1987.

RODGER, N. A. M. *The safeguard of the sea: a naval history of Britain 660-1649*. New York/London: W. W. Norton, 1998.

RODGER, N. A. M. *The wooden world: an anatomy of the Georgian navy*. New York/London: W. W. Norton, 1986.

ROSSIAUD, Jacques. *La prostituición en el Medievo*. Barcelona: Ariel, 1986.

SANTOS, José Assis. *As primeiras navegações oceânicas*. Mortágua: [s. n.], 1960.

SARAIVA, José Hermano. *História concisa de Portugal*. Lisboa: Europa-América, 17.º edição, 1995.

SÉRGIO, Antônio (organização e notas). *Naufrágios e Combates no Mar*. Lisboa: Livros Horizontes, 1958.

SILVA, Armando Coelho da. & GOMES, Mário Varela. *Proto-História de Portugal*. Lisboa: Universidade Aberta, 1994.

SILVA, Rogério Forastieri. *História da historiografia*. São Paulo: EDUSC, 2001.

SIMAS FILHO, Américo (coordenador). *Estudos Baianos: evolução física de Salvador, n.º 12*. Salvador: Universidade Federal da Bahia, 1980.

SOUZA, Laura de Mello e. *Inferno Atlântico: demonologia e colonização (Séculos XV-XVIII)*. São Paulo: Companhia das Letras, 1993.
SOUZA, Laura de Mello e. *O diabo e a terra de Santa Cruz: feitiçaria e religiosidade popular no Brasil Colonial*. São Paulo: Companhia das Letras, 1994.
TAYLOR, A. J. P. *Ubiquity*. Londres: Weidenfeld & Nicolson, 2001.
THEMUDO, M. Rosário & BARATA, A. Cruz. *O sistema de distribuição das cargas nas Armadas da Índia*. Lisboa: Instituto de Investigação Cientifica/Separata da Biblioteca Central da Marinha Portuguesa, 1988.
TODOROV, Tzvetan. *A conquista da América: a questão do outro*. São Paulo: Martins Fontes, 1983.
VASCONCELOS, Frazão de. *Pilotos das navegações portuguesas nos séculos XVI e XVII*. Lisboa: Edição do autor subsidiada pelo Instituto para a Alta Cultura, 1942.
VIEIRA, Alberto. *As ilhas Atlânticas*. Lisboa, Correios de Portugal, 1995.
VIGARELLO, Georges. *O limpo e o sujo: uma história da higiene corporal*. Tradução do francês de Monica Stahel, São Paulo: Martins Fontes, 1996.
VINCENT, Mary. & STRADLING, R. A. *Espanha e Portugal: história e cultura da Península Ibérica*. Madri: Edições Del Prado, 1997, 2 volumes.

O autor

Fábio Pestana Ramos graduou-se em Filosofia pela Faculdade de Filosofia e Ciências e Letras da USP em 1997, obtendo a licenciatura plena na área pela Faculdade de Educação da USP em 1998 e o título de doutor em História Social, também pela USP, em 2002. Já atuou junto a Biblioteca Nacional do Rio de Janeiro, Universidade Federal de Alagoas, Fundação de Amparo à Pesquisa do Estado de São Paulo, Arquivo Público Estadual da Bahia, Arquivo Histórico Ultramarino de Portugal, Torre do Tombo de Lisboa, Biblioteca Central da Marinha portuguesa e Biblioteca Nacional de Lisboa. Atualmente leciona como professor titular na Universidade Bandeirante de São Paulo no curso de administração de empresas e no mestrado em educação, fazendo parte do grupo de Estudos de História da Educação (GEHE), onde desenvolve pesquisa sobre a história da infância e da família.